上海财经大学精品课程系列教材

商科专业学位硕士
职业发展与生涯管理

Career Development of Professional Master in Business

虞 梁 夏庆东 著

上海财经大学出版社

图书在版编目(CIP)数据

商科专业学位硕士职业发展与生涯管理/虞梁,夏庆东著.—上海:上海财经大学出版社,2017.6
(上海财经大学精品课程系列教材)
ISBN 978-7-5642-2751-7/F·2751

Ⅰ.①商… Ⅱ.①虞… ②夏… Ⅲ.①研究生-职业选择-高等学校-教材 Ⅳ.①G647.38

中国版本图书馆 CIP 数据核字(2017)第 125702 号

□ 丛书策划　王永长
□ 责任编辑　王永长
□ 封面设计　张克瑶

SHANGKE ZHUANYE XUEWEI SHUOSHI ZHIYE FAZHAN YU SHENGYA GUANLI
商科专业学位硕士职业发展与生涯管理
虞　梁　夏庆东　著

上海财经大学出版社出版发行
(上海市中山北一路 369 号　邮编 200083)
网　　址:http://www.sufep.com
电子邮箱:webmaster @ sufep.com
全国新华书店经销
上海华教印务有限公司印刷装订
2017 年 6 月第 1 版　2017 年 6 月第 1 次印刷

787mm×1092mm　1/16　12 印张　291 千字
印数:0 001—4 000　定价:38.00 元

作者简介

虞　梁　男,生于1973年,九三学社社员,上海财经大学经济学学士、管理学硕士,注册会计师,现任上海财经大学商学院职业发展中心主任、生涯工作室常任咨询师。

夏庆东　男,生于1981年,中共党员,华中科技大学工学学士、上海财经大学工商管理硕士,讲师,现任上海财经大学商学院职业发展中心副主任、辅导员。

前　言

我国商科专业学位硕士教育项目开始于1991年工商管理硕士的首批9所高校试点，历经26年的发展，全国年度招生规模已从当年的不足百人增长到近15万人，占据所有专业学位硕士项目的六成左右。我国获批可以开展的40类专业学位教育项目中，至少有以下11类可以理解为商科专硕：工商管理硕士MBA、国际商务硕士MIB、旅游管理硕士MTA、金融硕士MF、保险硕士MI、资产评估硕士MV、会计硕士MPAcc、审计硕士MAud、税务硕士MT、应用统计硕士MAS、法律硕士JM。

专业学位（Professional Degree）是相对于学术型学位（Academic Degree）而言的学位类型，其目的是培养能够适应特定行业或职业实际工作需要的应用型高层次专门人才。商科专硕自诞生之日起便已明确了其自身使命，就是以专业实践为导向，培养在特定领域受到过系统化、专业化教育的高层次人才。近年来在我国各项独立第三方权威调研机构所进行的关于"工商管理硕士求学关注点"的民意调查结果显示，"职业发展"（以下简称为职发）选项一直位列前三，并曾超越"师资、文凭、知识"等其他重要诉求而位列榜首。同时，也有越来越多的高校比以往更加重视商科专硕学生的职业发展工作，也有名校明确商科专硕项目招生负责人必须由职业发展负责人来兼任。

虽然我国商科专硕已经取得了长足进步，但总的来看，商科专硕职业发展与生涯管理的理论研究及发展现状，与项目的自身定位、与学员及人才市场的期待仍有较大差距，同质化问题与非专业化现象突出。这集中表现在以下几个方面：

● 顶层设计不足。以MBA为例，全国MBA教指委设立六大分委员会，其中没有包括职业发展委员会。基于职业导向的MBA培养模式还未受重视。2013年我国236个MBA项目中，设立职业发展部门的只有28家院校，多数院校人员与经费的投入也凸显不足。

● 缺乏系统的理论研究与理论支撑。面向创业者这一小众群体的创业学已渐被视为独立学科，而面对更加大众化的商科经营管理人群的职业发展目前大致还处于岗位研究与现象研究阶段，难寻理论体系及深入研究。

● 尚未建立起全方位全流程的工作平台。职业发展工作应该覆盖入学前的招生选材、在校时的就业帮扶、毕业后的职发服务等所有阶段和领域，但目前多数商科专硕的职发工作仍只是瞬间平台，且主要集中在毕业就业环节的事务性工作。

● 职业发展教师的自身职业发展遭遇"瓶颈"。以上海地区为例，一名优秀的商科专硕职发教师，不能只是就业推荐者与职发辅导者，很多时候还需担当难题的解决者与心灵的唤醒者，并要深谙最新商业模式与管理经验，还要善于因材施教用以解决个体学员的个性化期望，其内在要求完全不逊于一名顶尖的业肉人力资源管理师,但前者薪酬待遇在现有体制下远远低于后者。专业职发教师选才难、成长难、留人难,极大制约了职发工作本可达到的高度。尤其对学生里的中高端人才的职业发展与领导力提升显得心有余而力不足。

● 评价体系落后,公信力下降,治标多而治本少。多数高校和认证评估机构采用就业率、薪酬增长率等量化指标来评价职发工作,而对学生校友最为重要的"如何实现职发能力可持续自我提升"这一关键指标与根本使命却常被忽略。

● 职发教育与创业教育关系错位。职发思维与创业思维、职发教育与创业教育在很多方面本为有机对立统一,却常被人为割裂与分置。

● 作为舶来品的生涯理论和实践推广度尤其本土化进程依然缓慢。Career 可以翻译为职业也可以翻译为生涯,但无论是职业还是生涯都无法单独精准对应其英文本义。生涯,中文直译是指从事某种职业或某种活动的生活经历,不但内涵与外延皆大于职业,同时生涯管理更加强调当事人角色的平衡、愿望的平衡,更加强调潜能的开发、环境的适应与动态可持续发展,也更加符合社会人在职业发展过程中的实际心态与实际状态。配以生涯管理来做职发而非只是拘泥于职发来做职发,理应成为一种常态,现状却是只有少数名校才能做到。

● 未能与时俱进。针对地球村时代、"互联网+"时代、价值多元时代,针对商科专硕学生近年来所呈现出的低年龄化与高离散度趋势,许多高校职发工作在全球化、信息化、人文化等诸多方面存有欠账甚至越积越多。

上海财经大学商学院于 2011 年成立职业发展中心,2014 年成立生涯工作室,服务 1 000 多名商科专硕在校生与近万名校友,以及潜在生源和社会各界。在上级领导与主管部门的指导下,在兄弟高校与兄弟院系的帮助下,职发工作与生涯工作实行举院体制,多个部门通力合作;同时,以参加 AMBA、EQUIS、AACSB、中国高质量 MBA 教育认证等国际国内各项认证为抓手,以评促建,并充分发挥雇主、校友、学生、同行及相关各界的自身优势,内外联动,传承创新,取得了一定成效。但与此同时,职发大数据获取不全、职发大规律钻研不透、生涯工作对外部师资依赖较多等软肋,也制约了商科专硕职发工作乃至教育项目的进步。基于此,上海财经大学商学院职业发展中心组织编撰了《商科专业学位硕士职业发展与生涯管理》一书,在业内率先对商科专硕群体职业发展与生涯管理的理论及实践进行了系统研究与专项探讨,期待抛砖引玉,以及能有更多社会有识之士来共同推进这项事业。

本书可供商科专硕人士(含学员、校友、报考生源)以及其他应用型人才参阅借鉴,生涯规划、自我认知、主动管理、职场探索、职业测评、人岗匹配、能力提升、决策行动等相关经典原理、有效工具、现实案例,或可助力我们的职业发展与终身成长;同时亦可供职业发展教师、人力资源工作者以及社会各界相关人士参阅借鉴。在过往与未来的职发教学、职发指导、生涯服务工作中,我们始终笃信的第一要义是"作为人何为正确"(稻盛和夫)与"职发没有精确解";我们始终笃信的第二要义是"绝对之理常无用"与"适用之理常有瑕"。我们的研究与探索,如果读者发现其中错漏并引发思考或给出更佳的解决方案,那也是本教材另一种价值之所在。

2016 年我国高校毕业生总人数已高达惊人的 765 万人。职业发展与生涯管理关乎民众福祉与社会稳定,早已超越人才培养的范畴与重要性;另一方面,用人单位对学用脱节与能人难招也颇感无奈。唯有全社会从战略高度加以重视,坚持标本兼治,坚持"授人以鱼"向"授人以渔"迈进,方可根本上解决日益突出的就业矛盾与人才供求矛盾。让人尽其才不再成为无从抓手的一句空话，共创"各美其美、美人之美、美美与共、天下大同"的和谐社会，这也是本书编者与每一位职发工作者所最为期待并致力于此的美好愿景。

本书编撰和修改过程中，得到了众多专家学者及职场人士的指导和帮助。这其中包括但不限于：上海财经大学的领导与同仁，国内其他知名管理学院或商学院的职发教师，上海财经大学出版社的专家，以及来自金融业、咨询业、高端服务业、先进制造业等各行各业的职场高管等，在此深表谢意。在写作和调研进程中，很多国外名校的同行亦曾给予热忱无私的交流和分享，这其中包括但不限于：耶鲁管理学院、埃默里大学戈伊苏埃塔商学院、乔治·华盛顿大学商学院、伦敦商学院、墨尔本大学商学院、百森商学院等，在此致以我们职发与生涯工作者内心最高的敬意。

本书不足之处，欢迎专家与读者指正，以便再版时补充与修订。

作 者

2017年3月

Preface

China's professional master degree education in business, launched in 1991 by setting pilot programs in nine universities, has expanded its annual enrollment from less than 100 people to nearly 150,000, accounting to about 60% of all the professional degree programs. At least 11 out of the 40 professional programs China has approved so far can be recognized as professional ones in business, namely, MBA, MIB, MTA, MF, MI, MV, MPAcc, MAud, MT, MAS and JM.

Different from the academic degree, the professional degree aims to cultivate practice-oriented high-level talents who can meet specific requirements of certain industry or career. The "Why MBA" poll conducted by independent and authoritative third-party institutions indicates that "career development" has been one of students' top three concerns in recent years, and was once ranked first, overtaking all the other important demands like "faculty", "diploma"and "knowledge". Meanwhile, more and more colleges and universities start to pay more and more attention to career development of business students. Some elite schools have clearly stated that the director of the admission office must be the one who is in charge of students' career development.

China has made great achievements in the development of professional master degree in business. However, the theoretical research on career management and development, as well as their status quo, is far to fulfill the mission of those programs and meet expectations of students and employers. The homogeneity and non-professional phenomena are serious.

The problems are mainly reflected in the following aspects:

- Insufficient top design at national level
- Lack of systematic theoretical research and theoretical support
- No comprehensive and total procedure work platform
- Career development bottlenecks for career development tutors
- Unadvanced evaluation systems and their decreasing credibility
- Unequal attention paid to career development education and entrepreneurship education
- Slow localization of career theory and practice
- Behindhand career development work

SHUFE College of Business (COB) set up the Career Development Center in 2011 and the Career Coach Office in 2014, serving more than 1,000 students, nearly ten thousand alumni, as well as applicants and society. COB, through coherent cooperation, active application for AACSB, EQUIS, AMBA, CAMEA and other international and domestic certifications, and good use of the advantages of employers, alumni, students, peers and society, spares no efforts in promoting revolution and innovation of the career development work and has achieved great success. On the other hand, shortages like inadequate big data of career development, overdependence on external faculty, etc. restrict the progress of career development work and even the business education programs themselves. For these reasons, we compiled this book to do preliminary studies and special discussion on career development and career management theories and practices. We look forward to inviting more people of insights to jointly promote this cause.

This book consists of nine chapters, covering concept and profile of career development in an international scope, overview of related theories, characteristics of MBA students, self-assessment, working world exploration, decision-making and action taking, job hunting skills, as well as Entrepreneurship. This book is designed for people having obtained or on their way to obtain professional master degrees in business, such as students, alumni, applicantsand other practice-oriented talents. It can be used as a reference for classical theories, effective tools and case studies in career planning, self-awareness, active management, career exploration, career assessment, job matching, capability improvement, decision-making, lifelong growth, career evaluating, and so on. The book may also inspire people of all walks of life, especially career development advisors and human resources practitioners.

In preparing for this book, we have received a lot of guidance and help from many experts and scholars, including but not limited to: leadership and colleagues of SHUFE, peers of well-known domestic business schools, SHUFE Press experts, senior managers from industries including financial services, consulting, high-end service, advanced manufacturing, etc. In the process of writing and research, selfless help in information exchanging and sharing also came from many counterparts in foreign elite business schools, including but not limited to: Yale School of Management, Emory University Goizueta Business School, George Washington University Business School, London Business School, University of Melbourne Business School, Babson College, etc. We, as career development practitioners, would like to extend our heartfelt gratitude to and show our greatest respect for all of the above people and institutions.

目　录

前言/1

序章/1

第一章　职业发展与生涯管理概论/5
　　第一节　概念/5
　　第二节　生涯问题分类/7
　　第三节　生涯规划/9
　　第四节　常见生涯规划的误区/11

第二章　国内外高校生涯辅导发展/15
　　第一节　欧美知名高校商学院生涯辅导概况/15
　　第二节　欧美高校商学院生涯辅导特色/20
　　第三节　国内高校商学院生涯辅导概况/22
　　第四节　国内高校商学院生涯辅导的挑战/24

第三章　生涯理论概述/27
　　第一节　生涯类型论/27
　　第二节　生涯发展论/31
　　第三节　社会学习论/38
　　第四节　建构理论/39

第四章　以 MBA 为例的商科专业学位硕士的生涯发展特点/45
　　第一节　MBA 学生群体的构成/45
　　第二节　MBA 学生群体的生涯特征/46
　　第三节　雇主的期待/49
　　第四节　MBA 常见生涯问题/50
　　第五节　MBA 生涯规划的意义/54

第五章　自我评估/56
第一节　探索兴趣/57
第二节　探索性格/63
第三节　探索能力/70
第四节　探索价值观/80
附录/87

第六章　探索工作世界/96
第一节　探索工作世界的内容/97
第二节　探索工作世界的方式/101

第七章　决策与行动/108
第一节　影响决策的因素/108
第二节　决策工具/113
第三节　制定目标/119
第四节　提高改变动机/123
第五节　行动计划/126
第六节　时间管理/128

第八章　求职技能/133
第一节　就业的理念/133
第二节　求职准备/135
第三节　面试/143
第四节　薪酬谈判/152
第五节　招聘风险/154
第六节　跳槽/154
附录/156

第九章　创业/160
第一节　创业基本概念/160
第二节　创业动机/162
第三节　创业资源/164
第四节　创业过程/167
第五节　创业者/169

参考文献/176

Contents

Preface/1

Foreword/1

Chapter I Overview of Career Development and Career Management/5
  Section I Concept/5
  Section II Different Types of Career Problems/7
  Section III Career Planning/9
  Section IV Misunderstanding of Career Planning/11

Chapter II Development of Career Advising of Universities/15
  Section I Overview of Career Advising of Western Famous Business Schools/15
  Section II Features of Career Advising of Western Business Schools/20
  Section III Overview of Career Advising of Business Schools in China/22
  Section IV Challenges Faced by Career Advising of Business Schools in China/24

Chapter III Overview of Career Theories/27
  Section I Trait-Factor Theory/27
  Section II Career Development Theory/31
  Section III Social Cognitive Career Theory/38
  Section IV Career Construction Theory/39

Chapter IV Features of Career Development of Professional Master Degree in Business-Taking MBA as an Example/45
  Section I Composition of MBA Students/45
  Section II Career Features of MBA Students/46
  Section III Expectations of Employers/49
  Section IV Common Career Development Difficulties Faced by MBA Students/50
  Section V Significance in Career Planning for MBA Students/54

Chapter V Self-assessment/56
  Section I Interests/57
  Section II Characteristics/63
  Section III Abilities/70
  Section IV Values/80

Chapter VI Exploration of Work Place/96
  Section I Content of Exploration/97
  Section II Approaches of Exploration/101

Chapter VII Decision and Action/108
  Section I Factors Affecting Decision/108
  Section II Decision-making Tools/113
  Section III Setting Goals/119
  Section IV Improving Motivation to Making Change/123
  Section V Action Plan/126
  Section VI Time Management/128

Chapter VIII Job-hunting Skills/133
  Section I Job Hunting Philosophy/133
  Section II Job Hunting Preparation/135
  Section III Interview/143
  Section IV Offer Negotiation/152
  Section V Recruitment Risks/154
  Section VI Job-hopping/154

Chapter IX Entrepreneurship/160
  Section I Basic Philosophy for Entrepreneurship/160
  Section II Entrepreneurship Motivation/162
  Section III Entrepreneurship Resources/164
  Section IV Entrepreneurship Process/167
  Section V Entrepreneurs/169

Bibliographies/176

序 章

专业学位(Professional Degree)，是相对于学术性学位(Academic Degree)而言的学位类型，是国家针对社会特定职业领域的需要，培养具有较强的专业能力和职业素养、能够创造性地从事实际工作的高层次应用型专门人才而设置的一种学位类型。

专业与职业

"专业学位"是翻译自英文的"Professional Degree"。因此，"专业"与"职业"的区别，亦可以参照"Profession"与"Vocation"的区别。"专业"是由普通职业演变发展而形成的专门化职业。专业与职业最显著的区别在于专业是具有一定学术积淀的专门化职业，专业的学术性中一项重要内容便是专业具有高深知识性的特征。专业和职业，是专业发展的不同阶段，是职业发展至今所形成的两种表现形式。与职业相比，专业是一种"有学问的职业"，是职业发展的高级阶段，对于职业的知识含量有着更高的要求，一种专业之所以不同于一种一般的职业，很大程度就在于它拥有一个这样的科学知识体系。因此，专业学位不等同于一般意义上的职业学位，而是职业学位的高级发展阶段和表现形式。

专业学位与学术学位

专业学位与相应的学术学位处于同一层次，培养规格各有侧重。专业学位和学术学位都是建立在共同的学科基础之上的，攻读两类学位者都需要接受共同的学科基础教育，都需要掌握学科基本理论和基础知识与技术。在不同的教育阶段，两类学位获得者进一步深造可以交叉发展。专业学位和学术学位的本质区别在于人才培养目标、知识结构、培养模式及人才质量标准不同。学术学位主要面向学科专业需求，培养在高校和科研机构从事教学和研究的专业人才，其目的重在学术创新，培养具有原创精神和能力的研究型人才。

专业学位主要面向经济社会产业部门专业需求，培养各行各业特定职业的专业人才，其目的重在知识、技术的应用能力，培养具有较好职业道德、专业能力和素养的特定社会职业的专门人才，如工程师、医师、教师、律师等。

实践中专业学位设置主要依据的是职业标准，但这并不意味所有的职业都可以设置相应的专业学位。专业学位教育本身的性质与使命决定了专业学位的设置不应是主观随意的，某种专业学位的设置很大程度上有赖于特定职业的专业化程度与水平，即只有具备相当复杂高深知识体系的职业才有可能设置相应的专业学位。

综观专业学位的发展史,无论是具有悠久历史的职业还是新兴的职业,其专业学位的确立都是建立在相应职业的知识体系发展到相当高深的基础之上的。例如,工商管理硕士的诞生是伴随着管理科学运动的出现而产生的;教育硕士是伴随现代教育科学和心理科学的发展而出现的。专业学位教育本质上是职业教育,必然具有独特的职业性。专业学位教育的职业性主要体现在:培养目标坚持职业性方向,课程设置体现应用性,教学过程突出实践性。

国外专业学位教育以美国最具有代表性,其现代专业教育的理念起始于1862年《莫雷尔法案》的颁布以及由此引发的"赠地运动"。自此,美国教育的理念开始由传统教育向专业教育转变。赠地运动的开展建立了一大批以应用教育对接社会经济发展的高校,服务社会成为大学的新增功能得到广泛认可。1908年,哈佛大学开办了美国第一个工商管理硕士专业学位(MBA),并成立独立的商学院。随后教育硕士、法律硕士、文学硕士等逐步开展。根据美国教育统计中心的数据,专业学位涉及32个学科群,占美国学科专业分类目录(CIP)38个学科群的84%。截至2012年,美国开展了至少74种专业硕士学位,覆盖了会计师、医生、律师等几乎所有社会职业,尤其在商科、公共管理、教育等领域,专业学位在研究生学位授予中占比约70%,为社会输送了大量的实践性专业人才。

我国的专业硕士正式起步于20世纪90年代初。1990年,国务院学位委员会第九次会议专门讨论了《关于设置专业学位调研工作的情况汇报》《关于设置和试办工商管理硕士学位的几点意见》等相关文件,决定正式开始专业学位的试点工作。1992年,国务院学位委员会第十一次会议批准按专业学位本身授予学位。随后,专业学位教育规模上获得了较快发展,1991年,首批工商管理硕士试点高校为9所,1993年增加到17所,截至2016年已有238所。为规范专业学位的设置,1996年,国务院学位委员会第十四次会议审议通过了《专业学位设置审批暂行办法》。1999年,教育部和国务院学位委员会召开首次全国专业学位教育会议,指出专业学位是培养应用型高层次专门人才的重要途径,在我国经济建设和社会发展中发挥重要作用,下发了《关于加强和改进专业学位教育的若干意见》,明确了专业学位的地位和作用。随着经济和社会的快速发展,21世纪初,研究生的教育和就业与社会需求的矛盾日益凸显。2009年,国务院学位委员会第二十六次会议提出,要调整学位授予的类型结构,调整学术型学位与专业性学位的比例,积极发展符合我国产业结构特点的专业学位,改变全日制硕士研究生以攻读学术型学位为主的局面,为各行业培养一线专业人才,并下发了《教育部关于做好2009年全日制专业学位硕士研究生招生计划安排工作的通知》,在原有研究生招生计划基础上,增加全日制专业硕士研究生招生计划5万名,同期下发《教育部关于做好全日制硕士专业学位研究生培养工作的若干意见》。2010年,国务院学术委员会第二十七次会议审议通过了金融硕士等19种硕士专业学位设置方案,2011年增设审计硕士,至此我国专业学位达到39种。2013年,教育部和人力资源社会保障部下发《关于深入推进专业学位研究生培养模式改革的意见》,明确了以职业需求为导向,以实践能力培养为重点,以产学结合为途径的改革目标。

二十多年来,我国专业学位研究生教育稳步发展,规模不断扩大,质量不断提高,专业学位研究生培养模式改革取得重大进展,授权体系逐渐完善,社会认可度大幅提高,已成为研究生教育综合改革的重要突破口。目前,我国已基本形成了以硕士学位为主,博士、硕士、学士三个学位层次并存的专业学位教育体系。硕士层次专业学位从1990年获批的工商管理硕士(MBA)开始,到2015年获批的中医硕士,已有40种,参见表0—1。根据中国教育在线《2016年全国研究生招生调查报告》统计,截至2015年,当年专业学位硕士招生规模为252 272人,占比44%,与学术学位硕士招生规模基本持平,这一比例在2011年为29%,短期获得了快速增长。从高校学科建设方面,国务院学位委员会发布的《关于下达2016年动态调整撤销和增列的学位授权点名单的通知》中,动态调整增设学位点最多的学科包括了会计、法律、艺术、金融等专业,应用型学科居多。新增学位点名单中,专业学位硕士点增长比重加大,占46%。

表0—1　　　　　　　　我国专业学位硕士学位种类

序号	专业学位名称	获批时间	序号	专业学位名称	获批时间
1	工商管理硕士	1990	21	国际商务硕士	2010
2	建筑学硕士	1992	22	应用统计硕士	2010
3	法律硕士	1995	23	税务硕士	2010
4	教育硕士	1996	24	保险硕士	2010
5	工程硕士	1997	25	资产评估硕士	2010
6	临床医学硕士	1998	26	应用心理硕士	2010
7	农林推广硕士	1999	27	警务硕士	2010
8	兽医硕士	1999	28	新闻与传播硕士	2010
9	公共管理硕士	1999	29	出版硕士	2010
10	口腔医学硕士	2000	30	文物与博物馆硕士	2010
11	公共卫生硕士	2001	31	林业硕士	2010
12	军事硕士	2002	32	药学硕士	2010
13	会计硕士	2004	33	中药学硕士	2010
14	体育硕士	2005	34	护理硕士	2010
15	艺术硕士	2005	35	工程管理硕士	2010
16	风景园林硕士	2005	36	旅游管理硕士	2010
17	汉语国际教育硕士	2007	37	图书情报硕士	2010
18	翻译硕士	2007	38	城市规划硕士	2010
19	社会工作硕士	2009	39	审计硕士	2011
20	金融硕士	2010	40	中医硕士	2015

资料来源:中国教育在线。

商科,是指教育体系中对商业有关科目的统称,用学科去解释现今市场的情况,分析商界会用的宏观策略,包括的科目有经济、商业、会计、市场学、财务、企业概论、统计学、旅游业、计算机等。因此,目前专业学位硕士中,商科相关的类型涵盖了工商管理硕士(MBA)、金融硕士(MF)、应用统计硕士(MAS)、税务硕士(MT)、国际商务硕士(MIB)、保险硕士(MI)、资产评估硕士(MV)、审计硕士(MAud)、法律硕士(JM)、会计硕士(MPAcc)、旅游管理硕士(MTA)等。

由于商科专业学位硕士覆盖面较广,难以在一本书中加以详述,加之不同的商科专业之间的生涯发展的路径亦具有较大的借鉴,故本书拟以工商管理硕士(MBA)为例,阐释商科专业硕士的生涯发展。同时,MBA项目具备的以下特点,也便于其作为商科专业学位硕士的典型。

一是MBA是国内发展历史最长,办学规模最大的商科专业硕士。MBA获批于1990年,较与商科相关的法律硕士早5年,较其他相关专业早10年以上。根据中国教育在线统计,2015年商科专业硕士的招生规模约为14万人,其中MBA招生规模约为3.1万人,占比22%,招生院校达到237所。

二是MBA发展成熟,国际化程度较高,实践导向明晰。MBA项目在教学中普遍引入了案例讨论、行动学习等实践教学方式。最早也最大范围参与了国际认证,对标国际领先高校,以评促建,汲取办学经验,坚持实践导向,提升办学水平。根据中国教育在线《2017年全国研究生招生调查报告》,有48%的MBA报考者为了获得更好的职业发展而选择攻读MBA;31%的MBA学员认为攻读MBA对其职业发展帮助很大,48%的学员认为攻读MBA对其职业发展比较有帮助。

三是MBA均具有一定的工作年限,平均工作年限5~8年,是所有专业学位硕士中最高的。他们多在单位担任中、基层主管或专业人士,对于其他专业学位硕士具有较高的参考价值。

四是MBA的平均年龄较其他专业学位硕士较长,已婚比例超过一半,承担的社会角色更为繁重和复杂。

第一章

职业发展与生涯管理概论

第一节 概 念

一、生涯

对于生涯,目前并没有确切的学术定义。Career 从字源看,来自罗马文字 viacarraria 及拉丁文字 carrus,二者均指古代的战车。在希腊,career 这个词有疯狂竞赛的意思,在西方人的概念中,使用"生涯"一词就如同在马场上驰骋竞技,隐含有未知、冒险、克服困难的精神。目前接受范围最广的定义是舒伯(Super)的观点:它是生活中各种事态的连续演进方向;它统合了人一生中依序发展的各种职业和生活的角色,由个人对工作的投入而流露出独特的自我发展形式;它也是人生自青春期以至退休之后,一连串有酬或无酬职位的综合,除了职业之外,尚包括任何和工作有关的角色,如学生、受雇者、领退休金者,甚至也包含了副业、家庭、公民的角色。生涯是以人为中心的,只有在个人寻求它的时候,它才存在。

从舒伯的定义而言,生涯的意义存在如下六个特征(金树人,2007):

(1)方向性:生涯是生活中各种事态的连续演进方向。生涯规划对内通常囊括了性格、兴趣、能力、价值观等因素,对外覆盖了社会、家庭、经济发展等因素,这些因素都有可能作用于生涯发展的方向。

(2)时间性:生涯的发展是一生当中连续不断的过程。

(3)空间性:生涯是以事业的角色为主轴,也包括了其他与工作相关的角色。

(4)独特性:每个人的生涯发展都是独一无二的。

(5)现象性:只有在个人寻求它的时候,它才存在。生涯和生命不同,并不是客观存在的事物,是对"客观"位置的主观知觉。即生涯是个人主观意识所认定的存在,只有当一个人思考自己的未来时才存在。

(6)主动性:人是生涯的主要塑造者,也是生涯的责任主体。生涯管理强调自由选择和责任承担,辅导者的主要效用在于:协助来访者更好地增进对自我的了解和对外部世界的了解;协助来访者梳理不同的选择方案,并对不同方案进行评估和选择。

人的生涯前后通常跨度几十年,得益于医疗生物科技的进步,这一跨度有望不断延长。中间社会、科技、环境往往产生多次重大变迁,以中国近百年为例,已经经历了民国、抗战、解放战争、新中国成立、文革、改革开放等多次每一项足以改变国家发展进程的变化,每一个生在其中的人往往一生中需要经历多次这种量级的变迁,作为普通人,多数情况下,只能随着历史的洪流不断向前,身在其中,往往难以看清未来发展的趋势,故而难以对自己的生涯进行整体的感受,往往在人生迟暮,才慢慢回顾自己走过的这一整段路。综上,长期性、复杂性、不确定性是多数人无法感受其生涯历程的最大障碍。

生涯的内容如此复杂,与我们的生活又如此息息相关。因此,为了便于理解,生涯学者常常将生涯的关键要素抽象出来,通过生活中常见的事物加以类比,易令人豁然开朗。有的学者认为生涯像一段旅行,有起点也有终点,有高峰也有低谷,有时候我们有旅伴有时候又独自前行,有阳光灿烂也有风霜雨雪……有的学者认为生涯就像一本书,有主题、有故事、有序言和尾声、有铺垫也有高潮。笔者认为,生涯亦可以类比为计算机。我们每个人出生的时候,就像一台只有硬件的"裸机";婴幼儿时期,通过与世界的初步探索,已经基本建立性格等底层的操作系统;进入小学、中学、大学学习的过程,知识的积累和技能的拓展是给计算机安装了各种不同的应用软件;等到大学毕业的时候,已经可以作为一台具备初步工作能力的计算机,根据安装的软件(个人成长经历和所学专业)的不同,被分配到图形处理、文字处理、工业操作等不同的领域。现在计算机的工作几乎也离不开互联网的支持,需要和其他计算机互动协作解决问题。而且计算机的应用也不仅仅是在工作领域,在学习、娱乐等领域也密切相关。在运行一段时间后,由于外部需求的变化,原来安装的软件已经不能胜任,于是需要进行软件的更新升级(读研、参加培训等)。经过多年的工作,计算机的硬件也慢慢老化,达到一定的报废年限的时候,就需要从工作线上撤换下来(退休)。正如计算机的意义在于它所从事的工作所产生的价值,人的生涯的意义也在于人在整个过程中的所有行动的价值。

二、生命、生涯、职业与工作

生涯与职业对应的英文均为 Career,在引入中文时,因为两种语言和文化的区别,对应了两个概念。在中国人的概念中,"生涯"与"职业"有些相通,又有所区别。如庄子曰:"吾生也有涯,而知也无涯",这里将"生涯"理解为生命的极限,其概念更接近于"生命",对应于前文所阐释的生涯概念更广。"职业"一词被定义为参与社会分工,利用专门的知识和技能,为社会创造物质财富和精神财富,获取合理报酬,作为物质生活来源,并满足精神需求的工作。相对于生涯,职业的范围主要是围绕工作,中国职业规划师协会的定义则更为直接:职业=职能*行业。而"职业"一词,在日常中,更多地会和工作(Job)混用。中国人经常在打招呼的时候问:"您是从事什么工作的?"这里的"工作"通常指的就是职业,如他有兴趣会继续问"在哪里工作?",此处即为对应于 Job 的"工作",即特指的现在的工作职位。由此,无论用"生涯"或是"职业"都很难恰当地对应英文 Career 的概念,生涯有过之,职业有所不及。在国内已经出版的相关著作中,两者兼而有之,考虑到"职业"更贴近读者生活,故采用"职业"命名的更多。

总体而言,生涯、职业、工作三个层次,覆盖了不同范围,满足个人不同层次的心理需求:工作更多地满足个人的安全需要,个人通过工作获得生存的各项资源;职业更多地满足个人的社会认可需要,体面的职业往往容易获得更多的社会尊重;生涯更多地满足个人自尊的需要,包括了工作、学习和休闲多个角色,在不同生命阶段的综合展现。

三、职业生涯

职业生涯是指一个人终生的职业历程,包括一个人一生中所有与职业相联系的行为与活动,以及相关的态度、价值观、愿望等连续性经历的过程。

职业生涯是一个动态发展的过程,是一个客观存在而不是主观评价的过程,它并不包含在职业上成功与否,每个工作着的人都有自己的职业生涯。职业生涯是一个人生涯中最重要的核心组成部分。

四、生涯管理

生涯管理,有时也被称为生涯规划、生涯辅导、生涯教育、生涯干预,指由辅导者结合其专业知识提供一套系统的计划,用来促进个人的生涯发展。在这套计划中,结合了不同心理学科的方法与技术,帮助个人了解自己,了解教育环境、休闲环境与工作环境。经由生涯决定的能力,选择适当的生活方式,增进个人的幸福,进而谋求社会的福祉(金树人,2007)。简言之,生涯规划的目的和意义在于帮助个体的自我实现,提升人生的幸福感。根据国家人力资源社会保障部认定的生涯规划师认证中,将生涯规划定位为运用心理学、脑科学和生涯发展学科的专业知识,利用脑AT技术,帮助个体发现最佳潜能优势结构,并科学确立适合发展的核心目标,制订行动方案,提升自信、完善不足,解决在学习、工作中的各类问题。

生涯规划存在不同的干预形式,包括职业指导、生涯教育和生涯咨询。职业指导是依据个体差异的客观视角观察来访者,依据个体特质的得分分布帮助其和需要类似特质的职业进行匹配。生涯教育是依据个体发展的主观视角,参与适合个体人生阶段发展任务的成熟度,推进生涯发展。生涯咨询是依据个体的设计视角,视来访者为创作者,帮助他们反思生命主题,建构来访者的生涯。职业指导确定职业匹配,生涯教育促进职业发展,生涯咨询设计工作生活。

生涯规划并不仅仅是我们通常所说的比如"城市规划"、"企业发展规划"等,更多的是一个系统,这个系统除了通常意义上的生涯规划文案,更包括了自我探索、工作世界探索、生涯适应、资源整合、职业决策、生涯愿景等生涯相关对象以及发展规律的研究。

生涯辅导将生涯的概念融合在学习的历程中,时间跨度从幼儿到成人的整个阶段和步骤,内容上包括生涯认知、生涯探索、价值澄清、决策技术、生涯准备和行动等。

根据生涯辅导的内容,金树人将当代生涯辅导的主题总结为:(1)生涯决策能力的发展;(2)自我概念的发展;(3)对生活方式、价值及休闲的重视;(4)强调自由选择与责任担当;(5)重视个别差别;(6)对外界变迁的适应等。

期望通过生涯教育达到来访者能够发展:(1)自我负责的能力;(2)管理情绪的能力;(3)运用资源的能力;(4)发挥想象的能力;(5)做决定的能力;(6)制订计划的能力;(7)实践目标的能力;(8)评估进展的能力等。

第二节 生涯问题分类

每个人的成长经历、所处环境、发展阶段、个性特质的不同,面临的生涯问题也是千差万别的,不同的人对类似的问题的应对也常现迥异。生涯问题通常是选择决策问题,相关学者做了许多研究,对生涯问题的归类仍然难以形成权威统一的标准,较有代表性的包括以下几种。

一、金树人生涯未定角度的四类型分类

1. 已决定者

指来访者在生涯发展过程中,已经完成了决定。如毕业后选择什么行业、工作地点定在哪个城市等。此类来访者已经做了决定,却仍然需要辅导的可能性分为三类:(1)来访者思维审慎,希望通过辅导得到确认或验证决策是否正确;(2)来访者有目标无计划,希望形成具体实施步骤;(3)来访者为"假性定向"者,目的在于暂时解除没有选择的焦虑。

2. 未决定者

指来访者对未来的生涯选择还未有具体承诺,但他们可能有了大致方向,只是没有最终拍板。原因一:探索性的未定向,可能是缺乏足够的信息,这类随着年龄的增长会逐渐减少;原因二:多重选择未定向,选择太多,又无明显优劣,导致左右为难,倾向于维持未定状态。

3. 生涯犹豫者

此类来访者背后原因较为复杂,通常伴有严重焦虑。此类原因大致归纳为三小类:(1)人格状态的异常;(2)错误的元认知,也称之为非理性期待,如:选择一个职业后就不能再做改变;(3)与重要人际的互动相关,他人对来访者的期望与来访者自我不一致。

4. 生涯适应不良者

该类来访者的困扰多半是由于外在因素而影响到心理或生活上的适应,如工作或学习上有压力、与同事或同学之间的人际关系欠佳、工作或学习的表现不佳等。

二、内森(Nathan)和希尔(Hill)的八类型分类

1. 处于生命阶段的转变,如青年创业、中年危机等。
2. 工作和生活的失衡,如工作时间长而无法兼顾家庭、工作忙碌影响身体健康等。
3. 做决定的信心或准备不足,如难以做选择、逃避做决定、不敢对决定负责、家人和自身的期望不同等。
4. 欠缺达成目标的策略或方法,如不知道怎么做计划、缺乏资源或专项技能等。
5. 工作变动,如公司裁员、减薪降级、转换岗位不适应、与领导和同事关系不融洽等。
6. 工作表现,如工作绩效欠佳、得不到领导认可、职业发展空间受阻、发生重大工作失误等。
7. 人际关系,如与周围人发生冲突、与领导有误解、与家人朋友关系不和等。
8. 个人性格特质与周边环境不协调,如能力无法发挥、兴趣与性向不合等。

三、鲍廷从个人心理层面的五种分类

1. 依赖(Dependence)

心理发展的迟缓,带来过于依赖他人为其做决定的问题。

2. 缺乏信息(Lack of Information)

由于对自身和工作世界缺乏足够的信息认知,导致无法决策。

3. 自我冲突(Self-conflict)

两个或两个以上自我概念间的冲突,或是自我概念和其他外在事件的冲突。

4. 选择焦虑(Choice Anxiety)

面临两个或多个选择各有其优劣,又无明显高下,在做选择的时候产生焦虑。

5. 缺乏信心(Lack of Assurance)

虽然做了决定,但仍需寻求他人的保证以增强信心。

第三节 生涯规划

一、生涯规划的过程

常见的系统生涯规划包括觉察、认知自我、认知工作世界、决策、行动、评估与成长六个环节组成的循环,而且这六个步骤是不断往复向前的。比如,一个人20岁和30岁对自己的认知水平是不一样的,对生涯的决策、对工作世界的认知、决策与行动能力等水平都是有差异的。因此,生涯规划不是一次性的工作,而是不断向前发展的,而且通常只有在完成了前一阶段的循环后,才能达到更高层次的循环。

1. 觉察

觉察是生涯规划的开端。如果说生涯规划后续的步骤是"0",那么"觉察"就是这串数字最前面的"1"。个体只有觉察到生涯规划的重要性和意义,自发地产生生涯规划的愿望和动机,生涯规划才真正具有了意义。否则,即使后续环节做得很好,也常常沦为一纸规划书被束之高阁,对于生涯发展没有实质的指导意义。同时,这个阶段,个体应该了解生涯发展和生涯规划的概念、意义、内容和流程,并且对生涯树立比较合理的认知,比如生涯发展是个长期的过程,生涯规划的效果也不是立竿见影的。

2. 认知自我

系统化的生涯规划是一个"内外结合"的过程。我们都知道"内因"是事物发展的主要动力,而个体自我就是生涯发展的"内因",也是最终决定生涯发展结果的最重要的驱动力。认知自我的范围可以包括生理特征、社会特征和心理特征三部分。因为生理特征和社会特征的指标相对简单、客观和外显,无论是从认知难度还是启蒙程度上通常已经达到较高的水平,因此,认知自我的范畴通常在于心理特征,其包括但并不限于:我的兴趣是什么?我是个什么样性格的人?我能力的优势是什么?我生命中最看重的东西是什么?

3. 认识工作世界

工作世界是生涯发展的外部环境,决定了生涯发展的空间。获取工作世界信息通常是个体在做决策前最迫切的需求,他们希望了解意向的行业发展怎么样,公司发展怎么样,意向的岗位的具体工作内容是什么,对员工有什么具体要求,什么样的岗位发展最好,什么样的岗位薪酬福利更好等。

4. 决策

当内外部的信息收集比较完备后,就需要对其进行综合整理和评估,并做出选择和决定,这个环节就是决策。成功的决策的结果是确定目标并制订相应的计划,以及理性地接纳决策结果并贯彻执行。正确的决策是承上启下的重要环节,就全球范围看,无论是MBA还是其他专业,无论是博士生还是本科生,决策困难都是学生面临的最大难题。根据美国斯坦福大学职业发展中心的统计,帮助学生做决策,是职业发展中心教师耗时最多的工作。尽管这样,仍然有相当多的学生难以独自做决策或者决策后无法落实到行动上。

5. 行动

行动是生涯规划最终落地的载体,也是促使个体改变的直接因素。如果一份生涯规划没有行动,则无异于空中楼阁,对于个体的实施和提升没有任何价值。行动既包括求职过程中的简历、面试准备等狭义的职业发展内容,更包括了日常工作生活中各个方面提升技能、升级认知、磨炼性格等改善行动。

6. 评估与成长

行动积累到一定阶段,需要对成果进行检验,以对之前的努力做出评价,这个环节就是评估。通过评估,可以了解目标的达成情况,如果已经达成了目标,可以进行以上循环的升级,以进入下一阶段。如果尚未达成目标,也需要排查阻碍行动的原因,并及时调整计划,甚至调整目标的难度。

以上部分步骤可以存在重叠关系,比如认知自我和认知工作世界是可以同步进行的。但也有些步骤需要有先后,比如在认知自我和认知工作世界充分的情况下再做决策,在缺乏信息的情况下的决策的质量往往不合格,就会出现返工的情况,反而影响了效率,浪费了资源。

综上,生涯发展总体上是一条螺旋向上的曲线,尽管可能中间有所波折,长期来看不改其前进的轨迹。

二、从比较优势看职业生涯规划

职业是生涯各种角色中的一个重要组成部分,以至于世界多个国家的学者们在不同场合均提出过"职涯"这一概念,试图将生涯中与职业紧密相关的因素独立出来讨论研究,以帮助个体的职业发展。但实际上,与职业相关的因素比较多,即使是同一因素,也往往难以将其从"生涯"中剥离出来,比如以"计算机操作能力"为代表的可迁移技能,计算机操作现在已经成为绝大部分工作中不可或缺的技能,但是这一技能在工作之外,也广泛应用于我们的娱乐和学习中,比如看视频、玩游戏、阅读电子书等。因此,通常说到"职涯"往往是一种简化的手段,以便于讨论分析。

因为本书重点讨论的是商科专业学位硕士的生涯管理,专业学位硕士作为高层次的职业教育,故而本书的讨论主要集中于职场范畴。生涯规划的一个重要目标就是帮助个体挖掘自身的优势,并加以适当发挥,以期个体价值在职场中能够得到最大的发挥,同时个体能够获得更多的收益。这一目标的起点就是挖掘和发挥自身的优势。

"田忌赛马"是中国家喻户晓的历史故事。战国时期,齐国大将田忌与齐威王赛马,每局分上、中、下三等马依次对阵,获胜场次多者胜,由于田忌在每个等次上的马均略逊于齐威王,故落败。好友孙膑献计田忌,让其在与齐威王赛马的过程中,用"下等马对付对手的上等马、用上等马对付对手的中等马、用中等马对付对手的下等马",结果田忌仅在更换了马的出场次序的情况下,以两胜一负战胜比自己厉害的对手。

两百年前,英国经济学家大卫·李嘉图在其代表作《政治经济学及赋税原理》中提出了比较成本贸易理论(后人称为"比较优势贸易理论"),阐释了类似的道理。比较优势理论认为,国际贸易的基础是生产技术的相对差别（而非绝对差别），以及由此产生的相对成本的差别。每个国家都应根据"两利相权取其重，两弊相权取其轻"的原则，集中生产并出口其具有"比较优势"的产品，进口其具有"比较劣势"的产品。

"田忌赛马"的故事和"比较优势"理论，对于个体在职场中如何发挥优势，有很大的启发价值。通常，对于大部分专业学位硕士，是第二次"比较优势"的选择机会，对于 MBA 学生，则是第三次。第一次机会是高考，第二次机会是大学毕业初次就业。相对于第一次和第二次的职业选择，第三次的职业选择面临的环境要更加复杂。前两次，如果个体的成绩单绩点高，性格开朗，通常可以找到较为满意的工作，如果再有社团经验、面试辅导、实习经验等加分项目，则能获得更好的起点。但是工作几年后，情况会有所不同，MBA 阶段的职业选择，成绩单上的数字变得没有那么重要，用人单位更关注有没有实践经验和专业技能，希望能够尽快上手，而不是花大量的时间来培训。复杂环境带来的好处是，个体可以不仅仅依靠成绩单与雇主讨论是否是合适的岗位候选人；弊端是，不少人仍然没有认识到自身最有价值的优势，继续盲目而低效的职业选择。

"行行出状元"，还是"职业有高低"？中国人经常说"行行出状元"，但是近年来，金融、互联网、房地产等行业持续大热，成为求职者趋之若鹜的目标。从短期看，上述行业的确有较高的经济回报，行业平均薪酬数据也持续领先，但从长期看，优势却不是那么明显。中国目前正处于产业升级得过程中，有的产业升级得早，有的产业升级得快，这些产业会成为整个升级过程中率先受益者，但随着升级的逐步深入，其他行业也会陆续受益。人的职业生涯往往跨度几十年，尤其人均寿命的提升，这一跨度将继续扩大。在漫长的职业生涯中，所从事的工作往往会经历一个甚至多个行业周期。社会发展的趋势，有的是确定的，有的是不确定的。比如对于中国，人口老龄化是一个确定的趋势，因此长远看面向健康的服务总体发展较好；而房地产行业在经历了十多年的超级牛市后，不免会有所调整。经济社会发达程度领先的国家的发展现状和趋势，也是我们判断社会发展趋势的一个较好的借鉴。以美国为例，根据美国劳工部的数据，2015 年美国 200 种职业年薪收入排名中，前五的依次为将军、医生、精神病专家、牙科医生、石油工程师，我们熟悉的股票交易员排 46 位。长远来看，我们倾向于"行行出状元"，行业的差异固然存在，但行业之间的比较优势，相对于个体能力发挥的比较优势，则要小得多。一个在医药行业做财务的人换到医药行业做销售，比一个医药行业做财务的人换到金融行业做财务，对个体的影响要大得多。

"田忌赛马"的故事和"比较优势"理论揭示了错位竞争、事半功倍的规律。相对于企业经营往往要遵循"木桶理论"而采取"避短"的策略，个人的生涯发展则要采取"扬长"策略。因为一个企业的短板的制约，比如财务危机或研发不力，往往导致企业无法进行正常的运转。而雇主对于人力资源的雇佣往往是出于个体所具备的某种特长，而对于其他素质则通常只要求其满足基本要求即可，个体在某个特质上的表现越优秀，则越有可能获得雇主的青睐。

第四节　常见生涯规划的误区

生涯规划的误区多来自一些不合理的信念，这不合理的理念主要有：

一、做生涯规划没有用

现在国内,通常一提到生涯规划,不仅是本科、学硕,还是已经有过几年工作经验的MBA,多多少少都能说上几句,但同时普遍会对生涯规划的作用存在不同程度的质疑。交谈中发现,不少学生对于生涯规划的认识仅限于在校开设的为期长短不同的生涯规划课程上做了一纸生涯规划的文案,之后就束之高阁,生涯规划对于大部分学生仅仅是课堂上教师的宣讲和探索游戏,并没有实实在在转化为最终的行动。因此,学生对生涯规划的效用普遍持保留意见,从而产生生涯规划有没有用的疑问。

在访谈中发现,之所以出现这样的问题,一方面,大多数情况下,学生对于生涯并没有树立起根深蒂固的理念,虽然课堂上理解了生涯的各种概念,但实践中可能还不如"三十而立、四十不惑、五十知天命"等传统提法来得入脑入心,对于生涯和自身的关系没有清晰完整的认识。另一方面,对于生涯规划的内容了解并不全面,多认为生涯就是课堂上依靠工具确定了自身的兴趣、性格、技能、价值观,再选择一个自己意向从事的行业或岗位,从目前的起点到意向的行业或岗位之间制订长至十年短至数月的实施计划。这个过程中常出现的问题是,学生对于自己意向从事的行业或岗位并不如他们想象中的那么了解,更多的是在做生涯规划之前通过各种途径了解的信息,从而很容易出现缺乏系统性和精确性。比如,有同学规划毕业后5年成为基金经理,但是对于基金经理的工作内容、职业发展路径和任职要求等门槛性、过程性维度没有明确的认识,而是对基金经理的薪酬、观点和业绩等结果性维度了如指掌。如此,不能恰当地将自身情况与意向岗位进行合理地定位,并且基于定位制定可操作的规划。

实践工作中,近年商业世界进入VUCA①时代,"无边界组织"也日益盛行,个体在职场的发展路径与20世纪相比正变得多样而且多变,生涯规划在其实施过程中的不确定性也在增加,相关内容后文会做更详细的探讨。但我们认为,即使在这样的背景下,生涯规划仍然非常有意义,主要表现在:(1)促进行动。生涯规划通常会制订积极正向的行动方案,近年来随着教练技术、SFBT等被引入到生涯规划中,生涯规划方案的制订更多地聚焦于短期比如三个月以内的行动计划,以行动来塑造生涯,而不仅仅以目标来引导生涯。(2)确定目标。虽然近年的生涯规划更聚焦于行动,但目标的制定仍然具有其积极意义,有助于聚焦个体的精力、时间于具体的方向,从而减少"布朗运动"式的无序探索。同时目标的确定和聚焦,在VUCA时代,更容易帮助个体合理定位,在一定程度上可以帮助个体合理管理压力,减少焦虑的产生。(3)助人自助。生涯辅导秉持的是助人自助的理念,生涯是长期的、动态的过程,通过生涯规划这个过程的练习,帮助个体掌握生涯规划的理念和工具,在今后的生涯长河中,不断地利用掌握理念和工具,实时进行评估和调整,开创属于自己的生涯。

二、就业的时候做一下就好

就业的时候需要做规划,但更多的是求职规划,求职规划仅仅是生涯规划中的一部分。生涯规划是长期的、动态的、系统的过程,所以应该尽可能早地规划,国外从小学的时候开始引入

---

① VUCA是Volatility(易变性)、Uncertainty(不确定性)、Complexity(复杂性)、Ambiguity(模糊性)的缩写。原为军事用语,近年因宝洁公司首席运营官罗伯特·麦克唐纳(Robert McDonald)借用于商业而被广泛引用。

生涯概念,在中学普遍有生涯规划的课程。生涯规划立足于生涯尺度的发展,求职规划立足于就职阶段往往是几个月的规划,通常目的是为了找个自己现阶段最满意的工作。即便如此,这个阶段的规划仍然具有实际意义,比如能力的探索,有助于系统梳理个人的优势,从而一方面有助于简历的撰写,另一方面在寻找工作岗位的过程中做到有的放矢。又比如面试技能的掌握对于应对面试也有很好的帮助。然而从长远来看,仍然鼓励通过探索、决策、评估、反馈等系统的流程进行完整的规划。

三、生涯规划可以解决所有问题

生涯规划的相关目标包括帮助个体厘清兴趣、性格、能力、价值观,让个体对自己有更深的认知度;帮助个体制订探索工作世界的方法,了解意向职业的内容和发展;帮助个体了解职业发展过程中的盲点,以及如何突破;帮助个体进行职业决策;帮助个体排解负面情绪干扰,提升快乐感;帮助个体评估生涯发展目标,探索目标的各种可能性,并制订可行的行动方案,等等。但是,生涯规划并不能解决所有的生涯问题,究其缘由:一方面,生涯规划更多提供的是思路、工具和方向,最终要落实到自己的行动上来,改变的结果取决于行动的结果,而并非规划的结果,生涯规划中,教师或者顾问扮演了指导者、陪伴者、督导者等多种角色,唯独不是行动者;另一方面,生涯规划有其自身的边界,比如生涯规划无法告诉你如何就一定能成为基金经理或者亿万富翁。生涯规划的效用受其专业领域和从业者能力的客观限制。进行生涯规划需要摆脱这些非理性信念的纷扰,脚踏实地立足当下做到自己能做到的事,并享受努力的成果。

四、生涯规划做好后不能调整

生涯规划是基于一套理论和方法做出的决策,任何决策都是基于当下情况和对未来的预期做出的判断,由于作为决策前提的判断也存在着不确定性,所以决策也存在一定风险,因此生涯规划并不是万无一失、一成不变的人生指南,生涯规划有可能存在某些偏差,也需要根据个人情况和外部情况的变化做出调整。但调整的频次和幅度不宜太快太大,通常每年应该对自己的规划进行复核,可以做些小调整。3~5年可以做个比较大的调整。当然如果发展得很顺利,也许几十年都不需要调整。

练习 1—1

1. 如果需要用几句话向别人介绍生涯是什么,你会怎么说?(结合自身的经历)
2. 回忆一下,自己做过生涯规划吗?自己是否在规划的道路上前进?如果没有,思考一下障碍是什么?
3. 想象一下5年以后,自己在做什么?

扩展阅读

1. [美]克莱顿·克里斯滕森. 你要如何衡量你的人生. 丁晓辉译. 吉林:吉林出版集团有限公司,2013.

2.［新西兰］因克森.理解职业生涯：九种你必须了解的职业隐喻.高中华译.北京：中国轻工业出版社,2011.

 第二章

国内外高校生涯辅导发展

职业生涯教育起源于美国,最早可以追溯到20世纪初以帕森斯(Parsons)提出的"人职匹配"职业指导理念为核心的职业指导运动。1908年,波士顿大学教授帕森斯创立了世界上第一个职业指导机构——波士顿地方职业局,类似现在的职业介绍所,指导人们接受职业教育与培训,选择职业。20世纪50年代,在舒伯(Super)提出的"生涯发展"理论影响下,强调人职匹配的职业指导逐渐被关注个体发展的生涯辅导所替代。这一阶段,心理测试得到了广泛的应用。20世纪70年代,马兰(Sydney Maran)提出的"生涯教育"理念,全美范围兴起生涯教育改革运动使得职业生涯教育成为美国学校教育中重点关注的内容。至今,职业生涯教育在美国的开展已经有了百余年的历史,职业生涯教育理念已经渗透进美国的整个教育体系之中,从幼儿园开始直至高等教育的结束,美国的各级教育机构都较为注重职业生涯教育的开展。在人力资源开发的背景下,职业生涯教育理念作为美国高校就业指导的核心指导理念,已经成为了当前美国高校普遍重视的教育理念。美国的职业生涯教育理念是以个体职业生涯发展为核心,突出自我效能、职业生涯规划,注重教育与实践结合,进而满足个体职业生涯发展需要、社会职业需求、完善国家人力资源开发的实效性学校教育理念。

在高等教育阶段,由于大多数的学生个体在这一时期面临着由学校角色向社会角色的过渡,职业生涯教育的开展在美国的高校中颇为普遍。虽然在高等教育阶段,美国政府没有制定、规范统一的职业生涯教育发展项目,但是由于各高校对就业率的重视,职业生涯教育在美国高校中仍然形成了体系。与其他国家的就业指导不同,美国的职业生涯教育在生涯发展理论的指导下,更为注重个体长期、动态的职业生涯发展,而非只是寻找合适的职业类型完成就业。美国高校职业生涯教育的开展自20世纪初期以来,可以分为三个主要的阶段:20世纪初期至20世纪40年代,以帕森斯"人职匹配"职业指导理念为核心的职业指导阶段;20世纪50~60年代,在舒伯"生涯发展"理论影响下的由职业指导向生涯辅导的转化阶段;20世纪70年代至今,在马兰生涯教育理念影响下的职业生涯教育阶段。

第一节 欧美知名高校商学院生涯辅导概况

欧美高校在学校层面通常设有职业发展中心,部分学院如商学院、医学院、法学院在学院层面也会设立相应的部门。职业发展中心在职能上通常分为学生服务和雇主服务两大部分;

师资上主要由在各行业有资深行业经验,且有丰富管理经验,又具备一定的教练启发技能的顾问专职担任,同时大量引入企业高管、校友等外部师资;辅导内容上从入学到就业,提供自我认知、行业探索和求职策略等全面辅导;辅导导向上强调目标集聚、终身学习导向,强调求职的主体是学生,学生应该秉持终身学习的理念,离校后也积极参与校友圈的活动,成就他人和助力自身职业发展。

一、哈佛大学商学院(Harvard Business School)

哈佛大学商学院通常被认为是现代 MBA 的起源,诞生至今一直是美国 MBA 教育的旗帜,其著名的案例分析法也广泛流传,被众多商学院所效仿。

哈佛商学院将 MBA 的培养目标定位于:改变世界的领导者。在这一宏观目标下,对于学生的职业能力,又提出了细化的目标。在价值观和思想品质方面要:(1)有职业道德;(2)不断完善自我;(3)自尊;(4)注重实际。在能力方面要具有:(1)创造性解决问题;(2)严密的分析推理;(3)对问题的综合处理;(4)交际和谈判;(5)团队合作;(6)企业家精神;(7)领导能力。在知识方面要具有:(1)全面的管理知识;(2)实际工作的业务知识;(3)国际化相关知识;(4)技术知识。

(一)哈佛商学院 MBA 的培养特色

1. 国际化

培养学生全球运营的能力。在哈佛学习的两年,学生面临被要求思考面对不同国家、不同商业背景带来的挑战。案例教学中,第一年必修课中的 28% 的案例和第二学期选修课中 38% 的案例是全球性案例。每年差不多 50% 的新增案例和 40% 的教授研究领域都集中于国际领域。为了锻炼学生的国际化思维,一年级学生会参加在新兴市场的沉浸式领导力项目,比如,2014 年 900 名学生被安排到 10 个国家的 12 个城市,实地历练一周,以增加其相关经验。哈佛在全球 7 个城市设置了研究中心。在招生方面,国际学生的比例也超过了 1/3;师资方面,42% 的师资出生于美国之外的 43 个国家;校友方面,30% 的校友分布在全球 167 个美国之外的国家。

2. 实践教学

哈佛商学院 MBA 教育注重学生面对相互矛盾的数据、复杂的政策、巨大的时间和财务压力下,做出坚持自己的决策。而这些是不可能通过讲座和课本学习的,哈佛商学院除了在其全球闻名的案例教学中,而且在其沉浸式领导力体验项目中,不断重复此类的情境,以帮助学生实现改变,发展学生即使从事不同行业,却仍然都需要的分析、评估、判断和实践的能力。哈佛商学院认为案例教学是最适合 MBA 教育的方法之一,对迅速提高 MBA 学生的能力和素质具有积极的促进作用。哈佛商学院使用的案例最多,占总课程的 80% 以上,要求 MBA 学员在两年的学习过程中讨论和分析 800~1 000 个案例,平均每天 2~3 个。哈佛商学院的教授们每年新编写超过 700 个新案例,这是其他商学院平均水平的 12 倍还多。哈佛商学院每周会邀请这些案例的主角亲自到各个教室里与学生们分享他们的亲身经历。

3. 企业家精神和创新

学院整合各种资源,以支持学生的各种充满激情的想法,成立有企业家精神俱乐部,每年有 450 名学生历练其中,并由 35 名不同研究方向的教授为其授课。

4. 学习社区

学院为学生提供了可住校的学习社区，大大增加了学生之间、学生与教授、学生与学院资源之间的接触时间和深度。

5. 校友网络

哈佛商学院拥有 109 个各类校友俱乐部，除此之外还有 96 个地方校友俱乐部。大部分的俱乐部由分布于世界各地的校友自己运营。通过基于校友网络的校友活动，增加人脉、获取职场机会。同时学院的教授，也倾向于通过校友网络，为学生和校友的发展提供支持。

6. 出版资源

哈佛商学院通过庞大的校友网络和学院资源，收集论文、案例等出版资源；学生和校友可以通过学院网站获得学院教授最新的研究成果；成立于 1984 年的哈佛商学院出版社，每年都会出版大量前沿研究成果；每季一期的校友通讯；协助校友做好校园招聘；各类论坛、图书馆和彭博（Bloomberg）中心。

（二）哈佛商学院 MBA 生涯辅导特色

哈佛商学院倡导生涯的终身理念，认为 MBA 的学习是生涯中非常重要的经历，同时并非终点站。因此，哈佛大学强调职业发展辅导是 MBA 培养框架中不可或缺的一部分，强调生涯发展的路径概念。

哈佛商学院 MBA 的职业路径的起点是自我评估，通过其自行开发的 Careerleader 线上评估系统，帮助学生评估兴趣、技能、价值观等内容。在入学的第一周，学院会安排包括校友分享在内的职业发展课程，讨论职业发展案例。通过自我评估和案例讨论，学生能够对自身情况，以及今后对实习和工作的方向有更多的认识。

哈佛商学院为 MBA 学生提供的资源和服务主要包括：（1）一对一的教练辅导，配备了超过 50 名的职业教练，提供的服务内容包括自我评估、求职策略、简历和求职信、模拟面试、薪酬谈判等；（2）职业发展工作坊，通过一系列的职业项目体验，整合学校、校友、雇主、职业教练等各方面资源，帮助学生建立基础的职业判断，包括如何评价工作机会、如何进行基本行业研究、如何制定求职策略等，同时帮助学生发展社交、面试、简历写作、谈判等技能，组织包括招聘会、论坛讲座在内的相关活动；（3）职业俱乐部的同侪支持，通过同学之间的交流和互动，提升自我觉醒，培养领导能力；（4）信息服务，为学生提供各种信息类资源，包括雇主信息、求职贴士、视频辅导，以及学生的简历信息等；（5）招聘活动；（6）Baker 和 Bloomberg 的数据库；（7）校友支持等。

二、沃顿商学院（The Wharton School of the University of Pennsylvania）

宾夕法尼亚大学沃顿商学院创立于 1881 年，是美国第一所大学商学院。沃顿在商业实践的各个领域有着深远的影响，包括全球策略，金融，风险和保险，卫生保健，法律与道德，不动产和公共政策等。它的商业教育模式是在教学、研究、出版和服务中处处强调领导能力、企业家精神和创新能力。

沃顿商学院 MBA 的培养目标是：适应全球商业环境的最有效的管理者。在这一培养目标下，沃顿提出其毕业生应该具有：第一，通才的眼界，能全面考虑一个组织的问题，并在较大范围内了解组织状况；第二，分析和综合能力，能把含糊的和没有条理的信息条理化，得出对问题的准确解释,形成创造性的选择,并恰当地完成;第三,技术与专业技能,包括各种商业手段和职能方面的能力;第四,商业道德,作为一个管理人员应当具有的尽职精神和伦理观;第五,专业成熟,能成功地与同事或竞争对手交往,能在各种竞争条件下出色完成任务。

(一)沃顿商学院MBA的培养特色

1. 丰富的知识

沃顿商学院的MBA尤其强调学生的基于数据的分析和推理能力,通过培养学生获得精确的分析能力和经验,从而让其掌握一定的工具以能够面对全球经济、环境、种族和政策带来的挑战。沃顿商学院拥有的超过225名的教授和200多门的选修课,以及超过15个的跨学科的项目,来保障学生获得足够的知识。课程体系上,提供了预备课程、核心课程、专业课程、选修课程四大模块。预备课程不涉及核心专业知识,主要是MBA入门知识和案例,以帮助学生更快适应MBA的角色,培养对课程的学习,融入MBA的学习。沃顿商学院的选修课,采用了举校体制,由宾大校内包括商学院在内的11个学院开设。整个四个模块体现了阶梯式的设置,与培养目标也高度贴合,通过核心和专业课程保障了学生的专业水准,通过选修课又打破学科壁垒,促进了知识的整合,为学生的发展提供了更大的平台和视野。同时沃顿商学院提倡团队学习,重点在于人际能力的培养,并同样开设为期一周的国际学习项目。沃顿商学院允许教师从事商业活动,以更近距离贴近商业活动,并为教授能够将最新的商业实践引入到课堂教学中提供了制度基础。

2. 全情投入的文化

沃顿商学院提供给学生丰富的课程的同时,同样强调学生课外活动。36%的MBA是国际学生,沃顿商学院鼓励学生加入到各种学生组织中,以建立学生自己的人脉网络,并为此精心设计了不少创新活动。

3. 创新与领导力

沃顿商学院的培养目标强调学生深入地了解自身、了解所在的组织和社会,并贡献自身的力量。沃顿商学院的领导力项目擅长通过分析,确立并发展学生的优势,建立自身的领导风格。相关支撑措施包括:(1)学习小组,这一学习方式是沃顿商学院的首创,通过学习小组模拟商业实践中的团队合作,学生在其中领导力的体现不是依据职位,而更多地来自于说服。(2)教练和反馈项目,项目基于自身的测评,以及同学的360度测评,在此基础上通过专业的一对一的执行教练,协助学生建立技能和领导力,以及相应的培养日程。(3)领导企业,沃顿商学院每年安排学生进入一流的企业,进行领导、能力、面对压力和不确定性下的锻炼,力求突破自身局限,并获得第一手的领导经验。2013年,沃顿商学院派遣了945名学生到13个企业进行锻炼。(4)领导力发展工作坊,是指为期1~3天的,经过设计的锻炼学生领导力的一系列活动。(5)领导力奖学金,包括颁发给担任新生教练的高年级学生、创业的学生等。(6)非营利董事会领导力项目,该项目面向二年级的MBA学生,该部分学生通过支持当地的非营利组织实现使命获得宝贵的董事会经验,同时培养学生的社会责任感。(7)沃顿领导力讲座,由学生邀请顶级公司的高管来校开设讲座,主体涉及个人发展、目标以及职业决策等,协助学生做好职业规划,每次讲座后,演讲者通常会和小部分学生共同用餐。(8)大型会议和俱乐部,沃顿商学院通过"沃顿毕业生联盟"(下属70多家俱乐部)支持学生活动。通过承办15场以上由学生组织的行业级别的大会,带领学生参与国际职业之旅等活动拓展学生的领导能力。

4. 全球机遇

基于全球咨询项目模块和高比例的国际学生,沃顿商学院的 MBA 有机会接触到不同文化和语言的商业环境和商业实践。

5. 全球校友网络

沃顿商学院在全球有 92 000 名校友,并通过校友网上社区、返校活动和校友俱乐部等形式联络校友感情,增强校友的互相支持。

(二)沃顿商学院 MBA 生涯辅导特色

沃顿商学院的职业发展服务面向学生、校友、雇主三大群体,师资由多个行业的资深职业教练组成,沃顿商学院在学生服务和雇主服务两个方面均配备了约 10 名左右的专业顾问,根据学生兴趣在学生就业过程中提供建议和帮助,以实现全面的自我评估、发展求职技能、创建个人职业规划等目标。提供的相关服务包括:(1)专项和工作坊,为学生提供提升求职技能的辅导,提升社交、市场调查、简历撰写、面试和其他生涯管理的技巧,模拟面试等。(2)信息资源,包括各行各业的详细信息、自行开发的行业研究工具、不断更新的招聘信息等。(3)一对一的职业辅导,帮助学生评估技能、兴趣以及撰写职业发展故事,发现潜在的求职方向,完善求职策略,对于特定企业或行业的了解,为学生赋能等。(4)企业参访与实习,学院安排学生在包括纽约、旧金山、伦敦、大中华地区等全球经济热点地区的各行各业的企业进行交流参访,在此过程中安排学生与企业高管、HR 代表进行访谈,并且组织参与相应城市的校友圈活动,帮助学生更好地融入当地。(5)终身支持,学生毕业后仍然可以在校友系统中更新简历,校友也可以在系统中寻找自己需要的人才,学院会制作校友的简历册进行发布,邀请资深校友返校为校友开展一对一的职业咨询服务。

三、欧洲工商管理学院(INSEAD)

INSEAD 的生涯辅导对人才秉持发展(Developing)、营销(Marketing)和连接(Connecting)三大理念。在法国、新加坡、迪拜有超过 40 位的专职师资为学生提供指导,辅导步骤和内容包括了自我评估(职业愿景和抱负)、探索工作世界(了解全球工作市场以及识别适合自身的工作机会)、求职策略(一对一辅导面向潜在雇主制定个人求职策略并督导实施)。INSEAD 的人才发展服务包括:(1)职业指导,每个学生在读期间都会指定一位导师,陪伴和指导整个过程,以期确保学生在毕业的时候有清晰且可实现的生涯规划以及实现规划所必要的知识和能力。(2)模拟面试,在招聘季开始之前,职业发展中心邀请外部导师与中心教师一起,帮助学生练习提升面试技能。(3)职业发展工作坊,涉及包括职业愿景、如何使用领英(Linkedin)、生涯规划、薪酬谈判等主题,贯穿整个学习周期。人才营销服务包括雇主沟通、全球求职平台和电子简历等。人才连接的服务包括校园招聘活动、雇主下午茶和俱乐部活动。

相较于美国的商学院,欧洲的商学院在自我评估和职业规划方面强调较少,一方面因为中小学成熟的生涯教育,学生普遍树立了生涯发展的理念,掌握了一定的生涯规划的方法;另一方面,如英国的 MBA 学生,在申请阶段就会涉及这方面,学生在申请之前就要做自我评估,评估的内容包括个人经历、能力等,同时制定长期和短期的目标,根据评估的结果和目标,再选择恰当的项目;第三,生涯规划起源于美国,在传入欧洲的时候,并没有出现美国的革命式爆发性活动,其发展进程更为温和。

四、伦敦商学院(London Business School)

伦敦商学院的职业发展中心明确提出,MBA 学生攻读的收获取决于个人的目标(Goals)、抱负(Ambitions)和经历(Experience),职业发展中心在生涯发展的重要阶段给予指导、支持和激励。职业发展中心提供的相关服务包括:(1)生涯规划的指导与教练,同时伦敦商学院向学生提供一系列线上线下生涯发展的工具;(4)企业参访;(3)全球范围的商业人脉;(4)领导力发展项目等。伦敦商学院职业发展中心的师资分工主要包括了行业拓展、生涯教练、运营和活动支持等部分。

第二节 欧美高校商学院生涯辅导特色

MBA 在欧美发达国家已经取得了成熟的发展,其 MBA 项目自诞生起就注重职业规划和发展,经过几十年的发展各方面也相当完善,主要特色包括:

一、校院联动的职业辅导体系

秉持"职业选择是一个长期的阶段性积累过程"的理念,欧美高校的商学院通常设有专门的职业发展中心负责学生的职业指导和市场服务,实际上很多欧美的中小学已经开设生涯规划辅导的课程,生涯规划和发展辅导是终身的过程的理念深入人心。比如斯坦福大学的职业发展中心有 22 名工作人员,负责职业咨询、市场招聘、行政事务等相关工作,为学生提供职业咨询、职业工作坊、就业服务等各项辅导,整个辅导体系全面而且成熟,同时斯坦福商学院的职业发展中心也配备了 10 名左右的辅导师资,在相应框架上和学校呼应对接。一方面,欧美的 MBA 学生从本科甚至中小学起就梳理了生涯规划和发展的意识,掌握了一定的相关技能,拥有较好的相关基础素质;另一方面,欧美高校的职业发展机构,甚至社会生涯服务机构,提供的很多服务可以和商学院形成共享,覆盖了 MBA 的部分辅导需求,商学院自设的职业发展部门可以在学校层面的辅导上,开展更聚焦 MBA 特色如实习见习、简历修改、面试模拟等求职能力和职场适应能力方面的辅导。

二、专业的组织机构和师资

欧美商学院通常设有职业发展中心(Career Development Center)或职业管理中心(Career Management Center)等类似机构作为承担 MBA 生涯规划和发展的服务载体。辅导师资包括了内部自有职业咨询师和外聘师资。内部师资通常拥有教育学、心理学、管理学等相关专业的硕士以上学位和职业辅导领域如 GCDF、MBTI 施测师、生涯教练、心理咨询师、对口行业专业资质等相关资质认证,相当比例的师资拥有在企业较长的工作经验。外部师资通常是特定行业内取得过瞩目业绩的实践者,偶尔也会邀请诸如创业失败的人士分享教训。

三、丰富多样的辅导载体

系统的职业发展课程、一对一的职业咨询、简历和求职信的讲座和修改、职业倾向测评、面试模拟、企业参访、俱乐部活动、生涯工作坊和研讨会、各类招聘服务、国际交流项目、企业实践项目等基本成为各商学院的标准配置。有些商学院还依托自身优势开展部分特色项目,比如百森商学院(Babson)的创业辅导。

四、内外部资源的整合

美国商学院擅于整合学院、雇主、校友、专业人力资源机构等多方面的资源,为学生提供服务,比如师资上邀请雇主和校友中的优秀代表来校开设职业发展讲座、分享行业经验或发展历程。与专业人力资源机构合作为学生提供职业倾向测评、模拟面试等服务指导。校友圈为在校生、校友提供的一对一校友导师项目,简历内推、创业项目对接等。

五、扎实的落地和重视个体差异

除了专业的师资和完善的服务体系,美国商学院在现有工作的实施深度和细致程度上也非常可观,同时延续了欧美教育中对个体差异的重视。比如职业发展规划与发展的诸类辅导形式中,最有效、最能满足学生个性化要求的是一对一的单独咨询。美国知名高校职业发展中心接受预约的一对一职业咨询的量几乎与当年的毕业生总人数持平。虽然没有商学院的具体统计,但在校院两级服务体系的保障下和根据商学院相关咨询活动开展情况的推断,是高于这一水平的。

六、终身学习导向

职业规划和发展是长期积累的过程,MBA 在校阶段的学习和辅导更多的是启发或者加速的作用,但在整个职业生涯中,需要持续地维护和指导。美国商学院的校友工作和职业发展工作存在良好的双向融合和互动。哈佛商学院向校友提供职业规划辅导,包括了自我评价、评估、决策等服务;校友求职招聘网络平台,包括校友简历推送、招聘信息汇编、相关读物推荐等。

职业发展中心通常都参与到招生事务中,有的职业发展中心师资参与到招生面试中,有的作为顾问向招生委员会阐释学生和雇主的需求,有的对最终结果拥有一票否决权,从入学的源头上开始介入生涯规划。

七、强调对职业决策能力的培养

决策能力的不足是中外包括 MBA 在内的众多教育项目对学生能力的共同感受,往往即使在信息量充足,又掌握一定的决策工具的情况下,相当一部分学生仍然无法做出决策,或者做出决策后不能坚决地执行。美国 MBA 职业发展中心的教师们更加强调对学生决策能力的培养,在此过程中,除了帮助学生理顺决策的思路,熟练决策的工具,更将职业决策的问题细化,比如如何评估工作机会、如何进行薪酬谈判、如何婉拒工作邀请等。

八、注重个人关系网络的建立

无论是生涯理念的教育还是求职策略的实践中,欧美高校的 MBA 项目均强调学生的主体责任,职业发展中心的工作更多的是指导、支持、鼓励和陪伴,注重学生个人关系网络的建立,而且学校会提供丰富的机会帮助学生建立和雇主、校友、同侪、企业家、顾问等各种职业相关人士的人脉。建立职场人脉对学生了解目标工作领域的工作机会、任职资质、岗位要求、发展路径、组织文化等都有相当益处。相关指导包括如何寻找访谈对象、访谈前应该做的准备、如何快速建立友好关系、如何表示感谢等。值得注意的是，欧美高校虽然注重个人关系网络的建立，但强调学生本人的人脉的建立，而不建议过度利用家人朋友的人际网络实现个人目的。

九、市场化、实用性与国际化

虽然相当部分商学院 MBA 的生涯辅导从自我评估开始，但自我评估不是辅导的重点，制定求职策略和提升求职技能才是辅导的重点。究其原因，一方面是因为 MBA 的市场化程度更高，另一方面学生攻读 MBA 的为了职业提升的目标很明确，这与国外 MBA 以全日制（Full-time）为主有较大关系。相较而言，国内 MBA 学生攻读在职（Part-time）的比例要高得多，整个群体的目标更多元化，包括转换行业、落户大城市、提高学历、拓展人脉等。

欧美商学院的国际化程度较高，学生的构成国际化，同时通常会有全球交流的机会，包括作为交换生或者短期的跨国参访学习机会。优点在于拓宽了学生的视野，培养学生全球化的意识。另一方面，国际化对于生涯辅导则意味着多文化的差异将给辅导师资的适应性带来巨大挑战；学生的诉求也呈现复杂的多样化，同时与就业市场一样，也不断地处于快速变化中，要做好双方的平衡匹配也是当下欧美商学院的生涯顾问们亟待解决的难题。

第三节　国内高校商学院生涯辅导概况

我国的专业硕士正式起步于 20 世纪 90 年代初。1990 年，国务院学位委员会第九次会议专门讨论了《关于设置专业学位调研工作的情况汇报》《关于设置和试办工商管理硕士学位的几点意见》等相关文件，决定正式开始专业学位的试点工作。1992 年，国务院学位委员会第十一次会议批准按专业学位本身授予学位。随后，专业学位教育规模上获得较快发展，1991 年，首批工商管理硕士（MBA）试点高校为 9 所，1993 年增加到 17 所，至今已有 238 所。根据 2013 年 MBA 中国网的调查，成立了 MBA 职业发展中心类似功能部门的高校仅 28 家，其中配备了 5 名以上专职师资的不足 5 家。另一方面，在 MBA 中国网 2013~2014 连续两年对超过 30 000 名 MBA 申请者的调查显示，"职业发展"一直位居学生报考 MBA 最看重的因素的前三位。

一、中欧国际工商学院

MBA 的培养目标定位于：培养兼具中国深度和全球广度、积极承担社会责任的领导者。中欧国际工商学院是中国内地首家成立了职业发展中心 MBA 项目，职业发展中心（CDC）定位于 MBA 学员的顾问，职业发展中心配备 7~9 名专职顾问，为学生解答职业发展相关问题。CDC 的主要职责不仅是帮助 MBA 毕业生找到一份工作，更是帮助他们找到符合自己发展的职业。提供的主要服务包括：(1)职业测试工具：为学员提供先进的职业测试工具，帮助发掘和明确职业发展。(2)职业咨询：CDC 顾问为每一位学员提供职业咨询，根据个体情况提出建议，帮助学员发现自己的优势和弱点、制订职业发展策略和计划，以及提高简历撰写和面试技巧等具体能力。(3)研讨会与模拟面试：职业发展中心经常举办形式多样的职业规划研讨会，内容涉及了学生普遍关心的求职策略、简历书写和面试技巧等方面。学生还可以通过模拟面试来逐渐积累和磨练面试技巧。(4)招聘单位校园介绍会：每年许多国内外知名企业来到中欧国际工商学院校园举办"公司介绍会"等活动，为学生提供了直接了解企业经营和文化的机会。(5)毕业生招聘会：除了在上海校园举办各类介绍会和招聘会以外，每年秋季，职业发展中心还专门在国内其他主要城市为那些毕业后准备在异地就业的学生举办就业介绍会。(6)招聘广告发布：职业发展中心将企业的招聘广告发布在学院的内部网站上，方便学生依据行业、职能和地区的偏好进行查询。(7)实践项目：职业发展中心为学生准备了大量的海内外公司实践项目机会，鼓励学生将课堂理论学习与具体实践相结合，提升今后在相关行业的受雇机会。(8)职业发展中心还提供编写学生履历册、维护相关数据库和组织校园面试等服务。

二、清华大学经济管理学院

清华大学经济管理学院MBA的培养目标定位于：具有综合管理能力的未来领导者。职业发展中心是清华经管学院的专业职能部门，主要职能是开展积极的学生就业与企业招聘服务，为MBA学生提供职业发展咨询与指导以及就业技能的培训。其主要包括：(1)职业规划指导，为了帮助在校学生进行职业探索，确定职业目标及职业定位，职业发展中心为经管学院学生设计"在校期间全程职业发展规划"，并提供职业指导、职业咨询、职业测评等方面的专业支持。(2)职业测评，职业发展中心通过各类职业测评工具，如哈佛商学院"CareerLeader职业测评体系"、学院行为与沟通实验室的多种人力资源管理及心理学测评工具等，帮助学生对职业倾向、个性特征以及管理技能等方面进行理性认知，并结合学生困惑的问题展开讨论，进行一对一全程指导。(3)职业指导活动，职业发展中心致力于帮助学生提升职业素养和求职能力，为学生梳理了各个学习阶段的职业发展关键节点，根据职业发展各阶段的重点领域开展各类丰富实用的职业指导活动，包括CDC引导课、学生面谈、行业指导讲座、求职技能训练、CDC半月谈等系列活动，同时在CDC信息网上提供各类自编职业指导资料。(4)职业咨询，职业发展中心专职研究招聘单位人才需求，以及学生职业发展方面的问题和困难，积累了丰富的经验。职业发展中心专职咨询顾问联合外请的资深职业咨询顾问为经管学生开设"一对一"双语职业咨询及随时咨询，提供全程职业指导。

三、上海财经大学商学院

上海财经大学是全国第一批获得MBA办学资格的高校之一，并与清华大学成为获得2014年首届"中国学位与研究生教育学会研究生教育成果奖"的仅有的两个MBA项目之一，近年MBA毕业生就业率100%，每年超过40%的学生在就读和毕业阶段转换工作，约一半毕业生从事金融行业，Full-time MBA行业转换比例超过70%。上海财经大学作为典型的财经类院校，在职业规划和发展的多方面实践上也坚持突出重点、统筹兼顾，坚持内涵式发展。职业发展中心建有生涯工作室，旨在打造中高端工商管理人才的"全科医生"工作站。多位教师具备GCDF、BCC、MBTI施测师、生涯规划师、创业指导师等专业资质。提供的职业发展服务包括：(1)职业测评，让学员更好地了解自己，帮助学员发掘自己的职业兴趣，找到符合自身条件和优势的职业道路。针对学生的职业性格测评与人才测评，不仅只是测量，更多是指导与发展。(2)职业咨询，职业发展中心定期邀请校内外职业发展顾问为MBA学生提供为"一对一"的职业咨询服务，帮助学生发现自身的优势和弱点，引导学生进行科学的职业定位，协助制定职业发展规划,提升学生的简历制作和面试能力。(3)职业导师,职业发展中心邀请社会成功人士担任在校学生的职业发展导师,面向MBA学生提供个性化的职业发展指导,辅导学生的职业生涯规划,传授职场经验,成为学生职场的引路人。以职业导师高效的工作风格,高尚的职业品德,高雅的生活方式引导MBA学生个人能力的全面提升。在选择外聘师资的过程中,也秉持了突出重点、统筹兼顾的原则。在师资的选择上突出了金融行业导向,目前职业导师56位,其中32%从事于金融行业。占比28%的咨询行业中,约有1/3从事于资本运作和咨询业务,与金融行业也密切相关。突出重点的同时,又兼顾了工业品、消费品、房地产、非营利机构等相关行业的学生的需求。(4)模拟面试,职业发展中心依据职场面试形式,组织面试专家与学生交流沟通,并通过模拟面试的环节,让学生熟悉面试的流程,提升面试的能力。(5)招聘服务,职业发展中心通过网站、邮件等方式,发布企业的招聘信息。学生可以根据自己的求职意向,进行检索和查询。校就业指导中心和商学院职业发展中心,每年都会为毕业生组织多场大型招聘会和企业宣讲会。(6)企业参访,职业发展中心为学生提供企业实地参观学习的机会,鼓励学生走进企业,了解优秀企业的运作模式和企业文化,同时促进企业与学生的相互了解,提升受聘的机会。(7)项目实践,职业发展中心为学生在暑期和其他时间,推荐项目实习机会。通过项目实习和专业带队教师的亲身指导,学生能更好地将课堂所学与实践相结合,迅速找到自身知识、能力上的欠缺,同时增进学生与企业之间的互信及合作。

第四节 国内高校商学院生涯辅导的挑战

国内MBA职业规划与发展辅导普遍存在起步晚、底子薄、学生期望高、受重视程度低、师资力量薄弱的情况。

一、学生期望高,受重视程度低

MBA作为专业学位硕士项目,主要为国家和社会培养应用型人才,其培养框架与社会经济商业实践有着紧密的联系,学生在选择申请MBA的时候,也大多希望通过MBA的学习,无论是通过提升自身的学历与能力,还是通过拓展人脉,归根结底都是为了获得更好的职业发展。但由于国内MBA的起步较晚,近年来无论是开办院校还是招生规模,均处于持续的扩张之中,且目前大部分高校的MBA项目无法保证充足的生源。在这一阶段下,招生工作成为MBA项目的第一要务,导致商学院普遍存在重招生、轻培养的情况。同时大部分项目对于生源的质量除了全国联考分数线,并无更多筛选门槛,导致MBA学生的素质参差不齐、差异度较大,也加大了培养难度。根据2013年MBAChina.com的统计,当时全国236家MBA项目,设立职业发展中心的仅28家,且大部分成立于2010年以后。2014年,MBAChina.com分别组织了MBA招生、信息化、职业发展三个论坛,参加的高校分别为150家左右、100多家和不足30家。

由于相当一部分MBA项目均为高校近年新设项目,且为本校的第一个甚至唯一的专业硕士项目,在办学经验上并无相关积累,初始环节难免出现路径依赖,从学术硕士研究生培养的经验中汲取思路。从业教师也多为校就业指导中心教师或其他部门教师转职而来,相较国外类似项目的平均水平,一个在校生规模在500名左右项目,通常配备的职业发展指导教师的人数在10～20人，且会根据不同的就读阶段和求职行业意向各自拥有专业化的分工。近年虽越来越重视职业发展教师专业化的建设，但距离学生的期待还是有不小差距。究其原因，一方面职业发展中心是成本中心，随着近年MBA招生市场的竞争加剧，更多的商学院对职业发展部门便无暇顾及；另一方面，商学院上下对职业发展中心的定位，有的商学院将其定位为就业指导机构，做签订三方、开学毕业等流程事务性工作，做得稍好的可能依据匹配论辅导学生做简单的职业规划，大部分教师陷于日常琐事而难以提高自身的专业度，缺乏外观社会经济、内拓辅导深度的精力和能力。

二、专业师资的匮乏

有资料显示，国外高校专职心理咨询人员与学生的比例大约为1：400，而我国的高校远远做不到这一点，一些高校的心理咨询人员名义上为专职，实际上则是辅导员兼任。因此，导致高校咨询工作最普遍、最根本的困境是工作量大但人力资源少。一些较小规模学校的少数咨询师仅仅作一般的心理咨询和行政事务已是负荷过重，更谈不上有多余的精力和时间关注在学生的生涯咨询上。而较大的学校虽有较多的咨询师，但也会因为咨询师和前来进行生涯咨询学生的比率上呈现供不应求；即便是进行了生涯咨询，也常常被迫在短期内完成，让来访者感觉没有得到实质的帮助。更有一些高校由于专兼职教师数量的严重不足，于是就出现了只能开讲座，很难面对面个别交流，甚至连团体咨询都难以完成的局面。

职业规划与发展的专业师资的匮乏在MBA项目的内部和外部均有所体现。内部上，缺乏拥有多年MBA职业规划和辅导经验的教师，高校自身内部缺乏，外部因薪酬、职业发展空间、可选择范围等因素限制亦难以招聘符合要求的人才。因此出现相关师资，年长的多为其他师资转职而来，对之前的工作经验有较强路径依赖，面对MBA职业规划和发展这一国内新兴领域的工作，缺乏足够的企业实践经验、开拓精神和创新思路；年轻的多为高校相关专业科班出身，社会工作经验不足，一方面因缺乏MBA学生年龄段的生涯经验，在与学生沟通过程中难以做到设身处地，生搬硬套书本理论，造成辅导双方的供需的失衡，另一方面国内高校并无职业规划与辅导相关专业，多为心理学、教育学相关专业，相对于职业规划与发展的实务要求，尚有所脱节。校外师资方面，目前来源主要有校友、雇主、猎头和其他人力资源服务机构等，但由于校内缺乏专业的客户关系管理和校外辅导资源开发的师资，难以对其进行有效地管理利用。

三、本土化工作不足

目前，国内商学院主要仍然处于以学习国外商学院的先进经验为主，自身创新为辅的发展策略。一方面，国内外高校在市场开拓、校园招聘、资源整合、求职辅导等框架的建立上，在生涯辅导从职业指导到关注可持续发展的理念上有着类似的需求和做法；另一方面，美国的生涯辅导理论是美国社会、文化和经济发展的产物，有其自身的社会基础和历史演绎，国内高校在引入时，多以少量修改简单模仿为主，由于中美两国在政治、经济、文化、教育等多方面存在的较大差别，辅导效果不及预期。而目前我国尚未建立一套符合中国特色的辅导体系。国内领先的商学院，通过参加国际认证、研讨会和到国际顶尖商学院的交流，学习对方的先进经验，完善自身的工作，国内办学年限尚短的商学院更多地从国内领先的商学院的实践中汲取经验。

这种发展路径的优势在于可以将领先者几十年的积累迅速内化吸收,短期内搭建完善的工作架构;不足在于国外的理论工具多来自本土的实践观察并结合于当地的社会经济文化环境,但国内商学院发展的内外部环境和对标的国外商学院在某些方面有着显著的不同,比如MBA学生的职业规划和发展意识的成熟度、现阶段难以配备大规模的专业师资、国内Part-time学生占绝对优势、国民经济中国有企业民营企业外资企业的权重分布等,因此虽存在很多放之四海而皆准的做法,但亦有部分无法直接移植的部分,如霍兰德兴趣测试的部分职业在国内外的工作职责、要求和定位存在较大差异。

第三章

生涯理论概述

理论是对事物的概念化解释,对于我们如何理解事情起到一定作用。生涯发展理论不是传统意义上的理论,该领域的理论多基于心理学,而当下心理学理论的发展亦大大落后于自然科学,其研究的难度使得其发展缓慢。目前的生涯发展理论与实践工作相关的无论是基础的还是应用的,都非常匮乏,尚未形成完整的框架,更多的是一些理论碎片,是对于特定人群问题有关的人类行为部分进行整合和系统化的尝试。相对于其他领域存在着很多成熟理论的现状,生涯发展理论尚处于理论原型阶段。以至于目前部分广受关注的问题并没有满意的答案。以职业信息为例:信息如何使生涯选择变得更容易?有没有出现这样的情况,职业信息让学生对生涯的认识更模糊了?尽管如此,生涯发展理论经过百年的发展,仍然取得了显著的进步,对于生涯辅导具有积极的指导意义。

目前主流的生涯理论包括以霍兰德类型论为代表的特质因素理论、舒伯的生涯发展理论、社会认知理论、建构理论等。

20世纪90年代,美国心理学会职业心理学分会的专家们提出生涯发展理论与生涯咨询理论的分类。以霍兰德的类型论和舒伯的生涯发展理论(又称阶段论)为代表的关于职业选择和生涯发展的理论,被认为是生涯发展理论,其重点在基于心理测评和职业信息的基础上的理性选择。生涯发展理论回答的是知识性问题,即关于生涯以及相关要素我知道什么。诞生于后现代主义和建构主义的生涯建构理论、生涯混沌理论等则被认为是生涯咨询理论,相对于生涯发展理论,生涯咨询理论更关注于个体的态度(Attitudes)、信念(Beliefs)和能力(Competencies)。生涯咨询理论回答的是行动性问题,即关于生涯问题个体能够做什么。

第一节 生涯类型论

一、特质—因素论

早期美国的职业选择理论一直受到"特质—因素论"(trait-and-factor theory)的影响。特质—因素理论又称"人职匹配"理论,是最早的职业辅导理论,1909年美国波士顿大学教授帕森斯(Parsons)在其《职业选择》的著作中提出了人与职业相匹配是职业选择重点的观点。

20世纪初,在第二次工业革命冲击的影响下,美国的产业结构发生了巨变,过去以农业、手工业为主导的经济产业结构被以大工业为核心的经济产业结构时代所取代。越来越多的外来移民和农业生产者开始涌向工业大城市以寻求发展。在这样的背景下,帕森斯提出了以人职匹配为核心的职业指导理论,指导民众合理就业。帕森斯在其著作《职业选择》中,将个体的职业选择分为三个部分,"首先,清晰地了解自己,包括了解自身的能力、兴趣、资源、特长、局限以及其形成原因;其次,在不同的视角下综合地了解职业,包括职业要求、职业机会、职业状况,如职业的优势、劣势、薪金、补偿等;最后,在以上两种认知的基础上,进行客观地匹配和真实地推论,从而作出职业选择。"

"特质"(trait)的意思,是指能够透过心理测验所测得的特征;"因素"(factor)的意思,是指能够胜任工作表现必须具备的特征。特质因素论就是研究个人心理特质与职业因素相匹配的理论。这个理论有几个基本的假设:

(1)每一个人都有其独特性,这种独特性反映在兴趣、能力、需要、价值和人格特质上。

(2)每一个职业和工作也有其独特性,这些独特性反映在工作项目、所需能力、所提供的报酬等方面。

(3)个人与职业的独特性都能够透过评估工具测量出来。

(4)如果个人的特性和职业的特性是吻合的,双方都会感到满意。

特质—因素理论旨在帮助来访者寻求个人"特性"与职业需求的最佳匹配。它能够在工作和劳动力之间寻求较高的匹配度,使最合适的人承担合适的职业,充分发挥个体作用,最大限度提高工作效率,以达到职业指导所追求的目标。该理论重视心理测量的运用,通过测验来访者已有的能力和水平,协助来访者根据测试结果做出未来规划,从而避免来访者在职业选择和计划制定过程中的盲目性。

特质因素论的心理学家擅长将各种心理特质予以分类,根据客观与精确的统计与测验原理编制心理测验。但是,该理论存在一些不足:首先,整个过程过于依赖心理测量技术,而目前的心理测量技术并不能完全准确地反应来访者的心理特征;其次,该理论试图建立个体与职业的对应关系,对于社会环境的变化较少考虑,一次测试结果并不能适用于现代职业的迅速变迁,由于忽视社会在个人职业选择中的影响,所以该理论在职业指导的实践中显得不够灵活;最后,对于个人特质以外的因素,如家庭背景、受教育程度、种族、性别等,以及这些因素对于个人心理特质形成的影响,强调不够,忽略了职业选择的双向性,将其理解为个体单向选择的过程。

尽管如此,特质—因素理论作为最早使用,并影响广泛的理论,对于某个短期阶段的生涯决策仍然具有重要的指导意义。该理论发展成熟,已经形成了以兴趣、性格、技能、价值观为框架的的自我探索和工作世界探索实践框架。同时,企业在招聘过程中,也多以人岗匹配为选拔标准,我国的职业指导也多以其为理论基础,故其在生涯咨询领域占据了重要地位。

二、霍兰德的类型论

霍兰德的类型论,是特质因素论中非常重要的一个理论。由职业指导专家霍兰德(John-Holland)于20世纪60年代创立的。这是一种在特质—因素理论基础上发展起来的人格与职业类型相匹配的理论,该理论吸收了人格心理学的重要概念,认为职业选择是个人人格在工作世界的反映和延伸,同时个人也会被某些能满足其需求和角色认同的特定职业或生涯所吸引。

霍兰德在他的类型论中,想要解决三个主要问题:

(1)哪些个人与环境的特征,能够带来满意的生涯决定、生涯投入以及生涯成就?反之,又有哪些个人与环境的特征,会让我们无法做决定,或是做出不满意的决定,甚至做了选择后产生不了成就感?

(2)从长期的眼光看,有哪些个人与环境的特征,会影响一个人在工作上的稳定程度与改变的程度?

(3)什么是最有效的方法,能够帮助一个人解决生涯上的困难?

霍兰德的类型论强调个人与环境的关系。大多数社会科学家都认为,个人生理特征和社会环境的变迁都会影响到个体的行为。我们在考察一个人的时候,不仅要考察其先天的个性特征,而且还要考虑到这个人成长或生活的环境特征。"人格类型理论"从一开始就强调个人与环境之间的匹配,霍兰德认为:"一个人做出职业选择的依据就是寻找那些能够满足他或她成长的环境,对自己工作环境知道得越多,个体就更容易做出正确的职业选择。职业的选择应该是慎重的,它反映了这个人的动机、知识、个性和能力。职业代表了一种生活方式,它是一种环境而不是一系列相互鼓励的工作项目和技能。一种职业不仅意味着要有某种特定的形象——社会角色,而且还意味着要有某种特殊的生存方式。从这层意义上来讲的话,一种职业的选择代表一系列信息:某人的工作动机、对于职业的看法,以及对自身能力的认识。简单来说,专门的职业选择思考虽然不全面,但对于人们做出正确的选择来说确实是有益的。"

该理论的主要假设有:

(1)霍兰德将美国文化中的大多数人根据其个人特质归纳为六大类型,分别是现实(Realistic)、研究(Investigative)、艺术(Artistic)、社会(Social)、企业(Enterprising)及常规(Conventional)六种类型。并依这六种类型的英文首字母分别简称为R、I、A、S、E、C型,参见图2—1。

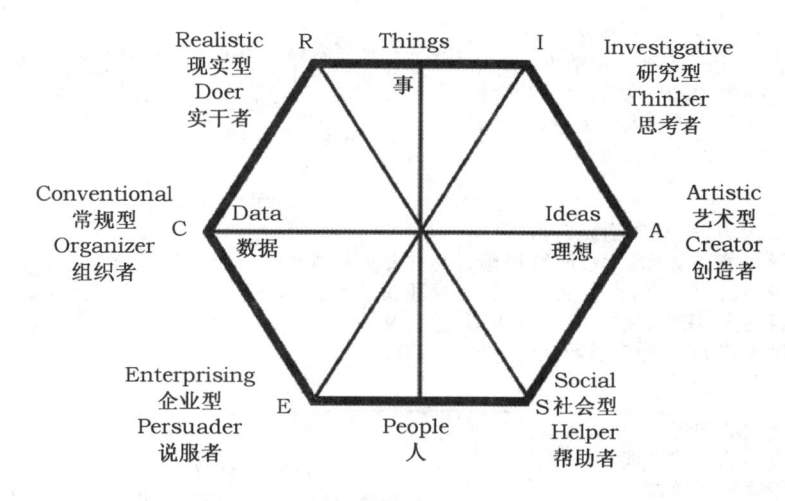

图2—1 霍兰德的兴趣类型分类

(2)相应地,美国社会的工作环境的特性也可以归类为上述相同的六种类型。

(3)具有某种特质类型的人会被相似的类型工作环境的特性所吸引,这类环境能施展个人的技术与能力,能展示个人的态度与价值,能胜任问题的解决和角色的扮演。

(4) 人的行为是由个人特质与工作环境相互作用的结果。

六种类型的具体内容如表2-1。

表2-1　　　　　　　　　　　　霍兰德个人和环境特质分类

类型	人格特质	环境特质	典型职业
现实型（R）	愿意使用工具从事操作性工作，动手能力强，做事手脚灵活，动作协调。偏好于具体任务，不善言辞，做事保守，较为谦虚。缺乏社交能力，通常喜欢独立做事	喜欢使用工具、机器，需要基本操作技能的工作。对要求具备机械方面才能、体力或从事与物件、机器、工具、运动器材、植物、动物相关的职业有兴趣，并具备相应能力	技术性职业（计算机硬件人员、摄影师、制图员、机械装配工），技能性职业（木匠、厨师、技工、修理工、农民、一般劳动）
研究型（I）	抽象思维能力强，求知欲强，肯动脑，善思考，不愿动手。喜欢独立的和富有创造性的工作。知识渊博，有学识才能，不善于领导他人。考虑问题理性，做事喜欢精确，喜欢逻辑分析和推理，不断探讨未知的领域	喜欢智力的、抽象的、分析的、独立的定向任务，要求具备智力或分析才能，并将其用于观察、估测、衡量、形成理论、最终解决问题的工作，并具备相应的能力	科学家、研究员、实验室工作人员、生物学家、化学家、心理学家、工程设计师、大学教授等
艺术型（A）	有创造力，乐于创造新颖、与众不同的成果，渴望表现自己的个性，实现自身的价值。做事理想化，追求完美，不重实际。具有一定的艺术才能和个性。善于表达、怀旧、心态较为复杂	喜欢的工作要求具备艺术修养、创造力、表达能力和直觉，并将其用于语言、行为、声音、颜色和形式的审美、思索和感受，具备相应的能力。不善于事务性工作	艺术家、音乐家、自由文字工作者、摄影家、广告制作人等
社会型（S）	喜欢与人交往，不断结交新的朋友、善言谈、愿意教导别人。关心社会问题，渴望发挥自己的社会作用。寻求广泛的人际关系，比较看重社会义务和社会道德	喜欢要求与人打交道的工作，能够不断结交新的朋友，从事提供信息、启迪、帮助、培训、开发或治疗等事务，并具备相应能力	教师、婚姻咨询师、咨询心理学家、牧师、精神科医师等
企业型（E）	追求权力、权威和物质财富，具有领导才能。喜欢竞争、敢冒风险、有野心、抱负。为人务实，习惯以利益得失、权利、地位、金钱等来衡量做事的价值，做事有较强的目的性	喜欢要求具备经营、管理、劝服、监督和领导才能，以实现机构、政治、社会及经济目标的工作，并具备相应的能力	项目经理、销售人员、营销管理人员、政府官员、企业领导、法官、律师等
常规型（C）	尊重权威和规章制度，喜欢按计划办事，细心、有条理，习惯接受他人的指挥和领导，自己不谋求领导职务。喜欢关注实际和细节情况，通常较为谨慎和保守，缺乏创造性，不喜欢冒险和竞争，富有自我牺牲精神	喜欢要求注意细节、精确度、有系统有条理，具有记录、归档、根据特定要求或程序组织数据和文字信息的职业，并具备相应能力	秘书、办公室人员、记事员、会计、行政助理、图书馆管理员、出纳、打字员等

因为特性都很少会是单一的类型，通常以分数较高的前三个型为代表，如 RCE、RCS 等，

其中第一个是最符合的类型,第二个和第三个为次符合的类型,这个字母组合称之为霍兰德代码(Holland Code)。霍兰德认为,这些性向越相似,相容性越强,则一个人在选择职业时所面临的内在冲突和犹豫就会越少。为了帮助描述这种情况,霍兰德建议将这六种性向分别放在一个正六三角形的每一角。他以六边形标示出六大类型的关系。

(1)相邻关系,如 RI、IR、IA、AI、AS、SA、SE、ES、EC、CE、RC 及 CR。属于这种关系的两种类型的个体之间共同点较多,现实型 R、研究型 I 的人就都不太偏好人际交往,这两种职业环境中也都较少机会与人接触。某种类型的人在相邻关系的职业环境中经过努力,能够适应职业环境。

(2)相隔关系,如 RA、RE、IC、IS、AR、AE、SI、SC、EA、ER、CI 及 CS,属于这种关系的两种类型个体之间共同点较相邻关系少。表现为职业环境和人格类型有很多不一致,但还不是完全相斥。

(3)相对关系,在六边形上处于对角位置的类型之间即为相对关系,如 RS、IE、AC、SR、EI 及 CA 即是,相对关系的人格类型共同点少,个人如果选择与其人格类型相互排斥的职业环境,就可能很难适应甚至无法适应工作。

霍兰德的类型论主要聚焦于职业兴趣与工作环境的匹配,理论运用主要包括帮助来访者了解评估个人性格和工作环境,了解两者的关系,了解投入程度和成就与性格与工作环境的匹配度是密切相关的,并通过测评帮助来访者明确自身的职业兴趣。基于霍兰德的理论,通常不会与来访者探讨其长期的生涯发展,而是关注于来访者当下的个人特质和工作环境特性的匹配度,其生涯辅导的流程为:

(1)运用测评工具分析个人特质之类型;
(2)运用信息解释工作的特性类型;
(3)获得意向工作的信息;
(4)整合个人特质与工作特性的信息,以探讨匹配的工作选择。

因此,类型论生涯辅导关注的重点是做抉择,如选择工作决策,但是没有探索和做决定的障碍,如非理性信念、低自我效能或缺乏能力做决定等问题。

类型论将人群进行类型划分,使得更直观了解人的人格特质变得更为便利,具有重大的理论意义和实践意义,问世以来得到了广泛的运用。但类型论的分类过于简单,容易忽视类型之间的中间型,过于关注某一方面特征,而忽略了人格特质的复杂性,导致评估的简单化和片面化。另外,类型论倾向于将人的个性固化,忽略了变化和发展,对于个性形成的环境因素重视不够。因此,在运用范围应加以注意。

第二节　生涯发展论

与类型匹配理论将生涯发展看成是个体与职业之间的静态匹配与一次性选择过程不同,生涯发展理论从个体的角度出发,提出以发展的眼光探讨自我概念的形成将有助于个体清晰地认识自我,明确每个年龄阶段的任务和担任的角色,这些观点都为个体的职业选择与生命意义的丰富提供了依据。其代表人物包括了金兹伯格(Ginzberg)、舒伯(Donald Super)、施恩(Edgar H. Schein)等。

20世纪50年代,舒伯基于金兹伯格对生涯发展阶段的划分理论,有效整合认知心理学、发展心理学、差异心理学、社会心理学等学科的研究,提出了对美国高校职业生涯教育发展颇具影响力的生涯发展理论。在舒伯生涯发展理论的影响下,美国诞生了多种职业生涯理论,例如,克朗伯兹(John Krumboltz)的生涯决定社会学习理论、克内菲尔坎姆(Knefelkamp)和斯列皮兹(Slipitza)的生涯认知发展理论等。当前,舒伯的生涯发展理论已经成为美国高校开展职业生涯教育最为重要的指导理论。

一、金兹伯格的生涯发展理论

金兹伯格被认为是首先以发展性的观点探讨职业选择行为的心理学家。金兹伯格认为:生涯发展是一个过程,职业选择不是一个单一的决策,而是一个发展的过程;是长年的一系列的决策,过程中的每个环节都互相相关,强调职业选择是一辈子的事,并且与人终身的工作生活共存。他的理论包含:第一,职业选择是一个连续的、长期的、发展的过程,大约每十年一个阶段;第二,发展过程是不可避免的,有四种因素影响职业的选择:个人的价值、情绪因素、受教育的程度和类型以及由环境压力产生的现实的影响,这些因素影响态度的形成,态度又决定职业的选择;第三,个体的职业行为来自儿童的早期生活并伴随着时间不断发展,童年时期就开始孕育职业选择的萌芽,随着年龄、资历、教育等因素的变化,个体的职业选择也会表现出不同的特征。生涯发展可以分为幻想、试验、实际三个不同时期。后来他又对自己的理论进行了修正,认为职业选择过程是由儿童至成人初期逐渐发展的关键环节,职业选择的过程不限于三个阶段内,它可能会发生在个体的整个工作生命中,个体在改变欲望及环境间,不断寻找最适配的工作,最终达到最佳适配的过程。在整个生涯发展过程中,个体经历了三个基本阶段:幻想期(11岁之前的儿童)、探索期(11~17岁的青少年初期)、现实期(17岁以后的青少年中期和成年初期)三个阶段。幻想期的特征是玩乐导向到工作导向,对世界和所能够看到与接触到的各类职业工作者充满好奇,幻想自己将来所从事的职业工作,并在游戏中扮演喜欢的角色,而不是通过自身条件、能力水平、社会需求和机遇进行现实的评估。探索期的特征是兴趣、能力、价值和转换,身心快速成长,独立意识和价值观念开始形成,知识与能力显著增强,并初步懂得社会生产与生活的经验,于是儿童开始客观审视自身兴趣、自身条件、能力与价值观,关注职业角色的社会地位、社会意义和社会需求。现实期的特征是探索、结晶化、特定化,即将步入社会,能够客观地把自己职业愿望同主客观条件、能力、社会需求密切联系与协调,寻找自己合适的职业生涯角色。现实期又可分为三个阶段:试探阶段、具体化阶段和专业化阶段。

二、舒伯的生涯发展理论

舒伯并没有开创其个人理论,而自认是一位"差异性—发展性—社会的—现象学的—心理学家",企图汲取这四大学术领域中有关生涯发展的精华,以建构一套完整的生涯发展理论。舒伯是20世纪具有广泛影响力的职业理论家,他的生涯发展多元化取向,首先反映在他对差异心理学或特质—因素理论的兴趣,他将其作为评估的测验工具和相关基准发展的媒介,他认为差异心理学相当重要。舒伯从1952年在美国心理学会(American Psychological Association, APA)提出了10个主张;随着思想的成熟和相关研究的推进,发展至12项;并于1990年确定为14项,舒伯的卓越贡献在于提出了生活广度与生活空间的生涯发展观,并将真实生活应用于理论研究和辅导实践中。

舒伯生涯发展理论的基础包括：

(1)舒伯提出五个明确的生涯阶段,每个阶段都有独立发展任务。他也强调生涯形态,是决定于个人的多变性与环境的特征。

(2)14项主张的基本假设:

①二项主张讨论到生涯成熟的概念,个体容易去对抗环境的要求。

②三项主张说明在工作中复杂因素和生活满意度的处理。举例来说,工作满意是预言渐增的适应自我概念的履行和依赖与重要的其他生活角色的满意。

③三项主张,说明职业发展是一个过程。

④六项主张讨论到自我概念的发展,以及职业选择的履行。

(3)自我概念、职业自我概念、拱门模型等。

(一)生涯阶段理论与角色理论

"生活广度与生活空间的发展观"是舒伯生涯理论的重要部分,结合生涯角色,舒伯通过"生涯彩虹图"(图2—2所示)呈现各阶段与各角色的交互作用。

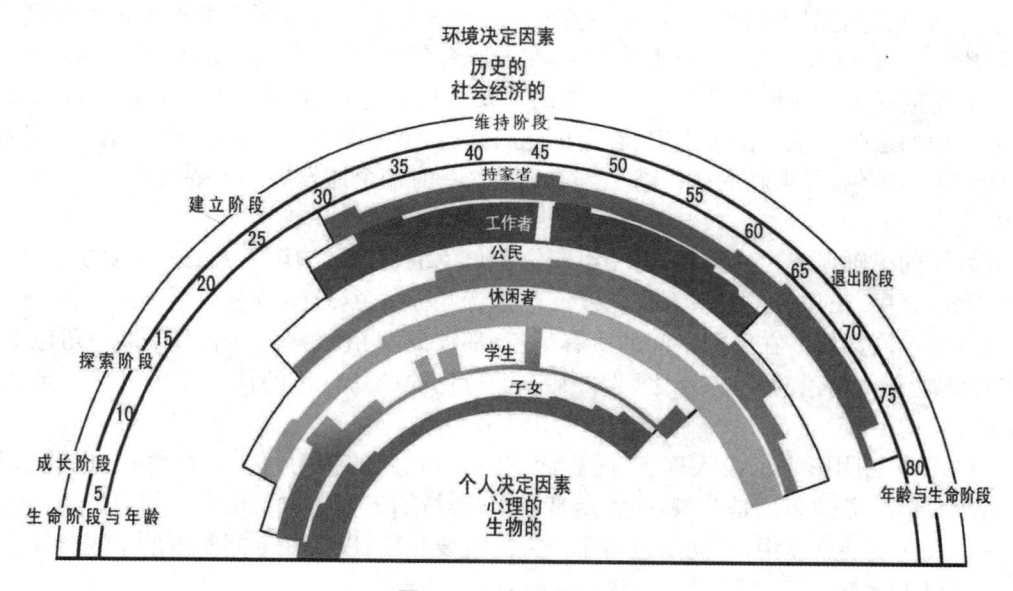

图2—2 生涯彩虹图

1. 生活广度

彩虹图的横轴代表的是一生的生活广度,又称"大周期",外围显示的是人生主要的发展阶段:成长期、探索期、建立期、维持期、衰退期。大周期内五个生命阶段有年龄、阶段特征、发展任务,生活广度的每个大周期内又有小周期,发展任务的循环与再循环。舒伯将其总结为:

(1)成长阶段(14岁之前),该阶段属于职业生涯发展的认知阶段,儿童通过对父母、其他家人、伙伴等的观察、模仿,开始了解、探知自我发展自我概念。由于这一时期的儿童认知发展水平较低,幻想、喜好是成长阶段个体生涯发展的主要特征。成长阶段还可以划分为三个时期:即以"需求"为核心,通过想象角色扮演进行职业选择的幻想期(4～10岁);以"喜好"为核心,理解、评价职业的兴趣期(11~12岁);以自身"能力"为核心考虑职业选择的能力期(13~14岁)。成长阶段发展的主要任务是发展自我认识、了解职业意义与正确职业态度的培养。(2)探索阶段(15~24岁),该阶段属于职业生涯发展的探索阶段,这一时期的个体大部分为学生身份,个体通过对自身天资、能力的客观评价,现实性的考虑、探索可能的职业选择并根据未来的职业选择做出相应的教育决策。探索阶段也可以分为三个时期:即结合自身兴趣、需求能力等因素对职业进行尝试性选择的试验期(15~17岁);以实现自我概念为核心,进入就业市场或接受专业训练确定职业选择目标的转变期(18~21岁);正式进入某个职业领域,就该职业对自身生涯发展目标实现的可行性进行判断的尝试期(22~24岁)。探索阶段发展的主要任务是,确定明确、具体的职业偏好并取得实现。(3)建立阶段(25~44岁),该阶段属于职业生涯发展的选择、安置阶段。通过探索阶段对职业选择的尝试,个体开始安于某种选定的职业类型,并开始积累职业经验,提高职业能力,以获取职位上的提升,一般来说,这一时期不会轻易改变选定的职业类型。建立阶段是大部分个体职业生涯发展的核心阶段,包括两个主要的时期,即以寻求职业、生活稳定为核心,对最初职业选择进行调整、变换,以确定稳定职业目标的试验稳定期(25~30岁);以致力于职业稳固发展为核心的建立期(31~44岁)。建立阶段发展的主要任务在于统整、稳定选定的职业。(4)维持阶段(45~65岁),该阶段属于职业生涯发展的专精、升迁阶段。经过长时间对某一职业的从事,在该职业领域取得了一席之地,面对新人的挑战,维持已取得的成就与地位是维持阶段发展的主要任务。(5)衰退阶段(65岁之后),该阶段属于职业生涯的退隐阶段。由于生理、心理机能的衰退,个体即将退出工作领域,结束职业生涯。发展新的生活角色,寻求新的途径满足需求感是这一时期个体发展的主要任务。

2. 生活空间

彩虹图的纵轴代表生活空间,由一组职位和角色组成。舒伯认为人的一生要扮演儿童、学生、休闲者、公民、工作者、夫妻、家长、父母、退休者九种角色,这些角色活跃于家庭、社区、学校和职场各个不同舞台。在不同空间的所有角色,都彼此互相影响。一个人在某一角色上的成功,可能激励其他角色的成功;反之,为了某一个角色的成功付出的代价太大可能导致其他角色的失败。

彩虹图中的阴影表示投入程度,阴影面积越大,投入的精力越多,这个角色也就越重要。如成长阶段最凸显的角色是儿童,探索期是学生,维持期工作占据了最多的精力。角色组合显示了一个人在发展过程中,不同角色对于个人的重要程度,以及在不同阶段的不同含义。

(二)14项主张

1. 生涯成熟概念(2项)

(1)生涯成熟是由个人生理、心理和社会特质等组成的整体状态,包括认知与情意。生涯成熟是指准备执行每一阶段的主要发展任务,包括了态度因素和认知因素。在任何生涯阶段能否成功地适应环境需求和个体需求,取决于个人的生涯成熟度。

(2)生涯成熟是一假设性概念,很难界定其操作性定义。但可以确定的是,生涯成熟并非单一维度的特质。

2. 在工作中复杂因素和生活满意度的处理(3项)

(1)"工作满意度"和"生活满意度"取决于个人的工作与其自身的能力、需求、价值、兴趣、人格特质与自我概念匹配的程度。

(2)个人从工作中所获得的满意感,取决于个人实践其自我概念的程度。

(3)对大多数人而言,工作和职业的经验提供了组成其人格核心的焦点。但是对少数人来说,工作与职业在生命经验中处于边缘位置,甚至是微不足道的。反而是其他的角色居于核心。

3. 职业发展是个过程(3项)

职业发展是一个做各种决定的过程,而此过程最重要的意味着一个自我概念的履行。

(1)在能力、人格、需求、价值、兴趣、特质和自我概念等维度上,普遍存在着个别差异。

(2)基于这些个人独特的本质,每一个人都适合于从事某一些特定的职业。

(3)每一项职业均要求一组特定的能力和人格特质。因此,每一个人可以适合不同的职业,而且每一项职业可以适合不同的人。

4. 自我概念的发展和职业选择(6项)

(1)个人的职业喜好、能力,工作与生活环境、自我概念会因环境、时间与经验的不同而改变,所以,职业的选择与适应是一种持续不断的过程。

(2)职业的选择与适应过程又构成一系列的生活阶段:成长、探索、建立、维持和衰退。试探阶段又可划分为幻想期、试验期和实现期。建立阶段又可划分为尝试期和稳定期。而且,由一阶段到另一阶段的转移期间,又构成一小循环(亦即再成长—再试探—再建立)。

(3)个人的职业或生涯发展模式的性质受父母社会经济地位、个人心力能力、人格特质和际遇的影响极大。

(4)每个人生活阶段的发展,可借着个人能力与兴趣的成熟及实际试探与自我观念的发展而达成。

(5)生涯发展的过程,基本上是自我观念的发展和实践,是一种调和的过程。在这个过程中,自我观念是在潜在的性向中枢神经与内分泌状况,担任各种角色的机会,以及长辈或同侪对其角色人物认同程度的评估等因素的交互作用影响之下而发展。

(6)生涯发展过程是个人与社会环境之间、自我观念与现实之间的一种调和过程,它只是一种角色扮演,此种角色可能表现在幻想中,也可能表现在其他实际生活的各种活动中。

这14项假设,覆盖了舒伯生涯发展理论的主要理念,如生涯发展阶段、生涯角色、生涯模式、生涯成熟等。其中,最核心的是自我概念。舒伯认为,职业选择的历程,即自我概念实践的历程。舒伯的量表注重角色分配和价值观的评估,强调主观意识,注重动态的生命全期的发展;而特质因素理论强调以客观外在的测定方法来衡量自我,注重静态的生涯选择,这是两种理论观点不同之处。舒伯晚年将其生涯发展理论与社会建构理论相结合,将生涯视为一种建构的过程。

(三)拱门模型

在20世纪90年代初期,舒伯创造了"拱门模型",以描述一个人在一生当中所经历到的不同角色的多变性,见图2—3。此模型的应用说明生理上、心理上以及社会经济上的决定因素如何影响生涯的发展。"自我"就是位在拱形门的最上方中央位置,而人格、需求、价值观和兴趣等代表个人对自己的理解和互动,这些认知理解在生命全期中会有所改变。另外,和社会的互动关系也产生了个人和家庭、学校、同侪以及同事互动之间的自我概念的过程。

拱门的架构可分为四个部分:楔石、基石和两根石柱。顶端的楔石是自我,象征着个人生

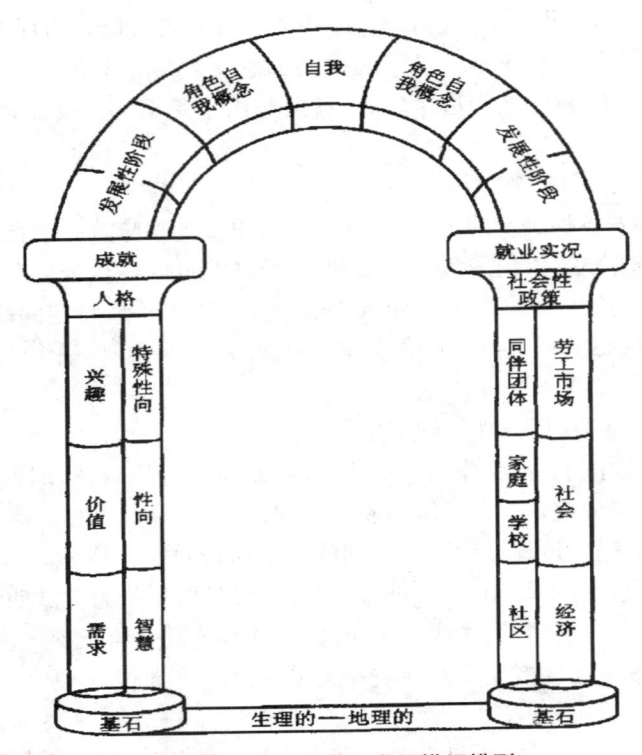

图 2—3 舒伯的生涯发展拱门模型

涯的关键,包括一生中所有生活角色的综合活动,并且通过持续的生涯发展阶段中的一些角色自我概念来实践。而所谓的角色自我概念是个人经由工作和其他生活角色,表现出自己独特的想法或知觉,如职业的自我概念、家庭的自我概念等。

最基础的底层部分有三:左边是生理基石,主要是个体的生理遗传基础;右边是地理基石,主要是个体的成长环境,特别是国家与原生家庭;中间是两块基石融合的地方。生理的基石包含塑造个人需求、价值观、兴趣、能力倾向的延续性的生活事件及影响。而地理的基石则是个人之外的外在世界,包含影响个人与其生涯选择的社会和文化影响因素。在这两个基石上的两根石柱代表着影响生涯发展的两个主要因素:左边的石柱是内在因素:需求、智慧、价值、性向、兴趣、特殊性向、人格等;右边的石柱是外在因素:经济、社区、社会、家庭、学校、劳工市场、同伴团体、社会性政策等。

内在因素是来访者本身拥有或通过努力可以强化和提高的部分,且内容相对明确,框架清晰,与辅导者的专业知识契合度更高,所以在生涯辅导中得到更多的重视:

(1)需求:每个人都有许多的需求,如马斯洛五大需求:生理、安全感、爱与归属感、自尊和自我实现。除此之外,还有一些特殊或具体需求,比如求知。

(2)智力:智力对于个人完成教育的质和量有很大的影响,进而影响其职业选择及生涯发展。虽然并非智力越高职业发展越好,但是好的发展,需要一定的智力作为支持。

(3)兴趣:兴趣是我们一个人内在的动力和快乐的最终来源,因此,真正的兴趣是无论能力高低,无论外界评价如何,我们都乐此不疲的事。兴趣是相对不太稳定和容易在职业选择中被放弃的因素。

（4）价值观：个人成长中逐渐形成对生活事物的判断或评价，形成稳定、不易改变的主张、意见或信念。

（5）能力倾向：也称之为一般能力倾向，如文字推理、空间想象、抽象思维等，虽然存在程度不同，但大部分人都或多或少具备这样的能力。

（6）特殊能力倾向：除了一般能力倾向之外，个人有一些异于常人的天生的特殊能力。

外在因素对生涯发展同样重要，但是由于外部环境的复杂烦冗，不受个人控制，并且处于不断的变化过程中，分析难度大，故容易在辅导过程中被忽视或刻意回避。相关内容包括：

（1）经济：经济对职业发展最直接的影响就是就业机会。经济不景气，企业的发展倾向于保守，提供的就业岗位就会受影响；同时，在职人员的流动性也同时降低，职位的变动的机会和空间受到抑制。另外，经济对于工资收入、物价水平、税收保险等都会带来一定影响。

（2）社区：相对于西方以社区为单位划分的成长环境，国内的社区更多泛指个人居住成长的小区和城镇环境，社区的质量、功能、构成，对于个人成长过程中的想法、行为、习惯和价值观的养成有着很大的影响。战国"孟母三迁"讲述的就是社区环境对成长的影响。

（3）学校和家庭：家庭的环境、条件、氛围、价值观等对于个人性格、兴趣、价值观等有着重要的影响，进而对个人的生涯发展产生深远的影响，如子女选择专业或职业的过程中，父母的期望是重要的决定因素之一。学校是个人在个性形成阶段最重要的活动场所，所以对个人的性向有着同样重要的影响，例如学校的校风、教师的能力、同辈的素质对于个人成长的影响不容忽视。

（4）社会：作为社会的一分子，社会的文化、制度和价值观等风气及价值等，都在影响着个人的生涯发展，如社会价值观对不同职业的评价是选择专业和职业的重要考虑因素。值得注意的是，社会对于职业的评价是不断变化的，比如工商业在封建社会地位并不高，而现今却是就业的重要领域。

（5）同伴团体：个人成长过程中，尤其是进入了学校的学习阶段，个人越来越多的时间都在和同伴进行着各种各样的接触，在工作后则是跟同事的接触。近年来，随着通讯技术的发展，其接触的时间和范围都得到了极大的延伸，这种接触的密切使得互相学习和模仿的效用越来越显著，对个人带来了深远的影响。

（6）就业市场：社会、经济和技术的发展使得就业市场处于不断的变化当中，曾经的热门职业可能变得不那么受欢迎，不被重视的职业变得炙手可热，同时，部分职业在消失，又创造出新的职业。

根据舒伯的解释，以上内在因素的交互影响，形成了个人独特的性格和成就；同样，外在因素的交互影响，形成了社会性政策和就业实况。内在因素和外在因素的融合交互，形成了角色自我概念，进而发展出自我概念。

自我概念是舒伯理论的核心重点，指的是个人看待自己和自身境况的观点方法。"自我概念的发展"就是自我差异、角色扮演、探索以及现实面测试的一些过程。舒伯认为"职业发展"是"发展和实现自我概念的过程"，职业自我概念是自我概念的一部分。

三、施恩的职业发展理论

施恩(Edgar H. Schein)是美国著名的心理学家、组织管理学家,他基于个体职业生涯价值观的研究提出的"职业锚"理念被广泛地应用在组织员工的职业生涯管理中。根据人体的生命周期,施恩将职业生涯划分为九个阶段,其中存在部分并行年龄阶段,故可归纳为七个阶段:(1)成长、幻想、探索阶段(0~21岁)。这一阶段主要角色是学生,主要任务是发现自身的职业兴趣、职业能力倾向,学习职业知识、培训职业技能,收集职业信息进而为职业的选择做好准备。(2)进入工作世界(16~25岁)。这一时期主要角色是应聘者或职场新手,主要任务为进入劳动力市场进而寻找、申请到可能获取到了职业发展的第一份工作,进而通过基础培训了解、熟悉并接受组织文化、适应工作环境与工作流程。(3)职业早期(17~30岁):这一时期主要角色是组织新的正式成员,主要任务为发展自身的技能或专长,为职位的纵向提升和职业部门调动的横向发展做好准备。(4)职业中期(25~35岁):这一阶段的主要角色是任职者、主管、经理等,主要任务为选定职业发展路线,专业技能发展、组织管理发展或价差发展,通过较大的组织任务承担,确立自身的职业地位。(5)职业中期危险阶段(35~45岁):这一时期的主要任务为通过客观的考量自身的职业才干进一步明确自身的职业前途抱负,进而最终确定职业生涯发展方向。(6)职业后期(45岁至退休):这一时期主要角色是管理者、骨干成员。该时期的主要任务为,指导、影响其他组织成员,考察、选拔继而培养自身的接替人员,正视自身工作能力或影响力的下降,评估自身的职业生涯,准备退休。(7)退休阶段:此阶段的主要任务是寻找、适应新的生活角色,利用自身职业经验与智慧帮助他人完善职业生涯发展。

综上,生涯发展理论注重个人长期生涯发展的规划,将学习、生活、工作等因素都纳入其中。将生涯的成功,定义为在不同阶段顺利完成该阶段的角色安排,而不仅仅是工作上的成功,注重多重角色的均衡发展,视野上相对类型论等短期职业选择为目标的咨询辅导更为广阔。

第三节 社会学习论

克朗伯兹(John Krumboltz)的社会学习论认为生涯的选择不是偶发的事件,而是终生的历程。个人的生涯选择和发展是通过其学习到的行为演变出来的,是个人对自己生涯发展有能力学习及有益的新行为。

社会学习论的主要内容包括:

1. 影响生涯决定的因素

(1)遗传因素和特殊能力。影响个人对职业或教育选择的自由,包括种族、性别、智力、艺术能力等。

(2)环境的情况和事件。外在环境中非个人能控制的因素,对于个人的学习和选择有重大影响,包括工作机会的数量、科技发展、社会政策等。

(3)学习经验。包括工具式和联接式。

(4)工作取向的技能。包括解决问题的能力、工作习惯、情绪反应等。

2. 各种影响因素之间的交互作用的结果

(1)自我观察的推论:个人对自己的表现的评估和推论,包括兴趣、工作价值等学习而来的结果,是生涯选择的关键。

(2)世界观的推论:个人对环境和未来的事物的评估和推论,特别是职业前途和展望,也是学习而来的经验。

(3)工作取向的能力:是个人所学习的各种认知和表现的能力,如价值澄清、目标决定、寻找解决途径等。

(4)行动:个人综合学习经验、自我与环境的推论以及自身各种能力,在行动中导引未来发展的途径。

3. 个人从学习经验中,可能发展出一些非理性信念,对于生涯发展造成障碍,如以偏概全的推论、对失败夸大的负面情绪、先入为主的成见等。

4. 个人会将学习经验和自我观察类化到新事物的学习上,尤其是通过正向增强和正向的角色模仿对象。

5. 生涯不确定是可以接受和正向的情况,且能激发经验探索,以及创造新学习的机会。

第四节　建构理论

建构主义源自教育学,是作为改进教学而提出的理论,强调学习者的主动性,认为学习是学习者基于原有的知识经验生成意义、建构理解的过程,而这一过程常常是在社会文化互动中完成的。如今已在哲学、社会学和政治学上广泛延伸。

后现代主义是现代西方社会、政治、经济发展的产物,是对西方现代化的反思和批判。后现代主义认为真理仅存在于具体的语境中,反对权威、追求多元化和不确定性,关注差异和特殊性。是对实证科学的一种反向思潮。

生涯领域广泛提到的建构理论包括马可·L. 萨维科斯(Mark L. Savickas)的生涯建构理论和乔治·凯利(George Kelly)的个人建构理论。

一、后现代社会建构理论

(一)萨维科斯的生涯建构理论

生涯规划起源于20世纪初,并于第二次世界大战后获得了蓬勃的发展,当时主要干预形式是职业指导和生涯教育,主要应对西方社会出现的个体化、城镇化和移民现象。20世纪初,帕森斯提出了人职匹配论,帮助求职者通过增进自我了解和增加职业信息进行自我与职业的匹配。第二次世界大战后美国城镇化发展,农业经济快速向工业经济转变,职场架构呈现金字塔分布,中产阶级大量受雇于科层制企业,层级多,底层规模大,因此,20世纪中期出现了职业发展理论回答了如何在科层制组织中发展个人的生涯阶梯。进入21世纪以来,公司形态不断变化,企业越来越扁平化,尽管科层制企业仍然存在,但层级逐步减少,临时性、兼职性等灵活用工形式得以出现。"无边界组织"的出现,使得科层制中员工在组织内部的职业成长路径被改写,从阶梯式的上升变成波浪式的上升,职业发展路径变得难以预测。后现代的组织形式中,工作没有消失,不过岗位已经弱化,被项目所取代。生涯关系从依附组织到依附个体。萨维科斯认为,一个没有边界的生涯,不再稳定地系于一家公司,而是由一系列的工作职位组成,其特征是在横穿不同的组织时个体出现的生理和心理的变动。那些拥有更强生涯能力(包括认同力与适应力)的个体,可以为工作变动创造更多的机会。无边界组织要求个体管理自身生涯,而不是在稳定的组织中发展生涯。因此,带来了个体如何协调其不断变换工作的人生。

萨维科斯提出后现代生涯咨询中出现了至少六种创新思潮:

1. 不再有专家

辅导者的身份出现了改变,从知识的专家,转到和来访者平行的地位,成为陪伴者。辅导者强调的是"放空"和"接纳"的态度,部分学派如教练技术还强调"零建议"。来访者不再被动接受生涯信息,接受测验解释的结果,而是在辅导者的鼓励和陪伴下,主动解释自己的需求,重塑自己的生涯。咨询不是通过知识的优势予以指点,不对结果进行控制,而是通过一定的思维模式和工具的运用,帮助来访者自己探寻答案,这种答案是来访者自己根据自身情况得出的,所以更容易被接纳和执行。

2. "授权"(enable)取代"匹配"(fit)

职业指导的过程强调匹配,通过个人特质的探索和工作岗位信息的收集,将双方予以匹配。后现代生涯咨询中,将匹配的决策权交予来访者手中,让来访者通过对意义的探究,描绘自己的生涯蓝图。辅导者成为"赋能者",在关键点上帮助来访者树立信心,开展行动。

3. 重写"总体叙事"

进入21世纪,"总体叙事"的基础不在,多元价值观下,生命设计成为辅导者更为关注的内容。辅导者更关注来访者在生命中工作、休闲、家庭、公民等多种基本角色的分配与协调。

4. 生涯是专属于个人的

进入21世纪以来,工作和生活的界限正变得越来越模糊,期望通过时间或者空间的界限来区分工作和生活正变得越来越难以实现。辅导者的辅导重心从职业匹配扩展至生命设计。以往职业指导的客观方法强调人职双方的信息的获取,忽略了人对工作和生命所建构出来的主观经验与意义。后现代建构主义将咨询的重点从客观的匹配到意义的创造,强调个人的意义,将更多的主导权交予来访者手中,以启发取代灌输式指导。

5. 生涯发展理论并非咨询理论

生涯咨询是一种意义创造的历程,来访者决定未来的生涯方向,被视为一种意义的创造,是一种发明与建构。

6. "故事"取代"分数"

以往基于匹配的职业辅导中,为了将个体与职业进行更为精确的匹配,人的特质被切分为各种不同分类的维度,并通过测量加以打分评价。传统的心理咨询领域,"分数"往往被用来诊断,后现代建构的生涯咨询将"分数"作为"故事"的入口,在考虑测评的客观性的同时,越来越重视主观意义的创造。金树人认为这在东方人中别具意义,因为相对于西方人,东方人较不擅长在陌生人面前谈心事,表露内心的秘密,心理测评则是非常合适的媒介。辅导者帮助个体从"人即是文本"的比喻中,为自己的生涯做注释。

萨维科斯的生涯建构理论,是舒伯的生涯发展理论的延伸,将舒伯的生涯发展理论融入自己的生涯咨询模型,在后现代建构主义之上关注职业人格特质、生涯适应和生命主题,帮助个体通过人际关系的处理建构生涯。该理论认为生涯发展是个体主动建构的、对个体来说有意义的过程。生涯建构论特别强调特定的态度(Attitudes)、信念(Beliefs)和能力(Competencies)，萨维科斯称之为生涯建构的 ABCs。萨维科斯认为生涯建构的 ABCs 塑造了每个人的问题解决策略，这些行为使得每个人归纳出在工作角色中的职业自我概念。ABCs 可以进一步区分为四个维度：关切（Concern）、控制（Control）、好奇（Curiosity）和自信（Confidence），提升每个人的生涯适应力是生涯建构咨询的核心目标。

（二）焦点解决短期疗法（SFBT）

受后现代社会建构主义影响的生涯咨询诞生了两个主要学派：焦点解决短程疗法（solution-focused brief therapy）和叙事疗法（narrative therapy）。近年在管理界发展迅速的教练技术，吸收了很多后现代建构主义的思想。

焦点解决短期疗法主要是由 Steve de Shazer 及 Insoo Berg 夫妇在短期家族疗法中心发展出来的。传统的咨询是以问题为导向（problem-focused），视辅导者为专家，咨询过程主要聚焦于寻找来访者的困惑的原因所在，深入探讨固有的问题形态，并且追溯问题的成因与过去的一切不同。SFBT 则是以解决为导向（solution-focused），视来访者为自身的专家，咨询过程主要聚焦于改变何以发生以及可能性、小改变的所在，探讨个案的目标、资源、例外正向经验与未来远景，尽可能以最少的晤谈次数，对个案的问题做有效处理，达到效益和效率并重。因此，SFBT 的基本精神是：强调如何解决问题，而非发现问题原因；以正向的、朝向未来的朝向目标的积极态度促使改变的发生。

1. 基本理念

（1）事出并非定有因。"问题发生的原因是什么？"这个问题已经假设了是问题造成了现状，而问题一定是某个原因导致的，其内在假设是"事出必有因"，要解决问题就要先找到原因。SFBT 认为原因和结果间的关系很难认定，探究问题的原因并非是解决问题的必要条件，而且，许多问题发生的因果关系常常很难确定。

SFBT 以"做什么可以解决问题"取代"导致问题的原因是什么"，以探求行动取代挖掘原因。了解原因，有时候意味着重新甚至不断打开来访者的不愉快的经历，没有经过系统的专业心理学培训的辅导者未必能合理地进行处置。SFBT 注重问题的解决，而不是了解原因，因此对于不了解原因也可以解决问题的情形，具有显著的作用。

（2）问题的正向功能。一个问题的存在，未必事事都如表象呈现，往往具备其正向功能。如在工作中与上级不能处理好关系，有时候探究下来，会发现是下属希望上级能看到自己工作中的亮点，及时予以肯定，而并非处处和上级不合拍。隐藏在其不合理的行为后面的是其对积极工作取得上级认可的业绩的正向期待。另外，如员工抱怨无法与上司和睦相处的背后也是希望和上司处理好关系的正向期待。SFBT 鼓励挖掘问题的正向功能。

（3）沟通与合作。SFBT 强调辅导者和来访者之间的信任、沟通与合作，能否建立信任关系对能否开展咨询和咨询的结果有着举足轻重的影响。

（4）问题来自不当的解决方法。叙事治疗的人性观认为"人"本身不是问题，"问题"才是问题，SFBT 进一步认为"问题"本身不是问题，"不当的解决问题的方法"才是问题，是问题出现的原因，甚至带来更大的问题。因此，SFBT 是解决方案导向的，而不是问题导向。面对某个特定的问题，应考虑问题的复杂性及特殊性，考虑弹性的问题解决方法，相信来访者有能力找到适合自己的解决方案。

（5）来访者是问题的专家。SFBT 强调来访者的能动性，认为来访者都是有改变现状的资源的,鼓励利用人们本身的资源达到改变的目标。辅导者引导来访者找到解决问题的方法,来访者是解决问题的专家,辅导者是"过程"的专家;来访者对结果负责,辅导者对过程负责。

(6)从正向出发。舍弃负面信息,强调正向力量,包括来访者的成功经验、巅峰体验、问题的正向意义、想象中的正向结果等,通过正向力量,挖掘引爆人的潜能,而不是由于负面的信息,限制了人的可能性。如果只是停留在负面原因的探讨上,容易陷入沮丧的漩涡,增加了咨询的负担,使得咨询效果的不确定性也相应增加。

(7)小改变、大价值。SFBT 强调小的改变的价值,相信通过小的行动和结果的改变,能够带来来访者心态、环境和系统的改变,从而促进小改变的持续地发生。积累的长期的小的改变,终将带来令人瞩目的变化,尤其是最先出现的小改变是曾经发生过的成功例外时,则行动起来就更容易。因此,辅导者和来访者在讨论行动计划的时候,始终非常关注实现的可能性有多少,如果一个微小的行动,来访者自己也半信半疑,则会被认为是无效的计划和行动,通常只有完成的可能性高于80％,才是一份可能达成的计划。对此,SFBT 通过提出赋予来访者以积极想法与行为的目标,来强化来访者已有的、改善处境的成功经验,帮助来访者意识到他们对自己的问题拥有比想象中要大得多的控制力,他们所作所为肯定会有意义。

(8)重视例外的价值。例外是指来访者的问题没有发生或严重程度较低、发生次数较少等较不被个案注意的特定情境。SFBT 相信来访者的问题一定有例外存在,只是来访者被问题困住,往往看不到。辅导者的责任是协助来访者找出例外,引导来访者觉察问题在例外情境下的状态,让来访者看到以自己的能力和资源,带来问题解决的可能。通常来访者来咨询,面临的问题都不是一两天形成的,通常都是积累了几个月甚至更长的时间,因此来访者常会被困在问题当中无法自拔。SFBT 认为凡事都有例外,例外在 SFBT 中的意义在于摆脱困境的资源和途径,只要有例外发生,就能从例外中找到解决方法。透过研究来访者做了什么而使例外情境发生,并加强例外情境的发生,而使小小的例外情境变成改变的开始,逐步推动更多例外的发生,是 SFBT 基本精神之一。

(9)重构问题,创造改变。辅导者在咨询过程中,更多关注正向的,将焦点聚集于来访者想要什么,而不是想摆脱什么,帮助来访者停止抱怨,而将注意力集中于问题的解决途径。咨询过程中,辅导者和来访者要合作建构问题得以解决的情境,比如奇迹式问题,协助来访者保持合理的期待。

2. 基本流程

SFBT 的基本流程包括如下几个阶段:

(1)问题描述建立关系。咨询开始阶段,辅导者向来访者进行程序说明,建立合作关系,初步收集来访者的信息,了解来访者的问题、性质、细节和对咨询的期待。

(2)澄清目标。设置目标是 SFBT 的重要环节,辅导者基于好奇、尊重、关心的态度,引导来访者澄清他想达到的目标。SFBT 对于目标的设定,有一定的原则。第一,目标需要是明确的、可被观察的,比如"每天背100个单词","每天做工作记录并每周向领导汇报"等。第二,目标是可实现的,制定过高或过低的目标都没有太多意义,过高的目标妨碍了实现,使得来访者很难建立攻坚克难的信心,从而又陷入问题的困扰;过低的目标缺乏挑战,同样难以让来访者获得成就感和信心。第三,目标是积极正向无害的,来访者不能提出负面的,以及可能对他人带来伤害的目标。第四,目标对来访者是有意义的,才能激发来访者的潜能,从而获得持续不断的动力。

(3)分析和干预。SFBT通常通过相关技术进行问题和目标的分析干预,常用技术包括:

①奇迹式询问。"奇迹式询问"的思路是双方在交谈中假设问题都解决了,会可能是什么原因导致的,或者会产生什么样的结果?比如,"假设奇迹发生了,困扰你的问题都解决了,你和你的上司的关系非常融洽,你觉得会是一个什么样的状态?可能是做了什么导致了这种状态的产生?"诸如此类。当有充分的、恰当的提问出现时,奇迹式询问将有助于来访者对所期望的问题解决方案产生一个清晰、具体、可具操作性的描述,即对所期望的解决方案的重新建构。因此,SFBT要求辅导者要持续保持足够的好奇心。

②度量式询问。度量是一种检查来访者的有力工具,并且能够使他们在谈话中随时明确自己所处的位置。辅导者让来访者想象一个1~10的度量范围,1表示对衡量项目的完全不满意,10代表完全满意。你现在在什么位置?从1分到10分,目前你的投入度是几分?要做些什么可以让自己提高1分?

③探索例外。主要任务是,引导来访者探讨目前期待的目标过去是否曾经出现过,即探索在例外情境中发生了什么、是如何发生的,以及其中的解决方法。比如,"有没有哪一次你跟上司相处的特别融洽,沟通顺畅,心情愉悦?""有没有想过那次可能是因为什么导致你们能够愉快地相处?""有没有能够用来解决当下的困境的?"探索例外将来访者看成是问题解决的专家,以此来探寻能够帮助来访者走出目前困境的资源,并建构问题解决的方案。

(4)行动与反馈。在探索到来访者拥有的资源后,基于这些资源,辅导者和来访者要探索问题的解决方案,制订行动计划,SFBT认为行动才是解决问题的落脚点,才能促进改变的持续发生。如果将每个来访者作为个案,通常个案的来访次数在4次左右,每一次会谈结束,辅导者都要求来访者做个小结,谈谈本次会谈的收获,以便对来访者对问题和解决方案的清晰度和信心度进行评估。并且在来访者同意的情况下,约定下次的反馈时间和方式。反馈过程中始终保持开放和关注成长的态度。对于完成目标的来访者要给予鼓励,总结收获和感受,并强化进入下一阶段;对于没有达标完成的来访者调整目标,降低难度;对于没有行动的来访者,需要分析原因,重新探索制度方案。

SFBT是目前应用广泛的短期心理咨询之一,同样近年如火如荼开展的还有教练技术。教练技术起源于美国网球教练添高威的故事,受后现代建构主义的影响,加入了很多这方面的元素,经过三十多年的发展已经形成完整的体系。其基本理念、技术、流程和SFBT有较高的重合度,但与SFBT的发展路径有所不同,SFBT是从心理学土壤诞生逐渐引入到社会咨询;教练技术从出生就来源于社会实践,之后经过心理学家的提炼和完善,从而拥有了完备的理论和实践体系。近年也被广泛应用于生涯规划、企业管理、创新创业、体育训练等诸多领域。

二、凯利的个人建构理论

凯利是人本主义心理学先驱之一,认为任何一件事情或一个现象都没有固定的和绝对的意义,每个人对同一件事情可以有多种不同的看法和解释,每个人可以自由地用他们的建构,为当下的经验赋予意义。凯利的观点包括:

1."每一个人自己就是科学家"

每个人都对周围发生的事用自己的方式形成自己的理论,然后自己预测自己的行为,再根据行为执行,其核心理念即是建构的概念。凯利认为建构是人用来解释世界的方式。一个人在他所预期发生的事件中不断修改建构,重新建构,正如一个科学家在其假设的理论世界中,不断地收集数据,验证模式,修改参数。在建构的过程中,当事件准确发生时,预期得到证实,建构就得到巩固;若未得到证实,建构就会发生对应的改变。

2. 人的发展是面向未来的

凯利认为人的发展是基于不断对未来事情预测,而不是被过去所羁绊。人会行动、发展是因为不断地预测未来、不断地修正既有的建构以提高对未来的预测力。

3. 人是主动去建构世界

人的发展是主动去建构世界而不是被动地接受。人类可以透过重新解释环境和生活来让自己赢得自由,所以,除非自己这样选择,人类不是过去和现在的牺牲者。

凯利将"职业"解释为"一组被建构的事件"。一个人所选择的职业领域常是他的许多建构间综合运作的结果。个人透过其独特的职业建构系统来理解生涯发展中的各种相关经验。吴芝仪对比与社会建构论的异同,归纳出几点适用于生涯建构的主题,结果如下:(1)认为人是环境经验的主动建构者,而不是被动接受者。每位面临生涯选择的个人,都是主动按照其独特的自我模式或个人建构来组织工作世界中的经验、或理解其意义的。(2)假定多元现实,而非单一现实。由于真实是被人们所创造或建构出来的,以反映其对世界的观点。而社会真实则是许多个人真实的集合。故个人所发现的现实经常是"个人真实",而不是"普遍现实"。(3)欣赏多样性。由于相信个人的生长环境、背景经验各有特殊,故有其独特的世界观,人们所共同建构的多元化社会,包含了丰富且复杂的多样性。

扩展阅读

1. [美]塞缪尔·H. 奥西普,路易丝·F. 菲茨杰拉德著. 生涯发展理论(第四版). 顾学英,姜飞月译. 上海:上海教育出版社,2010.

2. 金树人. 生涯咨询与辅导. 北京:高等教育出版社,2007.

3. 许维素. 焦点解决短期心理治疗的应用. 北京:世界图书出版社公司北京分公司,2009.

第四章

以 MBA 为例的商科专业学位硕士的生涯发展特点

生涯发展虽然是纵贯一生的主题,从个体角度,人生漫漫几十年常被分隔为多个代表性阶段;从时代角度,每一代人都有其自身的时代特征;从项目角度,商科专业学位硕士亦有其独自的明确培养定位。当下包括 MBA 在内的商科专业学位硕士的学生仍然以"千禧一代"为主("千禧一代"并无统一定义,国际上通常将 1981 年到 20 世纪 90 年代出生的人成为"千禧一代",又称为 Y 世代),处于生涯的建立期。因为 MBA 的构成更为丰富,年龄和层次跨度更广,故本章将重点以 MBA 为例讨论商科专业学位硕士的生涯发展特点。事实上,文中大部分观点仍然适用于其他商科专业学位硕士。

第一节 MBA 学生群体的构成

一、MBA 的年龄分布

根据各大高校 MBA 项目每年的就业报告统计,近年国内 MBA 学生的入学平均年龄,Full-time 学生通常在 27～29 岁左右,Part-time 在 28～32 岁左右。以 2016 届 MBA Full-time 毕业生为例,清华大学是 28.7 岁,复旦大学是 28 岁,上海财经大学是 28.2 岁。纵向来看,虽然个别年份存在起伏,MBA 的年龄总体呈现年轻化趋势,上海财经大学 2016 年入学的 Full-time MBA 的平均年龄为 29.1 岁,这一数字在 2006 年是 29.8 岁;同时 2016 年 30 岁以下学生占比为 67.9%,2006 年只有 51.3%。总体看,千禧一代成为主角。通过对上海财经大学 2013～2015 级超过 1 500 名 MBA 在校生的统计,平均入校年龄为 30.6 岁,26～33 岁的学生在人数上的集中度超过 70%。依出生年龄统计,千禧一代在各自年级中的人数占比已分别达到 82.6%、78.4%、81.6%,成为当之无愧的主角。另一方面,群体内年龄极值的差异一直保持在较高水平上,通常达到近 20 岁。

二、MBA 的职场身份构成

国内商学院的 MBA 学生目前主要构成有这样几部分:(1)大中型企业的中基层主管,职业发展过程中受过良好的系统基础训练,在企业中积累了一定的专业技术能力和管理经验,需要系统学习以提升一个台阶;(2)中小型企业的中高层主管,往往在自己负责的领域已经有所成就,但商业视野、理论知识的框架性较为欠缺,需要通过学习系统完善;(3)专业技术人员,该群体一部分因为需要补充商业知识,以转职管理岗位,一部分因为对本科的专业和现在的工作不是很满意,将通过 MBA 的学习作为转向管理工作的跳板;(4)创业者,MBA 中的创业者通常比较年轻,希望通过 MBA 的学习完善自我的商业知识结构、拓展人脉、启迪思维、寻找资源;(5)职业发展陷入困境者,虽然和其他几类群体一样拥有强烈的上进心,但由于种种原因,职业发展道路不是特别顺畅,碰到种种障碍,希望通过 MBA 的学习寻求突破或者完成转型;(6)其他原因者,包括提升学历、落户大城市、寻求配偶、生育子女等。其中以第(1)、(2)种情形为主,约占 MBA 群体的 60%~70%。

第二节　MBA 学生群体的生涯特征

尽管 MBA 学生年龄跨度较大,通常一个班的极值差异相差接近 20 岁,但大部分学生年龄趋于集中,且身上展现了很多共性的东西,下文将主要讨论共性部分。

一、雄心勃勃又忧心忡忡

在中国的"千禧一代"的成长期里,中国取得空前的进步,快速的工业化进程,经济文化的对外开放逐步加深,很少在一代人的成长阶段内会发生如此之多的变化。从社会角度,1977年,中国恢复高考制度;1978年,中国开始实行对外开放;1979年,中国开始实施计划生育政策;1993年,取消毕业生分配工作的政策;1998年,影响广泛的国有企业改革分流了一些国企员工进入私有企业;1999年,中国的大学开始持续大规模扩大招生,高校毕业生从 2002 年 145万到 2015 年 749 万;2004 年,房地产价格开始飞涨,一线城市房价 10 年增长 10 倍;2008 年,全球经济危机带来经济的持续筑底;2016 年全面放开二孩和延迟退休……从经济角度,1985年中国 GDP 为 9 039.85 亿元,2015 年为 67 万亿,30 年增长了近 75 倍,伴随而来的是物质生活的大大丰富,经济结构也从供给不足转变为需求乏力。从技术角度,1994 年中国开启了互联网之门,2000 年后获得了快速发展,2010 年后移动互联网迎来爆发式增长,"千禧一代"几乎是互联网的"原住民",因此,有时也被称作"网络一代",他们从开始读书到工作,伴随并见证了互联网的诞生和繁荣,互联网改变的不仅是人的工作和生活方式,也对思维方式带来了冲击。从文化方面,中国加入 WTO 后,开放程度日新月异,不管是从互联网还是从飞机场,"千禧一代"走出国门看世界的机会越来越多,同时国外各类文化现象也大规模地涌入,伴随成长的不再是张海迪、赖宁等少年英雄,而是超级女声、LadyGaGa 等新文化现象,不再是黑猫警长、葫芦娃等经典形象,取而代之的是灌篮高手、海贼王、复仇者联盟等新形象卡通。以上任何一个变化都能造成一代人状态的普遍性转变,与前几代人相比,他们与世界的接触更深、范围更广,与前几代人相比,他们享受到的经济与教育资源,由于独生子女政策和教育观念的转变,致使家庭对孩子的宠爱和放任程度,他们对创业及赚钱机会的体验和认知度等都是史无前例的。中国"千禧一代"成长的这些方面更加强化了他们在企业内的躁动、对权力的渴望、对自我的关注以及高期望。他们会更加公开地表达对工作的不满,经常性地跳槽,寻求更高的报酬,而且会对雇主提出要求。根据倍智公司的统计,2015 年应届生一年内的总体离职率是 24.8%,金融行业为 28.4%；有意愿留在企业超过一年的比例仅为 23.5%。中国的快速发展和变化也导致了"千禧一代"没有前人可以借鉴，不像其他工业化国家，他们已经在工业化的道路上前进了好多年。而中国"千禧一代"做的很多事情都是首次尝试，他们开创新技术产业，他们正在努力学习如何借助互联网的力量。他们用晚婚晚育换取自己的职业发展，同时他们还要承受家人的不理解，而家人并不非常清楚在这个新世界中该如何去引导"千禧一代"他的行为。他们心中怀有极度的困惑、不安和对经济需求的渴望，而同时他们对希望、成功和自我价值实现的向往又是如此强烈。他们自视甚高，雄心勃勃要改变世界，但面对一骑绝尘的房价和狭窄的上升空间却又忧心忡忡。就"千禧一代"具有的经验、技能及工作要求来看，他们所想的与实际能够达到的程度是有差距的。

二、生涯建立期

大部分 MBA 学生在生活广度上处于生涯建立期，该阶段通过探索阶段对职业选择的尝试，开始安于某种选定的职业类型，积累职业经验，提高职业能力，以获取职位上的提升，而这种提升往往意味着大量的资源投入。生活空间上普遍承担了工作者、学生、公民、儿童（即子女）、休闲者角色，很大一部分还承担了父母、夫妻角色。更多的角色，有限的资源，意味着角色之间的平衡的难度更大。实际中，"千禧一代"是高度追求工作生活平衡和多元化的群体，但很大一部分人感觉工作和生活的平衡和工作前的期待有较大差距。

最年轻的部分 MBA 学生尚未完成生涯探索期，因此入校后仍然会感到迷茫，对于今后的发展方向依然有诸多不确定，同时对职场有较多的不合理信念，甚至对 MBA 学位及其价值也存在认知不准确的情况，有的认为拿到了 MBA 学位理所当然可以找到一个轻松待遇好的工作等。

最年长的部分 MBA 学生的生涯成熟度较高，已经建立起比较稳固的职场地位，他们攻读 MBA 通常是为学位带来的其他附加价值或者公司能够在财务上提供一定力度的支持。

三、自我中心，个人期望高，抗压力弱，挑战权威

"千禧一代"是改革开放的承受者，而且绝大部分为独生子女，成长过程在家庭中居中心地位，物质需求得到较大满足，国家强大社会稳定，使得经历的磨炼较少，相对于职场前辈更强调协作，"千禧一代"更强调个性。"千禧一代"并不排斥团队，甚至因为他们性格开朗，更喜欢团队活动，但同时他们个性鲜明，习惯以自我为中心，不擅于协作。

作为"千禧一代"，他们有机会了解到海量的信息，并有机会发表自己的见解，使得他们民主意识强烈，敢于挑战权威和传统。但他们往往习惯了通过网络发表言论，带来的另一方面影响就是对责任的忽略。

他们对雇主要求苛刻，只有 37.3% 的"千禧一代"指出他们目前所就职的企业推崇的企业文化具有很强的创新性。

受社会发展和财富分配的影响，一夜致富故事通过网络的传播，现实生活买房买车的影响，又使他们承担了非常大的经济和工作压力，容易产生挫败感。"千禧一代"感觉自己的经济压力明显大于 60 后和 70 后，相反地，他们觉得工作压力比 60 后和 70 后员工则要小。"千禧一代"感受到的主要压力是他们要赚钱买房子结婚，另外他们在公司内一般担负相对次要的职

责。而总体上，60后70后员工则凭借自己的经验优势在企业中往往占据更高的职位，承担更多的责任，因此，他们所承受的工作压力相比"千禧一代"来说也就更大。

"千禧一代"整体工作满意度偏低，相对于职场前辈对领导和管理风格的不满意，他们最不满意的是薪酬福利、绩效管理等涉及直接利益的方面，也侧面显示了"千禧一代"的利己主义倾向。德勤咨询2015年针对7 000多名"千禧一代"的调查中显示（表4—1），"千禧一代"对企业管理应该重视的因素的优先级和目前他们感知的企业管理层所呈现的优先级有着巨大的差距，他们更希望聚焦于员工，而目前管理层更聚焦于利润和个人福利。

表4—1 领导力隔阂——"千禧一代"眼中的自我表现和管理层表现

调查维度	管理层	"千禧一代"	差距
员工福利	17%	37%	20%
员工职业发展	18%	32%	14%
社会责任	18%	27%	9%
组织的可持续发展	39%	43%	4%
达到短期财务目标	27%	10%	-17%
获得个人收入	30%	12%	-18%

资料来源：*The Gender Gap: The 2015 Deloitte Millennial Survey*.

四、学历较高，背景多样，但又存在学非所用，流动性强

"千禧一代"在我国乃至全球都是受教育平均水平最高的一代职场人，拥有较高的知识水平和实践技能，使得他们对组织依赖性低，工作流动性高。"千禧一代"对于工作的预期与他们的前辈有很大不同。他们希望能够承担更多责任，并得到一个明确的晋升路径。他们希望在工作中寻找更大的价值，也希望工作方式更加灵活。MBA的学生的专业构成呈现分散状态下的适度集中：我校MBA来自金融、IT/互联网、咨询、先进制造等十多个行业，但在金融行业上占比达到40%~50%。在"千禧一代"中，有相当一部分人的工作和所学专业的重合度不高，加之受到行业薪酬差距的影响，以及我国对于学生早期生涯教育的重视度不够，这一代MBA中有较高比例存在抛弃以前专业，转换行业的想法。

五、掌握信息化工具，缺乏独立思考和领导才能

"千禧一代"是网络一代，优势是熟悉大部分信息化工具和软件，乐于接受新知识，网络的分享精神也培养了团队协作的习惯。不足是，他们对团队协作的习惯往往来自于信息化工具的运用，而不是团队精神，表现为他们在职场中擅于协作，但一旦离开工作氛围，通常习惯独自安排个人生活，与同事之间的互动远远少于他们的前辈。他们对图像和视频的兴趣远大于文字，碎片化的泛阅读也导致缺乏深度系统的独立思考能力，表达能力不足，去中心化的沟通结构也使得他们缺乏领导历练和才能。因此，他们更喜欢职责明确有章可循的工作环境，对于复杂模糊情况的处理是他们的弱点。

六、对 MBA 的认知趋于理性

早年 MBA 受媒体和个别案例影响,将 MBA 学位与企业高管、行业精英画等号,导致对毕业后的薪酬、职位、行业等期望过高,容易犯眼高手低的错误。近年来,随着 MBA 的长足发展,逐步走入了职场人的日常工作学习生活,其形象定位越来越清晰具体,对于投入和回报有了更理性的认识。但同时,对于如何通过 MBA 的学习,获取更多的价值,有相当比例的学生没有清晰的概念。另外,"千禧一代"通常会寻找更多的学习和晋升机会,而这些已超出企业目前所能提供的范围。他们尤其会寻找培训的机会来帮助他们达到工作的要求,在 IBM 的调查者中,超过 61% 的"千禧一代"对目前公司所提供的培训机会表示不满,而这种不满也为 MBA 等企业外学习培训创造了需求。

七、对生涯先总结再拓展

相对于没有正式职场经验的本科生和大部分研究生,MBA 平均拥有 5~8 年的工作经验。这种工作经验的积累,带给他们的不仅是掌握了工作的技能,还包括了他们对工作世界的认知,包括职场工作的内容职责,也包括了职场的伦理和文化。这些积累的获得源自几年的切身实践,是最宝贵的职场财富。因此,相对于没有工作经验的普通毕业生,即使是准备转换行业的 MBA,其生涯规划的起点也应该有所不同,需要对入学前的经验进行系统的梳理,对自己的价值观和技能优势应该有更明确的认识,对自己的短板和不符合自己价值观的事物应该有更明确的分辨能力和选择能力。在对 MBA 的生涯教育和咨询中,他们往往更能接受实际发生过的案例,而不需要过多的创作。

八、主动学习的意识

修读 MBA 学生的生涯选择相对于本科生更为主动。在高考阶段,出于成绩、就业、地域、家庭、调剂等多方面考虑,很多情况下存在着是学生、家庭、学校多方平衡的结果。本科生在对自己目前所读的学校专业经常出现不符合自己志趣的情况,但是出于社会就业门槛,通常一生只有一次参加高考的机会、家庭经济状况等各方面的压力,实际上往往形成不得不读的结果,这种情况下其学习的动力来自于背后的压力,而非自己的志趣,这种选择是被动的。相对而言,修读 MBA 的学生往往是自己做出的选择,虽然背后也存在职业发展的压力,但往往读 MBA 并不是他们唯一的选择,这种多选一的结果使得他们对于这样的选择有更多的认同感,而且他们对于选择的目的性更强,对 MBA 的价值有更主动的认知意识。因此,入学后,只要适当加以引导,帮助其树立合理的生涯理念,其学习的主动性往往更容易激发和保持。

第三节 雇主的期待

如今,工作的方式在世界各地的公司都与过去完全不同,在这个时代中,生活与工作的界限逐渐模糊。智能手机的推广使人们可以随时随地进入工作状态,LinkedIn、微信、微博等社交软件使人们可以随时随地关注市场上的工作机会,并且可以迅速了解他们感兴趣的公司的企业文化等情况。雇主与雇员的关系从上下级关系变为供应商与顾客的关系。许多员工在一个全球化 24 小时全天候运转的工作团队中工作。越来越多的技能型人才开始从事临时性的兼职工作或者成为合同工，代际转化也在一步步进行。"千禧一代"占据了劳动力市场上超过一半的岗位，成为工作的主力。

对于"千禧一代"的 MBA，雇主除了有和对其他员工一样的期待，如职业态度、敬业精神、职场伦理等，还有着针对这一群体的特定要求。根据东方慧博的调查报告，企业最重视的 MBA 的能力素质，依次是：国际视野、战略思维、职业素养、分析判断能力、执行力、工作经验、业务技能、沟通协调能力、团队合作、领导技能、管理知识、务实精神、开拓进取、承受压力、创新意识、名校毕业、学习能力。

德勤咨询从"千禧一代"自身的角度做的调查显示，在部分维度上，"千禧一代"和雇主的期待还有较大差距。"千禧一代"自认为的软技能，如勤奋、灵活、专业、诚信等被雇主接受的程度并不如自我想象的高，也不如商业技能、销售/市场、商业知识等偏硬的技能被接受度高。

表 4—2　　　　"千禧一代"眼中雇主重视的技能和自我具备的技能的差距

商业技能	雇主重视的技能	"千禧一代"具备的技能	差距
领导力	39%	24%	−15%
销售/市场	27%	12%	−15%
商业知识	28%	16%	−12%
企业家精神	24%	14%	−10%
财务经济	25%	16%	−9%
沟通能力	31%	27%	−4%
创新思维	33%	30%	−3%
专业能力	17%	15%	−2%
IT 技能	26%	25%	−1%
推动变革	15%	17%	2%
职业化	33%	41%	8%
分析能力	26%	35%	9%
团队合作	27%	38%	11%
学术知识	25%	39%	14%
个人品行	19%	36%	17%

资料来源：*The Gender Gap：The 2015 Deloitte Millennial Survey*.

第四节　MBA 常见生涯问题

正如第一章所述，生涯问题通常是决策问题，无论是金树人、内森和希尔，还是鲍廷的分类，都是围绕着决策。Gati，Krause & Osipow 在 1996 年将影响个体决策的因素归总为三大类：准备不足、信息不足、信息不一致，十小类：缺乏动机、犹豫不决、不合理信念、缺乏了解决策步骤、缺乏自我了解、缺乏对职场的了解、缺乏获取信息的方法、获取的信息不可靠、获取的信息内部冲突及获取的信息外部冲突。多数学生出现生涯方面的障碍,往往是同时具有两种或两种以上的问题,而且问题之间可能也有着相互作用。

一、MBA 典型的生涯问题

1. 对自我了解不足

不了解自己想做什么、喜欢做什么、能做什么、目标是什么。不了解自我通常是出现生涯问题的基础原因,其他生涯方面的问题通常都伴随着对自我了解不足的因素,故而是所有因素中影响面最广的。

2. 对工作世界了解不足

无论是 Full-time 还是 Part-time 的学生,都有相当一部分有通过 MBA 的学习实现职场路径的转换的想法。这种职场路径的转换可能涉及的面包括地域转换、行业转换、职能转换等。比如,近年国内的精英人士普遍涌向一线城市以期获取更多的职场机会;平均薪酬较低的行业的人员向平均薪酬较高的行业的流动;出于性格或其他原因从前台转中后台等。但是不少学生对于意向的新工作并没有准确的了解,这种问题可能表现在对岗位工作职责、用人要求、职业发展空间、工作环境、薪酬待遇、价值产出等方面了解不确切。产生此类问题的原因,一方面是学生缺乏了解信息的渠道,包括获取信息渠道的质量不过关,这种情况通常还伴随着容易产生人云亦云,缺乏决断;另一方面是学生缺乏收集工作世界信息的意识,将注意力都集中在自己身上,认为只要自己拿到了学位或者某个证书就一定能找到满意的工作等,这也是不合理的生涯理念之一。

3. 决策技能的不足

有的学生对自我和工作世界都获取了足够多的信息,但是依然无法确定职业目标,或者怎么进行录用通知(offer)的选择,抑或不知道怎么制定和实施行动。

4. 不合理的生涯理念

部分学生虽然有一定的工作经验,但或许因为工作的内容比较单一,对工作世界的认知不够准确,容易产生一些在职场人看来不尽合理的想法。比如,只要顺利毕业就能不花太多功夫得到一份好工作;又比如,好工作就要待遇好、不加班、有发展……可以满足自己的所有需求;比如,只关注别人获得成功的荣耀,却忽略别人背后的付出;再比如,奢求立竿见影的效果,受认知和思维快餐化的影响,个别学生工作三年却已经换了三四份工作,在积累上缺乏耐心和韧性,却希望新工作在职位和薪酬上能有较大增幅等。

5. 对未来没有目标

个别学生日常很努力,生活也很充实,看似没什么问题,但是如果谈到未来的打算,就突然没有了方向,有的能说好几个方向但又无所适从,有的甚至一点想法都没有,认为只要做好当下就可以。此类就是典型的"当下很充实,未来很空虚"的情形。缺乏远期目标的负面影响还包括:当下决策容易犹豫不决,方向不明导致易受挫、抗压能力差。

6. 不能很好地处理学习、工作、生活的平衡

MBA 群体通常有一半左右是已婚状态,大部分都生育了子女,"二孩政策"放开后,生育二孩的也不在少数。攻读 MBA 使得学生们多了一重社会角色,Full-time 学生中,有些是全职

妈妈，利用读书期间正好照顾子女到上幼儿园或小学的阶段；对于 Part-time 的学生，则更多了一份来自工作的压力。多重角色的相互影响，使得部分学生难以面面俱到，出现顾此失彼，应接不暇的情况。比如，有的学生的工作需要频繁出差，与课程产生冲突，无法正常上课，从而影响到学分的获得；有的学生在课业较重的时候需要将更多精力投入到学习中，难以照顾家庭，导致家庭关系的紧张；有的学生创业失败，出现经济危机，难以完成学业等。出现这种情况，容易导致学生压力骤增，乃至焦虑和抑郁的情况的出现。

7. 不能调适自身心态

部分学生其他方面都不错，也能够理性决策，就是对理性决策的结果有时无法接受。比如，有的学生在 offer A 和 offer B 之间经过权衡，最终选择了 offer A，但又心念 offer B 的优势，导致心理郁结。还有一种情况是情绪波动大，事情顺利的时候春风得意，一遇到不顺就跌落谷底且辗转难安。

其中对自我了解不足、对工作世界了解不足和决策技能不足是最基础和主要的因素，其他因素大多是其衍生的产物和表现形式。

二、问题产生的原因

正如生涯问题通常不是单独出现而是多种问题综合出现，导致问题的原因也可能是多重的，常见的导致问题产生的原因包括如下。

1. 缺乏合理的生涯认知

鉴于我国生涯教育的匮乏和滞后，大部分学生到大学才有机会接触到生涯教育，甚至不少大学并没有相关的系统教育，导致学生对生涯的领会完全靠兴趣、自学和悟性。另一方面，即使从大学开始接触生涯教育，也有些为时过晚。因为大学教育包含了部分的职业教育，大部分大学生毕业后的第一份工作仍然是与所学专业息息相关的。但是由于缺乏早期的生涯教育，相当部分学生在高考选择专业的时候，往往也不一定是依据个人兴趣或志愿，有时是为了以后就业方面考虑，有时是家长和老师觉得某某专业好或者考这个专业和学校更有把握，甚至有的是好友相约考同一所学校同一个专业等。等到工作一段时间后，朦胧地觉得这不是自己想要的生活的时候，再通过深造或者换工作来纠正偏差。

2. 缺乏必要的技能

此处所指的技能不仅是职场中需要的工作技能，更包括了生涯规划中的各类技能，包括了解自我、了解工作世界、决策的技能。比如缺乏系统的工具导致对自己的了解比较片面；比如获得工作世界信息的技能缺乏导致获取的信息质量不高，对于工作世界的信息有的来自影视作品，有的来自亲朋好友的二手信息，自身又缺乏对信息质量的判断能力；又比如缺乏决策的技能，遇到问题容易犹豫不决，以及决策后如何理性应对，调适自己的心态等。

3. 缺乏足够的动机

由于价值观、性格、能力、视野、经验等多种因素的影响，人与人之间的职业目标常常产生差异，有的学生虽然在生涯规划中树立了宏大的目标并制订了详尽的实施计划，但是在具体执行过程中仍然困难重重，无法坚持。究其原因，除了前文所述的两种情况，还有可能就是缺乏足够的动机。心理学上认为，只有当一种情况造成的痛苦大于带来的收益的时候，人才有足够的动机改变现状，反之则难以推动持续的改变。缺乏动机的深层次原因可能是对树立的目标的达成愿望并没有预想的强烈,比如有的学生家境较好,在经济上工作上均能给予有力支持,则可能弱化其奋斗动机;另一种情况可能是树立的目标过于宏大,实现渺茫,容易导致意志消沉,比如有的学生立志毕业后三年在上海买房,但随着房价节节攀高,目标变得越来越遥不可及,以致变得随遇而安。

三、典型案例

上海财经大学商学院近年面向 MBA 学生持续开展一对一的职业发展咨询活动,通过对学生咨询问题的归类,发现学生最突出的问题集中在"缺乏对职场的了解"、"缺乏自我了解"、"缺乏了解决策步骤"以及"缺乏动机"。当然,通常学生的问题是由几种因素综合作用产生的,以上几项通常表现为主导因素,如:

学生 A:"作为一个工科背景、只有技术工作经验的 MBA 毕业生如何向金融行业转型;如果希望进入私募(PE)或是融资租赁行业,我还需在哪些方面进行学习?"

学生 A 的情况即是典型的缺乏对意向行业的了解。对自身的了解主要考虑了专业、技能和工作经验,但是对于 PE 或者融资租赁行业的了解非常有限,尤其是对从业者的要求。另外,该学生对于 PE 或者融资租赁行业是否适合自己,也缺乏明确的立场。总体而言,还处于生涯决策的初级阶段。

学生 B:"本人目前在一家国有企业工作,工作相对安逸但同时也导致发展的局限。一方面,所属部门算是后台服务部门,工作内容相对简单,与外界的公司和人接触较少,缺乏人际锻炼也很难积累人脉资源;另一方面,虽然国企福利尚可,但人员流动性很小,职位变动非常有限,工作至今尚未有个人性的薪资涨幅和升职,让我对个人发展前景很没有信心。正是如此,所以选择读 MBA 深造,希望通过这个经历作为跳板,能够转行到金融行业里。现在担心的是自己没有金融行业的工作经验,不知道是否能够跻身到这个行业里同时胜任相关工作。"

学生 B 的情况较为复杂,一方面缺乏对金融行业的了解,一方面对于能否以及如何转换到金融行业也没有客观的认识,同时所在企业的福利对其仍然有一定吸引力,虽然具备了一定的改变动机,但如果没有比较明确的、发展前景更好的职业机会,难以迫使其做出改变。

学生 C:"作为 30 岁出头的求职者,是否一定要坚持自己的职业发展规划,未来能否再有机会进行职业变更,现在求职应该以收入为先还是以发展机会为先?"

学生 C 的情况一方面对自身所处的生涯发展阶段和职业价值观不够清晰,另一方面对于职业变更也存在着缺乏动机的因素,目前的职业发展的障碍尚不足以推动其进行坚定的职业决策,同时其并没有明确的变更方向。

学生 D:"自认为人事+行政的经验丰富,但在求职过程中发现,自己在市场部将近 3 年的销售人员 HR 经验基本都不被用人单位认可为 HR 经验"。

学生 D 的情况即在缺乏对职场了解的同时,对自身的了解也缺乏客观性。MBA 学生因为都有几年不等的工作经验,往往自认为对自己的了解比较深刻,但实际情况中,不少学生依然表现出这方面的欠缺,只是以不同的形式予以表现出来。比如,有学生提到不知道自己想做什么,其实是对自己兴趣和价值观的认知不足;比如,学生 D 对自身经验的评估失当,也是对自身缺乏了解的一种形式。

第五节 MBA生涯规划的意义

根据IBM的调查,"千禧一代"最重要的工作动机因素是职业发展,其次是薪资和福利,再次就是得到别人的认可。相对做自己感兴趣的工作,"千禧一代"更看重的是一份有职业发展前景的工作。这些现象存在拥有不同工作年限的职场"千禧一代"中。入职1~5年的,有超过81.8%的人认为职业发展是非常重要的,其次重要的还是薪资福利,再次就是得到别人的认可。

一、商科专业学位硕士的价值

几乎每一个商科专业学位硕士项目都宣传自己致力于培养该领域未来的领导者。那么商科专业学位硕士在职场上的领导技能的表现又如何?DDI公司在其《2016年企业领导力制胜全解析报告》中指出,教育学位尽管是领导者在步入高级管理层很久之前就获得的,但在这段正式学习经历中所获得的知识和技能,依然保有强大的潜在影响力。此外,学位还被用作替代变量来作为假定领导力能力的数据,并与员工职业生涯前10年的薪酬密切相关。DDI在对比了15 000份来自7种专业学位硕士在8个领导技能维度上的表现,总结了以下对照表(表4—3)。显示商科专业8项技能领域中有5项表现超过其他学位领导者。

表4—3 技能概况,对比教育专业和8种领导能力

领导能力\教育专业	财务敏感度	商业头脑	高管沟通	推动执行	结果导向	企业家精神	影响力	激发成就
商科	★	★	—	★	—	★	★	—
工程学	—	×	×	—	×	×	—	×
法律	★	★	—	×	×	—	—	×
人文科学	×	—	★	—	★	★	—	★
信息技术	—	—	×	★	—	—	×	—
自然科学	×	—	—	—	★	×	—	★
社会科学	—	—	★	×	—	—	—	—

注:★强项 —中等 ×弱项

资料来源:DDI:《2016年企业领导力制胜全解析报告》。

但是,在对比商科专业学位硕士(包括MBA)和商科本科毕业生时也发现,在辅导和发展他人、结果导向、宣传愿景等维度上商科专业学位硕士有优势,而在财务敏感度、商业头脑、制定战略方向上存在劣势。

二、MBA对生涯发展的意义

MBA作为我国发展开办最早、人数最多、最受关注的专业学位项目,其效用对于投入其中的学生,除了知识和人脉的积累,在生涯发展方面也有积极影响。

1. 拓展生命的可能

MBA 集中了众多行业中较为优秀的群体,总体发展在社会中处于中上水平,是中产阶级的聚集地和摇篮。就读前,大部分学生在一个行业内发展;就读期间,每个学生都有机会在短期内迅速接触其他同学,不仅是他们在其他行业的工作经验,还包括了其生活经验和人生轨迹。同学之间的交流,往往是最具有深度、自然和全面性的,这种交流使得每个学生的视野得以迅速扩展。对于某些年轻的学生,甚至往往可以大大拓展其生涯发展的边界。

2. 职业发展角度

在读期间不同行业的学生有机会进行全面的交流,可以了解其他同学在其行业的发展经历,而且同学之间的交流的信息的质量较高。班级同学所处的年龄层次不同,也可以了解不同层次年龄人的发展历程和现状,年长的可以了解年轻人的想法,为自己的管理提供思路,年轻的可以了解年长的人的经验,可以少走弯路。教学相长,通过对其他个体发展经验的观察学习,拓宽思路,引发灵感,为自己的职业发展提供更多的可能性。

三、MBA 阶段生涯规划的意义

生涯辅导专家金树人教授认为"一个人若看不到未来,就掌握不了现在,一个人若是掌握不了现在,就看不到未来"是生涯规划的本质和精髓。生涯规划对于 MBA 的意义,大致有:

(1)对自身所处的生涯阶段有明确的认识,了解生涯的发展规律、所处生涯阶段的发展任务、自身所承担的角色以及角色之间的平衡关系,增强对生涯角色和任务的掌控力,减少发展的焦虑。

(2)增进自我了解,职业规划通常会引入测评手段,通过正式或非正式的工具方式,对个人的兴趣、性格、技能和价值观维度进行测量,为职业素质和潜能勾勒草图,帮助 MBA 学生了解自身的优势、不足和潜能,增强自我意识,为制定目标和进一步发展奠定基础。

(3)了解人力资源市场情况,通过对经济、社会、行业等相关领域信息的收集和分析,对职场的现状和趋势有清醒的认识,有利于立足现实环境做好后续规划,坚定信心,调整心态。

(4)帮助 MBA 学生个人找到适合自己的职业目标,明确定位,找准差距,指明努力的方向,提升决策的能力,有利于制定切实可行的行动计划,有利于做好时间管理,抓住重点,提高效率。

扩展阅读

1. [美]布拉德·卡什,考特尼·滕普林著. 从优秀员工到卓越管理者. 赵桦译. 北京:电子工业出版社,2014.

2. 德勒. "千禧一代"调查报告(2013—2016).

第五章 自我评估

案例 A君考入S校MBA的时候32岁，入学前是某化工企业上市公司销售部门的经理。因为近年行业不景气，加之工作十年，出现了职业倦怠，对原来工作的兴趣逐步消退。听朋友说这几年金融行业发展迅猛，从业人员薪酬高，从事分析工作还能够获得内幕消息交易盈利。于是带着转行金融行业的职业梦想考入金融行业颇有优势的S校MBA专业。经过两年的学习，如愿以偿地加入了某证券公司研究所。进入研究所的A君发现，研究员的工作除了需要大量地到企业调研外，还有大量的案头工作；而且从业人员是不能买卖股票的，尤其是利用内幕消息。A君新手入行，经验不足，需要花加倍的时间才能完成工作；年龄较大，精力也不如年轻人。而且，发现自己并不太适合长时间的坐班制的案头工作，以前那种时间更加自由的销售工作更适合自己。但是，由于自己已经离职了一段时间，原来的工作岗位也已经有了继任者。是继续在证券公司从事不太喜欢但是薪酬前景更高的研究员工作，还是回到原来行业从事熟悉也符合自己性格的工作，A君陷入深深迷茫中。

自我评估，历来已久，中国传统文化中"知人者智，自知者明"(《老子》)、"三省吾身"(《论语》)等词句均包括了自我觉察、自我评估、自我反省的含义，同时也说明每个人都有与生俱来的自我觉察能力，并且通过觉察评估加深对自我的了解。但随着工作生活节奏的加快，工作复杂度日益提升，人的注意力、专注力都有所下降，对自我的评估和觉察不管是从频度上还是深度上都有所下降，从而容易产生自我否定，成为现代人心理焦虑的影响因素之一。因此，拓展个体的自我评估，对其职业生涯发展有着积极的意义，相关作用包括：

一、接纳自我

MBA的心理状态较缺乏工作经验的学生的更为复杂，多年社会工作和生活经验，环境在心理上留下了更多的印记，尤其是工作年限较短的学生，身体上已经经历了从"象牙塔"到社会的历练，心理上还停留在校园生活的运作模式，这种身体和心理的不协调运作，往往更容易在职场上受到挫折，从而思想上产生自我怀疑。自我评估的重要目的，就是让个体接纳当下的自己，接纳自己是有感情(包括正面的和负面的)、有想法的人，接纳自己不完美的经历，承认个人的局限，认识到自身是需要不断学习和成长的个体，能够树立正确的生涯观念，树立健康的多元的生涯成功的理念，正面限制自我成长的因素，获得解决问题的信心和能力。

二、立足当下

生涯发展倡导立足当下,谋划未来,在以往的咨询中会发现部分个体仍然活在过去的回忆中,或者活在对未来的幻想中。了解当下的自我,可以帮助学生了解自身的现状和特点,了解当下的自己与过去的自己以及未来想成为的自己的差异,知道自己的长处和不足,知道自己的潜能和局限,聚焦于可实现的目标,避免为了不切实际的目标做徒劳的努力,从而可以从当下出发采取行动。

三、自我负责

自我评估同时要让个体了解到,只有自己才能对自己的生命负责。个体通过自我评估,应该建立起自我管理的信心和能力,更多地依赖自身的决策、潜能和努力实现生涯的目标,而不是更多依赖外界的支持。

自我评估的内容,通常包括兴趣、性格、技能和价值观等。

第一节 探索兴趣

关于兴趣的定义有很多,心理学认为兴趣是一种先天的情绪。台湾生涯教育专家金树人教授认为"兴趣"的英文是 interest,拆开来看是 inter-est(May,1983),以存在主义的观点来看,"兴趣"是指进入某项活动(inter)之后,产生了高峰体验(est,英文文法中的最高级)。中国古老的抓周习俗中,通过仪式预测新生命的将来,"抓尺"的是"匠人"、"抓算盘"的是"商人"等,也是兴趣的一种表述形式。

兴趣是我们一个人内在的动力和快乐的最终来源,因此,真正的兴趣是无论能力高低,无论外界评价如何,我们都乐此不疲的事。兴趣的基础是需要,判断一个事是不是兴趣,标准在于做什么事能让你带来源源不断的动力和热忱。需要强调的是,一个人喜欢做的事往往受到社会环境的影响,因此并不一定是兴趣。如果像猴子掰苞米一样不断地对新事物发生兴趣,随后又感到厌倦,说明没有对热衷的东西产生持久的兴趣,有可能是因为你还没有找到能真正激发你热情的东西。

兴趣是影响人们工作满意度、职业稳定性和职业成就感的重要因素,同时也是对职业进行分类的重要基础。舒伯等理论家将兴趣直接与职业行为联系起来,将兴趣看做自我概念的一部分,影响着抱负水平和性别角色取向。

兴趣是幸福感的来源,根据心理学家的研究,人们最愉快与满足的时候就是专心致志忘我地沉浸在某种活动中的时候。

兴趣与工作满意度、职业稳定性和职业成就感也存在重要的关联。现代大多数人的工作占据了一生中最好的时光,越是了解自身能力与兴趣,就越容易找到一份令你感到轻松的职业。如果你从一开始就以兴趣为出发点去选择职业,那么在很大程度上你的工作也会令你感到充实与满足。有时候,我们忘记了最初的想法而被环境所影响,从而放弃了最初的想法。比如,学校能提供哪些学位和课程?哪份职业提供最好的保障和收入?在许多情况下,我们很可能会在不知不觉中遇到比想象中更加志趣相投的职业。如果我们所从事的工作是自己所喜的,那我们的工作和生活会愉快得多,对这样的工作更有激情,工作的绩效更高,同时我们个人也能获得更多的满足感。

兴趣虽不等同于能力,但兴趣与能力有正相关的关系,能力的培养与一个人的投入戚戚相关,人们倾向于在他们感兴趣的事情上投入更多的资源,从而得以在这些方面培养更强的能力。

一、霍兰德兴趣测试

对于兴趣领域的确认,通常有两种方式:第一种是被广泛运用的霍兰德兴趣类型以及兴趣岛计划测试;第二种是由美国大学测试计划(ACT)提供的职业群。本书以霍兰德兴趣测试为例。

兴趣岛计划

恭喜你!你获得了一次免费度假游的机会,有机会去下列6个岛屿中的一个。唯一的要求是你必须在这个岛上待满至少半年的时间。请不要考虑其他因素,仅凭自己的兴趣按一、二、三的顺序挑出你最想前往的三个岛屿。

● 岛屿R:自然原始的岛屿。岛上保留有原始森林,自然生态保持得很好,有各种各样的野生动物。岛上居民生活状态还相当原始,他们以手工见长,自己种植花果蔬菜、修缮房屋、打造器物、制作工具,喜欢户外运动。

● 岛屿I:深思冥想的岛屿。岛上人迹较少,建筑物多僻处一隅,平畴绿野,适合夜观星象。岛上有多处天文馆、科技博览馆以及科学图书馆等。岛上居民喜好观察、学习、探究、分析,崇尚和追求真知,常有机会和来自各地的哲学家、科学家、心理学家等交换心得。

● 岛屿A:美丽浪漫的岛屿。岛上充满了美术馆、音乐厅,街头雕塑和街边艺人,弥漫着浓厚的艺术文化气息。当地的居民很有艺术、创新和直觉能力,他们保留了传统的舞蹈、音乐与绘画,许多文艺界的朋友都喜欢来这里找寻灵感。

● 岛屿S:友善亲切的岛屿。岛上居民个性温和、十分友善、乐于助人,社区均自成一个个密切互动的服务网络,人们重视互助合作,重视教育,关怀他人,充满人文气息。

● 岛屿E:显赫富庶的岛屿。岛上的居民善于企业经营和贸易,能言善道,以口才见长。岛上的经济高度发展,处处是高级饭店、俱乐部、高尔夫球场。来往者多是企业家、经理人、政治家、律师等,曾数次在这里召开财富论坛和其他行业巅峰会议。

● 岛屿C:现代、井然的岛屿。岛上建筑十分现代化,是进步的都市形态,以完善的户政管理、地政管理、金融管理见长。岛民个性冷静保守,处事有条不紊,善于组织规划,细心高效。

你最想前往的三个岛屿依次是:_____ _____ _____。

[说明] 这6个岛屿实际上代表着霍兰德提出的6种类型。做完这个活动后,你应当能得出自己最有兴趣的前3个类型,亦即你的霍兰德代码,并对6种类型的基本特征有所了解。

被测试者除了通过第二章对应章节了解单个类型的特征,也可对照以下所附的包含典型职业列表,从中选出符合你的前三种霍兰德类型,再从中选出三个你最感兴趣的专业。

典型职业:

- 现实型 R：电气工程师(RIE)、警官(SER)、光纤技术人员(RSE)、人类学家(IRE)、软件编程师(RCI)、考古学家(IRE)、生物化学家(IRS)、花卉设计师(RAE)、建筑设计(RCI)、教练(SRE)、航空公司飞行员(RIE)、工艺美术教师(IER)、超声波技师(RSI)、汽车工程师(RIE)、建筑工人(REC)、光学仪器商(REI)、兽医(IRS)、牙医助理(RES)、石油工程师(RIE)。
- 研究型 I：保险精算师(ISE)、化学技师(IRE)、石油工程师(RIE)、麻醉师(IRS)、航空公司飞行员(RIE)、工艺美术教师(UER)、人类学家(IRE)、考古学家(IRE)、物理学家(ISE)、心理学家(IES)、汽车工程师(RE)、电脑分析员(IER)、园林设计师(AIR)、统计员(IRE)、牙医(ISR)、技术文档撰稿人(IRS)、面包师/厨师(RSE)、生态学家(IRE)、图书管理员(SAI)、超声波技师(RSI)、生物化学家(IRS)、电气工程师(RIE)、医学技术专家(ISA)、兽医(IRS)、生物学家(ISR)、化学工程师(IRE)、地质学家(IRE)、护理师(ISA)、作家(ASI)。
- 艺术型 A：演员(AES)、舞蹈家(AES)、花卉设计师(RAE)、广告宣传(AES)、家具设计师(AES)、医学插图绘制员(AE)、艺术家(AES)、经济学家(IAS)、平面设计师(AES)、博物馆馆长(AES)、广播员(EAS)、英语教师(ASE)、室内设计师(AES)、护理师(ISA)、服装设计师(ASR)、时尚设计师(ASR)、记者(ASE)、广告文字撰稿人(ASI)、园林设计师(AIR)、时装插画师(ASR)、作家(ASI)、戏剧/音乐/艺术教师(ASE)、图书管理员(SAI)。
- 社会型 S：空中交通管理员(SER)、教练(SRE)、牧师(SAI)、高校教师(SEI)、中小学教师(SEC)警官(SER)、放射线学技师(SRI)、科保健师(SAI)、历史学家(SEI)、主妇(S)、法律助理(SCE)、消费者事务主管(SER)、语言病理医师(SAI)、顾问(SAE)、青少年服务工作者(SEC)、护士(SIR)、房地产评估师(SCE)、职业理疗师(SRE)、社会工作者(SEA)、医院管理者(SER)。
- 企业型 E：理赔人(ESR)、宾馆经理(ESR)、政客(ESA)、信贷经理(ERS)、工业工程师(EIR)、公关代表(EAS)、汽车销售员(ESR)、理财师(ESR)、保险代理商(ECS)、空中乘务员(ESA)、记者(EAS)、房地产经纪人(ESR)、银行家/理财规划师(ESR)、餐饮经理(ESI)、律师(ESA)、股票经纪人(ESI)、办公室经理(ESR)、城市规划师(ESI)、采购(ESA)。
- 常规型 C：会计师(CSE)、理赔人(SEC)、小学教师(SEC)、图书管理员(CSE)、行政助理(ESC)、病例技师(CSE)、计算机操作员(CSR)、金融分析师(CSI)、银行出纳员(CSE)、保险人(CSE)、律师助理(SCE)、预算分析师(CER)、税务咨询师(CSE)、房屋验收员(CSE)、庭审报告员(CSE)、内部审计员(ICR)、旅行代理商(ECS)、商务教师(CSE)、法律秘书(CSA)。

严格地讲，兴趣测评的结果不能被解释为"哪种职业适合我"，只能说是根据测评的常模样本，拥有某类型兴趣特征的人通常会更多选择某些类型的职业，并且在这样的职业中感觉比较愉快、满足。由于同一种职业在不同的机构内其性质和工作内容也可能有很大的不同，所以要具体情况具体分析。做兴趣测试的目的是帮助你增进对自我及工作世界的认识，拓宽其在职业前景上的思路、为未来发展提供方向性的指导，而不是限定自己。因此，不要局限于测试结果所建议的职业，也不要简单地用某些类型给自己贴标签、限制自己。因此，霍兰德本人也提到：虽然我们做了几十年的研究，但预测个人职业选择最有效的方法确是询问这个人自己想做什么。

兴趣测评简单、易用，但它的局限性也很明显。有些人因为受自己价值观、能力的影响，选择的答案并不符合自己的实际兴趣。比如,有人的测评报告中企业型兴趣很高但她实际上并不喜欢竞争的环境,而仅仅是因为羡慕外企白领的社会地位,在兴趣测评中对相关的选项都选择了"喜欢"。还有的人完全不清楚自己的喜好,因此就很难按照兴趣测评的要求对各种职业或科目等进行喜欢与否的判断,几次测评得出的结果都不一致。出现这种状况,可能是因为这部分被试者的天性与喜好在成长的过程中未能得到尊重,长期受压抑的结果导致了自我认知(包括兴趣)方面的紊乱。通常需要生涯咨询师帮助其进行具体分析,进行一对一的生涯辅导。

另有一种情况是个人兴趣的偏好不明显,六种类型的分值都相差无几。这可能是由于个人受到环境的局限没有机会发展自己的兴趣,因此显示兴趣未分化的状况。这样的人需要参与各种不同性质的实践活动以便对自己的兴趣进行充分的探索。当然,也要考虑个体在接受测试时是否正处于抑郁状态,因为这会导致各类型分值普遍偏低的状况出现。

需要另外强调的是,对于霍兰德认为兴趣是人与生俱来且比较稳定的观点不同,也有心理学家认为兴趣是个人后天在生活、学习、工作等各项活动中形成的。因此,他们建议不要将兴趣测评的结果作为结论,而应当将其作为对以往学习经验的总结和对未来发展的指导,以此为依据帮助个人进行更多的探索和学习。

值得注意的是,霍兰德兴趣测试对于职业生涯辅导有广泛影响,在具体使用的时候,还需要注意这些测评工具的施测要求,看清指导语。此外,对测评结果的解释非常重要。除了自助式的测评以外,国外通常要求由生涯辅导专业人员实施测评并对测评结果进行专门的解释说明,帮助被测试的人正确理解测评的含义。国内缺乏生涯咨询师的专业指导,易被测评结果所误导。

另外,霍兰德兴趣测试中的典型职业依据的是美国社会中的职业,其任职要求、工作内容和社会认知部分情况下存在着东西方的差异。因为美国的生涯教育非常发达,在中小学就引入了成熟的辅导,包括霍兰德兴趣测试。霍兰德测试对于大学生中学生建立自我兴趣和职场岗位的链接有一定的积极作用。中国的 MBA 的平均年龄在 30 岁上下,平均 5~7 年的工作经验,且相对于普通大学生,同时还存在年龄跨度大的特点,同一年级年龄最大值与最小值差距能够达到 20 岁,其所处的人生阶段和成长经历差距非常大。因此,存在着部分年轻学生处于生涯发展的"探索期",社会实践和探索实际经验不足,对职业和社会的认知不够全面,职业兴趣尚未成型,不宜以职业兴趣测评结果加以限制其发展的可能性;部分年长学生处于"成熟期",已经形成较为稳定的职业兴趣。这点应加以区别对待。

霍兰德兴趣测试将兴趣和工作进行了类型归类,是其一大贡献,个体不在追求和工作的百分百匹配,而可以在类型内寻找有共同特性的替代职业,大大拓展了个体的视野和选择面。但霍兰德的人职匹配理论的视野局限于职业兴趣,对于生活的其他方面没有涉及,相对显得单薄,使得诸多后来者在霍兰德研究的基础上不断完善。

基于东西方文化和年龄层次的差异,对于 MBA,霍兰德兴趣测试在个人兴趣探索阶段有较高的参考价值,在和典型职业的匹配过程中,更多的是提供一种思路。MBA 需要考虑以上差异带来的偏差,依据国情,加以有针对性的研究,才能做出更恰当的判断。

另外,需要注意的是,所有的测评都是为了更好的发展,测评是手段,发展才是目的,测评为发展提供数据支撑和方向导引,是为了拓展发展的可能性,而非限制发展的方向。

二、职业测评的价值

依据职业测评的使用目的一般可以分为三类：(1)为人择事的职业指导测验；(2)为事择人的职业选拔；(3)安置测验以及专业资格认定测验。第一种通常运用于就业指导和职业辅导中，第二种通常用于组织选拔人才，第三种用于资格认定或人才选拔。在职业辅导中，测评的目的主要包括：(1)帮助个体了解自我特点，依据自我特点来找到未来可能的发展方向；(2)帮助个体评估自身当下的生涯发展现状；(3)职业测验可以帮助个体锁定相关的职业发展问题。在个体的生涯发展过程中，难免会碰到各种问题和困难，尤其是决策过程中的困难。咨询师可以通过测验来初步判断问题是什么，以此测验结果为基础达成解决问题的策略，例如，职业决策困难量表。

关于测评，需要注意的还包括：

(1)每一个人都是独一无二的个体，世界上没有两个人是一样的。测评的原理是根据大量的常模统计，测评往往把用同样方式回答测评问题的人分成所谓的组、群或类，给人群的某些特质进行打分，因此通常是基于统计学的某种分布。所以，没有任何测评可以保证测出来的就是"你"，它只能描述你属于哪一类人。而且测评只是针对某些特定的指标进行评价，无法还原一个人的全貌。

(2)保持开放和轻松的心态，不要预设一个自己有倾向性的结果。基于不同的原因，不少人在做测评的时候往往很容易在测评前就有一个先入为主的倾向，希望这个测评应该有怎样的结果。比如，应聘销售岗位的人，会倾向于让自己的性格的测评结果更外向，以便能够获得人力资源经理的青睐，更容易获得职位。但是，一旦如此，测评就失去了应有的意义。一方面，测评的目的是为了筛选，筛选出适合岗位的人，这种适合不光来自知识上，也来自性格上，只有个人与岗位的匹配，业绩上事半功倍，个人也容易获得职业成就感、满足感。另一方面，现在较为成熟的测试，都会加入检测机制，判断应答者是否有这样的倾向，通常的做法会通过多个题目的多个视角检测一个指标，如果应答者对于同一个指标的回答出现较大的偏差，有理由相信应答者有先入为主的倾向或者在这一指标上存在着明显的不稳定，因此该项指标的测试就会被认为是作废的。

(3)测评的目的是发展，测评提供的是现状描述的线索和发展的建议，而不是终极的答案，或者抉择的圣经。测评帮助人了解现状，基于此才能有发展的基础，如果基础找错了，后续的发展方案很难被落地。因此，参加测评前，对于测评的目的要有正确的认识。不过分拔高，奉为圣旨；也不过分贬低，以为忽悠，保持寻找人生线索和建议的心态。

(4)测评通常分为两部分，测试和评价，目前普遍存在重测轻评的情况。近年由于移动互联网技术的迅速发展，在线测试方兴未艾，很多人都参加了各种在线测试，但是对于测试的结果，有的是认可的，有的又觉得和自己差距太大，这往往是缺乏专业的测评咨询师指导的原因造成的。同时，在选择测评的时候，应该选择经过了科学论证的测评，谨慎使用缺乏严谨性的测评，避免测评的娱乐化。

(5)正确的基于测评的生涯规划应该是首先拓展个人的视野范围，扩展选项的数量，看到所有的可能性，然后再"缩小范围"，选择两到三个最感兴趣的方向进行下一步的探索。而不会通过测评，首先就缩小了范围和视野。

（6）测评总是会有各种各样褒贬不一的反馈，即使对于同样的报告，不同的人也会有不同的解读。有人会更注意测试者的优势，有人会更注意测试者的短板，这种情况有时候是测评的应用情境所决定的（虽然几乎所有的生涯方面的测评都不鼓励用于淘汰性的人才选拔），有时候是不够专业的解读造成的。测试者应该更多关注于测评所体现的积极意义，以发展自身的优势为导向来看待测评的结果。另外，即使对于测评的结果，因为人是在发展的，不少测评的结果也是有有效期的，仅仅反映了当下的测试者的状态，至于今后的状态则没有约束作用。

三、如何处理兴趣与工作的平衡

实际生活中，个人通常拥有两种以上的兴趣，甚至是对角线关系类型的兴趣，这样很难通过一个工作来满足自己的所有兴趣；或者常常因为客观条件的限制难以从事与自己兴趣恰好匹配的工作。兴趣与职业也往往交织在一起，虽然我们将兴趣划分为职业兴趣和非职业兴趣，但这二者之间往往很难划分，几乎每一种兴趣都可以与某种职业联系起来。有很多人也的确将自己的业余爱好变成了自己的职业。例如，有的人因为喜欢计算机而成为软件开发人员，也有的人因为喜欢阅读写作而成为传媒机构的编辑，不一而足。因此，能通过工作满足兴趣的人是幸运的，同时也意味着并不是所有的兴趣都应该或能够在自己的职业或工作中得到满足。针对这种情况，第一，需要有合理的认知，即认识到人会有多个兴趣，并且不是每一种兴趣都是能够通过工作进行满足；第二，某些情况下，由于技能的不足，难以将兴趣发展为工作，这时候可以提高自己的能力使之能够达到对应的要求；第三，兴趣也可以通过兼职、志愿活动、参加社团、业余爱好等多种业务方式来实现。关键在于工作、生活、学习等多个角色之间的协调与平衡，以及工作与个人爱好的适度统一。心理学家建议，如工作与兴趣匹配度不高，个人每周业余时间花费几个小时用于兴趣需求的满足，更有利于心理状态的平衡。在选择职业的时候，有必要将兴趣作为一个重要的因素考虑进去。在现实的基础上进行"择业"，是成功"就业"的前提和基础。

对于包括商科专业学位硕士的职场人，明确个人兴趣的另一重要意义在于：在生涯发展的中后期（通常在40岁以后），个人在专业的领域已经取得了相当的成就，部分人会基于自身优势开展第二职业。可以因为其与第一职业常有一定关联，但又不同于也不影响第一职业的发展，通常也可称为副业。这个过程中，兴趣往往最容易发展成第二职业。比如，爱好摄影的企业高管可能会用业余时间给别人上摄影课程。另一部分人可能将兴趣发展为创业的项目，比如喜欢清晨和黄昏骑车的胡玮炜将兴趣做成了摩拜单车。

四、如何处理兴趣不明确

心理学家通过长年大样本的观察，每个人都会有自己的爱好，有些人之所以无法确定自己的兴趣，有可能只是太习惯于听从别人的意见，缺乏自己做选择的能力，遵循社会通行的"对"和"好"的标准，或者因为工作或学习的压力，导致没有发展和培养过自己的兴趣，忽略了自己内心的感受，导致自己的好恶被压抑得太久。你需要学习尊重自己的独特性，多尝试在各个方面和活动中探索自己的喜好，学会聆听自己的心声，而不太在意别人的看法。慢慢地你会对自己的喜好有更敏锐和明确的感知。

练习 5—1

1. 我经常阅读的书或者杂志有哪些？我喜欢的音乐、电影和艺术是什么类型的？我经常去的网站有什么特征？
2. 我怎么安排自己的业余时间？喜欢做哪些娱乐活动？这些活动有哪些共同的特征？
3. 自己已有的工作经历或意向的工作岗位的工作内容，是否与自己的兴趣一致？如果不一致，怎么解决？

第二节　探索性格

性格是人对现实的稳定态度和习惯化行为方式的总和，表现为个体独特的心理特征。心理学家对性格也有多种定义，大体上在独特性和行为的特征性模式这两个基本概念上保持一致。性格是在社会生活中逐渐形成的，同时也受个体的生物学因素影响，在不同的情境中表现特定的气质。

性格之于生涯发展，就像我们个人更习惯于用左手还是右手写字，主要表现为擅长或者不擅长，没有好坏对错之分。性格发生作用与情境息息相关，所以找到合适的环境，就能更有利于我们发挥自身性格的优势，在工作中取得事半功倍的效果，从而增强自我的自信，并激励取得更好的业绩，形成良性的正向循环。相反，如果做不擅长的事情，则是事倍功半，容易形成心理动力的恶性循环。因此，性格与工作环境和内容的匹配，是职场人成为高效工作者的重要因素。

一、MBTI 与性格

MBTI(Myers-Briggs Type Indicator)是一份自我评估问卷，理论来源于瑞士心理学家荣格(Carl Jung)，目的是要使荣格的心理类型理论能够容易理解，并可运用于日常生活之中。荣格通过观察认为，不同的行为源于个人在运用心智方面天生有不同的倾向，人们按各自的倾向行事，就逐渐形成了各自的行为模式。MBTI 的结果，能够鉴别正常及健康的人之间有价值的分别，而这些分别，往往是许多误解和沟通上的误会的起因。通过 MBTI 和测后解读能够帮助个人识别自己的独特才华，有助于进一步了解你自己，动机、与生俱来的长处、潜在的发展领域等。同时帮助个人去欣赏跟自己不同的人，了解自我的同时鼓励与他人合作。

MBTI 由凯恩琳·布里格斯(Katharine Cook Briggs)和她的女儿伊莎贝尔·布里格斯·迈尔斯(Isabel Briggs Myers)钻研并阐释荣格理论，并不断通过与周围人的实验互动后形成的成果，经过了五十多年的研究和发展，已成为现今最多人用作了解正常人的性格分析的工具，可用于：自我了解和发展、职业发展和探索、组织发展、团队建设、管理和领导培训、解决问题、人际关系辅导、教育及课程开发、学术辅导、多元化和多文化的培训。在美国，每年有超过 200 万份指标问卷被使用，在国际上已翻译成 30 多种语言版本。

MBTI 将人的性格类型分为四个维度，每个维度有两个方向，共八个方面，具体包括：

我们与世界相互作用方式：外向(Extroversive)—内向(Introversive)；

我们获取信息的主要方式：实感(Sensing)—直觉(Intuitive)；

我们的决策方式：思考(Thinking)—情感(Feeling)；

我们的做事方式：判断(Judging)—认知(Perceiving)。

现实生活中，每个维度的两个方面都会用到，只是哪个使用更频繁、更舒适，正如左手还是右手写字顺手。在四个维度上，使用最频繁和熟练的就是这个维度的倾向，四个维度的倾向加以结合，就大体覆盖了心理活动的主要方面，反映了心理过程和行为方式的主要特点。

维度解读

E 外向。专注于外在世界的人和活动。他们把精力和注意力集中对外，从跟别人的互动和从行动之中取得动力。

I 内向。专注于内在世界的意念和经验。他们把精力和注意力集中对内，从反思自己的想法、记忆和感受之中取得动力。

S 实感。吸收实在和具体的信息——在现实里正在发生的信息。对于身边发生的事情和细节，他们能够观察入微，并能够和实际环境达成和谐。

N 直觉。通过观察大局和种种事实之间的关系和关联去获取信息。他们渴望抓到事情的脉络。

T 思考。考虑选择和行动的逻辑性结果。他们在思维上把自己置身事外，客观地分析事情的正反两面。他们从批判和分析事情，找出其中错处，进而解决问题的过程之中得到动力。他们的目标是要找到一套能够应用于同类情况的标准或原则。

F 情感。在做决定时，会考虑什么东西对自己和相关的人是最重要的。在思维上，他们会易地而处，考虑和认同每一个人的境况，从而以"以人为本"的价值观做决定。他们从欣赏和支持他人的过程之中得到动力，并找出他人值得称赞的特质。他们的目标是要创造和谐，视每一个人为独一无二的个体。

J 判断。喜欢有计划、有条理的生活，并会试图调节和管理自己的生活。他们做出决策，得出结论，然后去做下一件事情。他们的生活方式有计划、有条理，还喜欢把事情早作了结。对他们来说，按照计划和时间表做事非常重要，而他们会从完成事情之中取得动力。

P 认知。有灵活性和即兴的生活方式，并会试图体验和了解生命，而不会去操纵它。详尽的计划和不变的决定，会使他们觉得被约束；他们喜欢保持开放，接受新的信息及最后关头时出现的选择。他们能够足智多谋地适应眼前的需求，并从中取得动力。

MBTI 的测试可分为 Step Ⅰ、Step Ⅱ 和 Step Ⅲ，对应了不同的量表，通常我们看到的是 Step Ⅰ 的量表。MBTI 的测试的完整版权属于美国的咨询心理学家出版社(CPP)，个体如需参加权威的测评，需要与 CPP 或高校的职业发展机构联系，以取得 CPP 的授权。

尽管如此，我们仍然可以通过一些定性的特质描述对自身的性格倾向有个初步的认识：

1. 把注意力集中在哪方面？你从哪里获得动力？

(1)倾向于"外向"的人的特征：

- 适应外部环境
- 喜欢以说话的方式和别人沟通

- 通过"说出来"的方法来想出主意
- 通过实践或讨论,达到最佳的学习效果
- 有广泛的兴趣
- 社交活跃,善于表达
- 在工作和人际关系上,积极采取主动

(2)倾向于"内向"的人的特征:
- 被自己的内心世界所吸引
- 喜欢以书写的方式和别人沟通
- 通过思考的方法来想出主意
- 通过思考和在脑海里实习,达到最佳的学习效果
- 有深入的兴趣
- 喜欢独处,自我克制
- 当情况或事情对自己非常重要时,会采取主动

2. 如何收集信息?

(1)倾向于"实感"的人的特征:
- 注重目前的事实
- 注重事实和细节
- 专注于真实和实在的东西
- 留意和记得具体细节
- 小心深入地逐步迈向结论
- 通过实际应用去了解意念和理论
- 相信经验

(2)倾向于"直觉"的人的特征:
- 注重将来的可能性
- 富想象力、言谈具有创意性
- 专注资料中的模式和意义
- 只记得与模式相关的细节
- 根据预感很快做出结论
- 先要清楚了解意念和理论,才付诸行动
- 相信灵感

3. 如何做决定?

(1)倾向于"思考"的人的特征:
- 善于分析
- 运用因果推理方式
- 运用逻辑来解决问题
- 追求客观真理标准
- 讲道理
- 能够"硬心肠"

- 公平——要每一个人获得同等的待遇

(2) 倾向于"情感"的人的特征：
- 站在别人的角度考虑问题
- 以个人的价值观作为准则
- 估量所作决定对人的影响
- 追求和谐共处和积极的互动
- 有同情心
- 可能会被认为心肠软
- 公平——要把每一个人视为独一无二的个体来对待

4. 如何应付外在的世界？

(1) 倾向于"判断"的人的特征：
- 有计划
- 生活有条理
- 有系统
- 讲求方法
- 制订短期和长期的计划
- 喜欢把事情决定下来
- 试图避免燃眉之急的压力

(2) 倾向于"认知"的人的特征：
- 即兴
- 灵活
- 随意
- 留有余地
- 行事随机应变
- 喜欢事情无约束和可以改变
- 从最后关头的压力之中得到动力

MBTI 评估的四个维度的组合，就是自己的心理类型，一共 16 种，每种性格通常具有各自的特征。

ISTJ：沉静，认真，贯彻始终、得人信赖而取得成功。讲求实际，注重事实，实事求是和有责任感。能够合情合理地去决定应做的事情，而且坚定不移地把它完成，不会因外界事物而分散精神。以做事有次序、有条理为乐，不论在工作上、家庭上或者生活上。重视传统和忠诚。

ISFJ：沉静，友善，有责任感和谨慎。能坚定不移地承担责任。做事贯彻始终、不辞劳苦和准确无误。忠诚，替人着想，细心；往往记着他所重视的人的种种微小事情，关心别人的感受。努力创造一个有秩序、和谐的工作和家居环境。

INFJ：探索意念、人际关系和物质拥有欲的意义和它们之间的关系。希望了解什么可以激发人们的推动力，对别人有洞察力。尽责，能够履行他们坚持的价值观念。有一个清晰的理念以谋取大众的最佳利益。能够有条理地、果断地去实践他们的理念。

INTJ：具有创意的头脑、有很大的冲劲去实践他们的理念和达到目标。能够很快地掌握事情发展的规律,从而想出长远的发展方向。一旦作出承锘,便会有条理地开展工作直到完成为止。有怀疑精神,独立自主,无论为自己或为他人,有高水准的工作能力和表现。

ISTP:容忍,有弹性,是冷静的观察者,但当有问题出现,便迅速行动,找出可行的解决方法。能够分析哪些东西可以使事情进行顺利,又能够从大量资料中找出实际问题的重心。很重视事件的前因后果,能够以理性的原则把事实组织起来,重视效率。

ISFP:沉静,友善、敏感和仁慈。欣赏目前和他们周遭所发生的事情。喜欢有自己的空间,做事又能把握自己的时间。忠于自己的价值观,忠于自己所重视的人。不喜欢争论和冲突,不会强迫别人接受自己的意见或价值观。

INFP:理想主义者,忠于自己的价值观及自己所重视的人。外在的生活与内在的价值观配合有好奇心,很快看到事情的可能与否,能够加速对理念的实践。试图了解别人、协助别人发展潜能。适应力强,有弹性,如果和他们的价值观没有抵触,往往能包容他人。

INTP:对任何感兴趣的事物,都要探索一个合理的解释。喜欢理论和抽象的事情,喜欢理念思维多于社交活动。沉静,满足,有弹性,适应力强。在他们感兴趣的范畴内,有非凡的能力去专注而深入地解决问题。有怀疑精神,有时喜欢批评,常常善于分析。

ESTP:有弹性,容忍,讲求实际,专注即时的效益。对理论和概念上的解释感到不耐烦,希望以积极的行动去解决问题。专注于"此时一此地",喜欢主动与别人交往。喜欢物质享受的生活方式。能够通过实践达到最佳的学习效果。

ESFP:外向,友善,包容。热爱生命、热爱人,爱物质享受。喜欢与别人共事。在工作上,能用常识、注意现实的情况,使工作富趣味性,富灵活性、即兴性,易接受新朋友和适应新环境。与别人一起学习新技能可以达到最佳的学习效果。

ENFP:热情而热心,富于想象力。认为生活充满很多可能性。能够很快地找出事件和资料之间的关联性,而且有信心地依照他们所看到的模式去做。很需要他人的肯定,又乐于欣赏和支持别人。即兴而富于弹性,时常信赖自己的临场表现和流畅的语言能力。

ENTP:思维敏捷,机灵,会激励他人,警觉性高,勇于发言。能随机应变地去应付新的和富于挑战性的问题。善于引出在概念上可能发生的问题,然后很有策略地加以分析。善于洞察别人。对日常例行事务感到厌倦。甚少以相同方法处理同一事情,能够灵活地处理接二连三的新事物。

ESTJ:讲求实际,注重现实,注重事实。果断,很快做出实际可行的决定。能够安排计划和组织人员以完成工作,尽可能以最有效率的方法达到目的。能够注意日常例行工作的细节。有一套清晰的逻辑标准,会有系统地跟着去做,也想别人跟着去做。会以强硬的态度去执行计划。

ESFJ:有爱心,尽责,合作。渴望有和谐的环境,而且有决心营造这样的环境。喜欢与别人共事以能准确地、准时地完成工作。忠诚,即使在细微的事情上也如此。能够注意别人在日常生活中的需要而努力供应他们。渴望别人赞赏他们和欣赏他们所做的贡献。

ENFJ:温情,有同情心,反应敏捷和有责任感。高度关顾别人的情绪、需要和动机。能够看到每个人的潜质,要帮助别人发挥自己的潜能。能够积极地协助个人和组别的成长。忠诚,对赞美和批评都能作出很快的回应。社交活跃,在一组人当中能够惠及别人,有启发别人的领导才能。

ENTJ：坦率、果断，乐于作为领导者。很容易看到不合逻辑和缺乏效率的程序和政策，从而开展和实施一个能够顾及全面的制度去解决一些组织上的问题。喜欢有长远的计划，喜欢有一套制定的目标。往往是博学多闻的，喜欢追求知识，又能把知识传给别人。能够有力地提出自己的主张。

二、MBTI 与工作环境

每个人的性格倾向会不自觉地在工作中产生影响，我们会从自己擅长的倾向中得益，也会受制于自己不擅长的倾向。我们不应该运用类型作为回避任务的借口，可供参考的办法是发现团队成员中与自己互补的倾向，从而使团队和自己受益。

MBTI 倾向在工作环境中的影响包括：

外向(E)：喜欢多样性和行动；喜欢与人交往；通过讨论去找出想法；通过交谈和行动去学习新任务；对别人如何做事感兴趣。

内向(I)：喜欢宁静以便集中精神；喜欢专注于一项计划或任务；在内心孕育和发展他们的想法；通过阅读和思考去学习新任务；喜欢不受干扰地独自工作。

实感(S)：专注于目前的事情；提供讲求实际和注重现实的看法；喜欢通过改进，去把标准的做事方法变得完善；透过收集资料去建立结论；运用自己和别人的经验。

直觉(N)：相信他们的灵感；提供关联和意义；喜欢解决全新和复杂的问题；从大局入手，再加入实际资料；喜欢改变和新的做事方法。

思考(T)：专注于任务；运用逻辑分析去了解问题和做决定；要求同事之间要公平和互相尊重；意志坚定，适当时能够提出批评；贯彻一致地运用原则。

情感(F)：专注于人与人的互动；运用价值观去了解问题和做决定；要求同事之间有和谐及互相支持；从别人的角度考虑问题；喜欢包容和有共识；贯彻一致地运用价值观。

判断(J)：喜欢计划工作并执行计划；爱把事情确定下来并作了结；觉得规划和时间表对他们有帮助；迅速地做决定以了结事情；专注于按时完成计划。

认知(P)：希望工作有灵活性；爱即兴；觉得规划和时间表是约束；尽量让事情留有余地；时间越长越好；专注于享受做事的过程。

三、MBTI 类型倾向组合

类型的组合可以更有帮助地探索性格，比如"精力的支配"(E 或 I)和"对外界的去向"(J 或 P)的组合会影响人对改变的反应；认知功能(S 或 N)与判断功能(T 或 F)的组合，会影响事业的去向和选择；"精力的支配"(E 或 I)和"认知功能"(S 或 N)的组合，会影响人运用信息的方式；"判断功能"(T 或 F)和所喜爱的"对外界的取向"(J 或 P)的组合，会影响所喜爱的领导、管理和追随的风格等。

以认知功能(S 或 N)与判断功能(T 或 F)的组合，可能影响事业选择，参见表 5—1。

表 5—1　　　　　　　认知功能与判断功能的组合对事业选择的影响

倾向	ST	SF	NF	NT
专注于：	事实	事实	可能性	可能性
处理时运用：	客观的分析和经验	个人的热情、对别人的关心	对别人潜能的关注	理论化的概念和系统
因此倾向于：	讲求实际和重分析	有同情心和友善	有见地和充满热忱	重逻辑和分析
意向的活动空间	有关物体的事实的技术性技巧	为别人提供实际的帮助和服务	了解和鼓励别人	理论化和技术性的框架
可能的工作：	应用科学 商业 行政 银行 法律执行 建筑	健康护理 教育 监督 支援服务 销售	心理学 人力资源 教育 研究 文学 美术和音乐	物理科学 研究 管理 法律 工程 技术性工作

其他相关统计包括：税务人员通常具有 S 倾向；律师大部分是 ISTJ、ESTJ、INTJ、ENTP；程序员 S 偏好的工作优于 N；护理人员超过 60% 是 ENFP、ESFP；飞行员超过 80% 是 STJ；高校研究倾向教师 NT 较多；领导干部中 ESFJ 最多，其次是 ESTJ；企业管理者中 ESTJ、ISTJ 比较典型；人力资源管理者中 ESFJ 最高，其次是 ESTJ、ESFP。

四、需要注意的事项

(1) MBTI 的数字得分是个体对自己性格倾向的明晰程度，是选择两种类型倾向其中之一的一致程度，而非通常理解的倾向的成熟程度或运用能力。即如果个体在外向（Extroversive）维度上得分很高，则说明个体对自己外向的倾向有很高程度的理解，而不一定指个体的外向程度更高。有可能存在对"外向"清晰度高的人的外向程度比对"外向"清晰度低的人的外向程度低的情况。

(2) MBTI 倾向中的名称，虽然有很多是熟悉的词语，但它们在 MBTI 之中的意思，跟平常的意思有所分别。比如："外向"的意思不是爱说话的，也不是引人注目；"内向"的意思不是害羞；情感的意思不是感情相事；"判断"的意思不是妄下判断；"认知"的意思不是感觉敏锐的。

(3) 在 MBTI 认证的施测师的指导下进行测试，结果更加准确。

(4) MBTI 是识别个人性格差异和帮助个人发展的工具，不应该用于对候选人的筛选和审查。

(5) MBTI 的维度是偏好和倾向，而不是相互排斥的对立面。

(6) 在目前的科技水平下，任何心理测评工具都不是完美的，MBTI 是比较可靠的性格评估工具之一，其结果是一种假设，是对个人性格的轮廓的描绘和猜测，部分人的自我评估与 MBTI 的评估会有所差异，并不足为奇。性格类型不能解释一切，人的性格远比之更复杂。

(7) 可以用性格类型去理解自己，却不能用以作为做或者不做任何事情的借口，不能让性格类型左右任何事业、活动或人际关系。

(8) 留意自己对性格类型的偏见,藉此避免负面把别人定型,贴标签。

练习 5—2

采用独自思考或小组讨论的形式完成以下 MBTI 的相关练习,帮助你更加明确自身的性格,并通过讨论理解别人的性格。

1. 假如要去参加毕业十年的同学会,以下场景你的表现是?

接到通知以后,我将_____。

到达聚会地点之后,我将_____。

聚会过程中,我将_____。

回到家以后,我将_____。

2. 用自己的语言,描述一下夜晚的城市。

3. 你作为部门经理,年底部门评选一名优秀员工,其结果与升迁和年终奖挂钩。部门里有两位候选人:员工 A,在部门工作 2 年,业绩完成率 200%,天资聪慧,明星员工;员工 B,在部门工作 10 年,业绩一般,底子薄,敬业,工作付出 200% 的努力,与部门同事关系非常融洽,同时因家中变故,年终奖意味着雪中送炭。你将会选择谁作为部门的优秀员工?

4. 你如何安排一次 3 个月后的为期 1 周的旅行计划?

第三节 探索能力

能力,是胜任一项目标或者任务所体现出来的素质。相对于性格兴趣等,能力是个人与工作最直观的桥梁和链接。一个人从事超出自身能力太多的工作,容易产生力所不及的挫败感;从事低于自身能力太多的工作,又容易产生大材小用的失落感,只有从事与自身能力较为匹配的工作,才能获得较高的职业满意度和工作稳定性。

一、能力的分类

能力按其获得方式,有先天具备和后天习得两种,其中先天具备的常被称为"才能倾向"(Aptitude),后天习得的称为"技能"(Skill)。

才能倾向,是与生俱来的,是一种潜能,主要包括语言、逻辑、音乐、身体等多方面能力,各方面又是相互独立的。比如爱因斯坦的智力天赋、贝多芬的音乐天赋等,虽然未必每个人都能达到发现相对论或者谱写交响曲的高度,但一定有人有相当的智力或音乐潜能,只是没有机会去发展。对于才能倾向,对应的方式是开发。

技能,是后天在各类实践活动中所获得的,我们常说的培养能力,主要指的就是技能,如沟通能力、团队管理能力、写作能力等。技能是人才市场的硬通货,我们简历和面试中所展现的,也多为技能。简历和面试的过程,就是我们向雇主展示技能,说服雇主给予工作职位的过程,这个角度上所谓人职匹配首先就是技能在供需双方间的匹配。

由此可见,能力更多地表现为个体心理特质,而技能是行为方式。能力的发展比技能要慢,是技能掌握的内在条件,技能是能力发展的基础和表现。因此,作为一种显化易评估的形式,技能通常成为职业发展中讨论的对象。

对于技能的分类,并没有统一的标准,比较典型的有辛迪·梵和理查德·鲍尔斯(Sidney Fine & Richard Bolles)提出的职业技能三分法,将技能分为知识技能、自我管理技能、可迁移技能。以及达特茅斯大学塔克商学院教授罗伯特·卡茨(Robert L. Katz)提出高效管理者的三大技能:技术性技能、人际性技能、概念性技能。

(一)辛迪·梵和理查德·鲍尔斯的职业三分法

1. 知识技能

知识技能是指那些需要通过教育或者培训才能获得的特别的知识或能力,也就是个人所学习的科目、所懂得的知识。如金融、财务、历史、外语等。知识技能一般用名词来表示。

知识技能具有不可迁移性,即相关技能要经过专业的教育和训练才能掌握,值得注意的是,知识技能并非只有通过正式的专业教育才能获得,除了学校课程,通过培训、专业会议、讲座、研讨会、自学、资格认证考试等方式都可以帮助个人获得知识技能。

事实上,一方面,用人单位普遍感觉到高校所传授的知识与企业实务还是有不小的差距,普通的毕业生往往还需要通过岗前培训,以及安排指定人员引导其熟悉公司业务,经历较长的一段过渡期,才能真正胜任相关岗位,值得注意的是用人单位认为的差距并不完全是深度和广度不够,更多的是一种结构性差距,即高校培养的人才的知识结构与用人单位所需的人才的知识结构存在一定程度的失配;另一方面,知识技能的重要性也常常被求职者夸大,求职者在求职过程中也花费了最多的努力展示自我的知识技能。对于雇主,知识技能代表了过去,自我管理技能和可迁移技能则可能代表更多未来的表现。基于以上情况,越来越多的大企业,在校园招聘阶段,倾向于模糊毕业生的专业背景,而重点考察"自我管理技能"和"可迁移技能","知识技能"往往通过在招聘流程初级阶段的笔试进行考核,能进入面试阶段的应聘者,通常认为其"知识技能"已经达到基本要求。

2. 自我管理技能

自我管理技能经常被看作个性品质而非技能,因为它们被用来描述或说明人具有的某些特征,如敬业、忠诚、诚信、负责等。它涉及个体在不同的环境下如何管理自己:是勇于创新还是循规蹈矩,是认真还是敷衍了事,能否在压力下保持镇定,是否对工作有热情,是否自信,等等。良好的自我管理技能能够帮助个体更好地适应周围的环境、应对工作中出现的问题,因此它也被称为"适应性技能"。自我管理技能是个人最有价值的"资产",是影响职业生涯成功与否的关键,一般用形容词或副词表示。

自我管理技能的习得途径通常通过认同、模仿和内化,包括榜样的认同与联系,观念的多元化、自我认知的提高、意志力的培养、社团活动、业余爱好等,习得过程需要不断的练习。即耐心、负责、热情等技能和开车、游泳等技能一样,并不是通过专门的课程理论学习到的,而是通过不停的反复练习后习得,直至成为一种习惯和本能,固化为一种行为模式。

一个人是如何使用自己的专业知识、以什么样的态度从事工作的,这甚至比工作内容本身更为重要。正是这样一些品质和态度,将个人与许多其他具有相同知识技能的候选人区别开来,最终得到一份工作,并能够适应新的环境和规则,在工作中取得成就,获得加薪和晋升的机会。事实上,人们被解雇或离职更多的时候是因为缺乏自我管理技能,而不是因为缺乏专业能力,如不能很好地融入团队。

3. 可迁移技能

可迁移技能是个体所能胜任的活动,具体表现为一个人所能从事的工作内容,比如组织、设计、安装、分析、搜索等。可迁移技能的特征是它们可以从生活中的方方面面,特别是工作之外的观察、实践、思考等得到发展,却可以迁移应用于不同的工作之中,反之也是可行的。比如生活中购物砍价的好手很可能是工作中谈判的专家。正因如此,可迁移技能是个人在工作生活中最依赖也最持续使用的技能,是雇主通常最看重的部分。通常用动词来表示。

同时,可迁移技能还是知识技能产生作用的桥梁,知识技能要转化为实实在在的生产力,往往也是通过可迁移技能和物质世界产生链接。如一位金融专业的学生,掌握了各种模型,但是需要通过分析这一技能将掌握的理论知识转变为可以展现的成果。认识到这一点,对于转换行业的同学尤其具有积极意义。因为虽然不是本专业出身,但只要具备了目标岗位相关的技能,就可以证明自己是有资格胜任的。比如计算机专业与金融专业,虽然专业知识不同,但是都高度重视分析能力,因此计算机行业转换到金融行业的可能性就比较高。

(二)罗伯特·卡茨的高效管理者的三大技能

罗伯特·卡茨(Robert L. Katz)于1955年在《哈佛商业评论》上发表了《高效管理者的三大技能》,并于1974年进行了修正和回顾性评论。其对职业能力的构建和解读,作为众多相关模型的基础,也得到了大多数企业界和教育界的认可。卡茨的讨论基于管理者的行为而非特质,即管理者做得怎样,即管理者的技能,比管理者的性格更直观和有效。卡茨将技能定义为一种可以后天培养的,在实际行动中得以展现,并不仅仅蕴藏于潜能的能力。卡茨将成功的管理者的技能归纳为技术性技能、人际性技能和概念性技能三类,同时提出,这三种技能的重要性是相对的,随着管理层级的不同而发生变化,如图5—1所示。

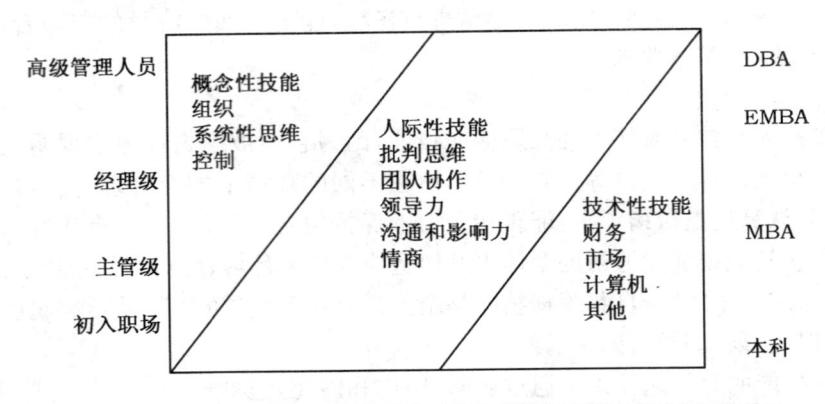

图5—1 罗伯特·卡茨的技能分类以及与管理层级和学位教育的关系

技术性技能(Technical Skill)指的是对某项活动,尤其是对涉及方法、流程、程序或技巧的特定活动的理解程度和熟练程度,涉及的是专业知识和专门领域的分析能力,以及对相关工具和规章政策的熟练运用,主要是如何"处事"。比如医生、律师、工程师各自所使用的技术性技能。大多数教育和培训针对的就是技术性技能,因此,最容易被接受和熟悉,也最容易被识别和测试。技术性技能对于中基层管理者的重要性要大于高层管理者,对于最高层的CEO等职位,技术性技能变得通常不是必备的。

人际性技能（Human Skill）指的是管理者能否作为团队一员有效开展工作，以及在自己领导的团队中能否促使大家团结协作，主要是如何"待人"。人际性技能体现在个体对周围人的感知上，人际性技能高的管理者，对组织中的其他人的需求和动机非常敏感，能够以兼顾众人感受的方式采取行动。人际技巧不是一天练就的，必然是长期养成，贯穿体现在一个人的所有行动中。人际性技能对于所有层级的管理者都是必备的。

概念性技能（Conceptual Skill）指整体看待企业的能力。包括认识到组织各个部门之间的依赖关系，甚至可以扩展到行业与社会。在认清的基础上采取有利于组织整体利益的行动。卡茨认为决策的成功取决于决策者和执行者的概念性技能。

对于三种技能的定位，卡茨认为高效的管理者需要具备：(1)足够的技术技能，以完成本职工作中的专业技术性任务；(2)足够的人际交往技能，以成为集体中富有成效的一员，并在所领导的团队中促成团结协作；(3)足够的概念性技能，以认清自己所处环境中各种因素之间的相互联系，这样才能采取使组织利益最大化的行动。

三种技能的分类主要为了分析方便，在实践中是很难独立切割的，而且虽然三种技能在每个管理层级都很重要，但是对于不同层级上的相对重要性仍然存在区别。

在较低管理层级，技术性技能和人际性技能最重要，对于中层管理层级，管理的成效很大程度取决于人际性技能和概念性技能，对于高层管理层级，概念性技能成为取得成功的首要技能。

辛迪·梵 & 理查德·鲍尔斯和罗伯特·卡茨的分类虽有所不同，但大致思路类似，攻读MBA的学生中，部分存在着转换行业的现象，通常跨行业之间的知识技能是难以迁移的。相对于本科或学术硕士研究生，MBA等专业学位硕士的优势即在于经过多年的社会实践提升的"自我管理技能"和"可迁移技能"。在企业管理中流行的"木桶理论"，时常被误用到个人的能力培养规划上，导致部分MBA学生在职业规划过程中，不是"扬长"发挥自身的优势，而是"避短"不断弥补自己的劣势，放弃了自身的优势，花费过多的精力在包括考证在内的知识技能的培养上，实在非常可惜。

可迁移技能是最持续运用和最能够依靠的技能，专业技能的运用都是在可迁移技能的基础之上。但在以往很长一段时期中，知识技能的重要性被夸大了，以至于学生在校选修了很多课程，课外考取一堆证书，简历上也列举了选修的课程、获得的证书和奖学金等证明知识技能的内容。考虑到校企双方对人才知识技能培养的结构性失配，这种罗列，对于证明自身能为应聘企业创造价值方面，因为缺乏足够的逻辑关系而显得不够有力。所幸近年来，更多的学生越来越认识到通过实习、社团、公益等课外活动培养"自我管理技能"和"可迁移技能"的重要性。

根据人力资源胜任力模型，层级越高的岗位对于"自我管理技能"和"可迁移技能"的要求越高，在很多企业中已经出现了总监以上层级的岗位，对知识技能的要求反而是下降的，但却越来越强调领导力、沟通、团队协作、积极主动等"自我管理技能"和"可迁移技能"。MBA项目的培养目标多为未来企业的领导者和高级管理者，需要学生更多关注自身"自我管理技能"和"可迁移技能"的培养。麦肯锡、美世等机构在多份人才调研报告中也指出，中国学生和求职者的技能体系过于偏重理论，缺乏参与项目的实践经历和团队协作的精神和技巧，在敬业精神、沟通能力等"自我管理技能"和"可迁移技能"的得分上也普遍不高。

国外学者斯潘塞（Spencer）等以人力资源部门为例，提出了胜任相关职位需要的能力（参见表5—2)。

表5—2　　　　　人力资源部门不同层次管理者应具备的胜任力

不同层次的管理者	应具备的胜任力
总监	战略思考、变革领导、人际管理
经理	灵活性、改变执行、企业创新、人际理解、授权、团队成长
一般员工	灵活性、信息收集的动机、学习能力、成就动机、合作、顾客服务导向

另外一点需要强调的是，单项的技能固然重要，但更重要的是技能的组合。技能的种类是有限的，但是正是技能的若干种类和掌握的不同程度的无限组合，才造就了我们一个个各具特色的个体。人对于某项技能的掌握，能够达到登峰造极的毕竟是少数，大多数人对于技能的掌握处于正态分布的中间部分。人类社会的早期，社会分工与协作相对单一，人通常掌握一技之长就能在社会立足，随着社会结构的越来越复杂，人与人之间的竞争与合作，通常不再是一项技能的竞争，而是多重技能组合的竞争。雇主对于应聘者和在岗者的考评，也通常是基于该岗位的胜任力模型的综合绩效。近年来，大数据、"互联网＋"、平台型企业的崛起，工作世界变得越来越开放，不仅对技能组合提出了越来越多的要求，也为个人完善自身的技能组合提供了更多便捷的可能。

"助人自助"，生涯规划的目标不只是要帮助个体找到适合自己的职业，更是要帮助个体掌握生涯规划和发展的能力，从而使其能够在一生中不断地调适，寻求最合适的发展路径。除此之外，自我认知、自我接纳的能力也是极其重要的。有时候我们试图复制成功人士的发展轨迹，但却忽略了自身和环境的不同；涉及能力的时候，只看到别人的长处和自己的短处，没有认真挖掘自己的优势，而只有真正发挥自身技能组合的长处，才能形成自己的核心竞争力。

二、雇主们最重视的技能

工商业的大多数领域和岗位，对于员工的有一定的知识技能的要求，但更多的是考核自我管理技能和可迁移技能。知识技能通常作为入门的门槛，至于能在职业发展通道上走多远，更多的是依赖自我管理技能和可迁移技能。

美国大学与雇主协会（National Association of Colleges and Employers）的调查显示，美国雇主们最重视的技能的前五位是沟通能力、积极主动性、团队合作精神、领导力、学习成绩。中国的雇主也同样重视这些能力，在众多招聘岗位说明书中，我们最多看到的也是：沟通能力、分析能力、组织能力、领导力、团队精神等。倍智公司对于2016年1 216家雇主在校招中的岗位说明书进行了统计，发现雇主最关注善于社交、服务意识、说服影响、冲突管理、正直可靠5项人际互动能力和以行动为导向、商业敏感度、分析能力、创新意识、制定计划、成就导向、处理压力与挫折7项任务执行能力；同时指出应届生最缺乏的是创新意识、以行动为导向和正直可靠。史蒂芬·柯维（Stephen R. Covey）的《高效能人士的七个习惯》中提及：积极主动、以终为始、要事第一、双赢思维、知彼知己、统合综效、不断更新，从另一个侧面展示了职场对能力的认可，基本也都是自我管理技能和可迁移技能。

三、了解技能的方法

技能的分类和单项技能的定义,并无统一的标准,但人力资源咨询机构报告和相关领域参考书籍仍然给出了较为详细的定义,并且能够覆盖到技能种类的大部分以及主要内涵和关键行为,仍然具有很高的参考价值。

如某人力资源咨询机构,将"沟通和影响力"定义为一种建立人际关系的双向过程,通过影响,能够在不借助实力和权威的前提下,导致想法、行动和行为的改变。并且将"沟通与影响力"技能的熟练程度划分为三个层次,并列举了部分关键行为:

1. A 层次关键行为

(1)清晰地阐述他人的观点并能利用这些观点进行反面论证或树立新的观点;
(2)打破部门及阶层界限,营造开放自由、相互信任的沟通环境;
(3)运用有力的事例论证说服他人接受新的想法;
(4)关心并重视团队的工作士气和工作成绩,不断增强团队的凝聚力。

2. B 层次关键行为

(1)有说服力地表达自己的观点;
(2)熟练地应用各种论证方法对他人产生影响;
(3)通过沟通各个建议方案的潜在利益帮助各方达成共识;
(4)以身作则,实现终身学习和知识分享。

3. C 层次关键行为

(1)熟练运用口头和书面的沟通技巧;
(2)在不同场合能树立自己适当的形象;
(3)以开放的心态接纳各种不同的声音;
(4)公私分明,不计前嫌,以德服人。

其他如北森公司的技能分类卡片,对于技能也有较好总结和分类。

四、了解职业对技能的需求

职业对技能的需求,最直接有效的信息即是雇主招聘人才的岗位说明书。通常的岗位说明书包括了岗位职责、任职要求和公司简介、联系方式等几个部分,岗位职责是对职位工作内容和业绩要求的描述,任职要求是雇主为了保障岗位职责得以实现,而对候选者的素质提出的要求,通常主要是技能、专业、学历、资质、工作经验方面的要求,部分岗位会包含年龄、特定经验的要求。

以某证券公司"行业研究员"社会招聘岗位为例,其工作职责和任职要求如下:

工作职责

- 收集与整合所跟踪行业的信息,进行行业分析,跟踪行业变化;
- 跟踪行业内上市公司,并对重点公司进行调研;
- 独立撰写行业研究报告及上市公司相关分析报告,为基金经理投资决策提供依据;
- 参与部门其他业务的支撑;
- 行业包括:计算机、电子、通信、医药、旅游、轻工、商业、纺织服装、机械、建筑建材、化工行业、房地产、交通运输。

任职要求
- 产业经济、金融等专业硕士研究生及以上学历；
- 两年以上行业研究经验，熟悉国家政策法规及所研究行业的最新动态，有证券、基金等公司研究工作经验者优先；
- 思路清晰，逻辑思维能力、书面及口头表达能力较强；
- 对研究工作有浓厚兴趣，并具有较强的钻研精神；
- 善于协调、沟通，责任心、事业心强。

证券公司"行业研究员"是专业性较强的基层岗位，因此以上岗位说明书中的工作职责除了对专业、学历和工作经验的要求，技能方面强调最多的就是技术性技能如："熟悉国家政策法规及所研究行业的最新动态"、"逻辑思维能力"等，同时专业、学历也是技术性要求的基础保障；对于人际性技能也有一定的要求，如"书面及口头表达能力较强"，"善于协调、沟通"等。值得留意的是，岗位对于候选者的兴趣、性格也提出了要求。

对比同一公司的"TMT 行业组总监"社会招聘的岗位说明书：

工作职责
- 按照行业组的总体规划覆盖行业组客户，结合自身资源积极开拓符合行业组方向的客户网络，发展与潜在客户的业务往来，为公司不断发掘和开拓相关的各类业务机会；
- 负责已有或潜在客户的关系维护；
- 指导建立客户后续跟踪和服务体系，与关键客户建立战略联盟关系，扩大公司在业界的影响，提高公司的声誉；
- 代表公司与客户谈判，在公司授权范围内签订合同或协议；
- 负责协调与项目有关的各种重要关系，包括与企业、中介机构、项目执行团队等；
- 负责项目中重大问题的处理，对处理后果和汇报的及时性负责；
- 负责与项目有关的各种材料、文件的总体控制；
- 负责责任范围内细分行业的行业策略研究和客户策略研究；
- 承担一个部门、一类业务或公司重要业务、项目的规划和领导职责，能够稳定完成业务指标；
- 负责培训与指导团队成员的业务技能和职业发展。

任职要求
- 硕士以上学历，金融、保险、财务、法律等经济类专业毕业或具有理工类专业复合知识背景；
- 曾在同类或规模相当的企业担任类似岗位，至少担任过 3 个大中型融资类项目负责人或参与过 7 个融资类项目；
- 具有 8 年及以上投资银行从业、TMT 行业经验；
- 具有优秀的创新能力和解决方案思维，了解金融市场、信息传媒行业动态行情，熟悉国内外证券市场各类产品及发行方式以及金融监管框架；
- 具有较强的项目开拓能力和客户沟通能力；
- 具有快速学习能力和适应能力，可在高强度、压力下工作；
- 具有较强的逻辑分析能力和良好的表达沟通能力。

- 具备中概股回归项目经验者优先考虑,熟悉拆除 VIE 架构的操作流程及项目要点;
- 熟悉 TMT 行业动向,具备 TMT 行业工作经验或在 TMT 行业内拥有一定客户资源者优先;
- 具备多种融资类产品项目经验者优先;
- 具备保荐代表人、通过保荐代表人资格考试、注册会计师/律师/资产评估师/CFA 等资格、有跨境工作经验者优先;
- 较强的英语听、说、读、写能力。

"TMT 行业组总监"在证券公司属于中层管理人员,承担了管理团队和拓展业务的职责,任职要求中,着重强调了人际性技能,如:"较强的项目开拓能力和客户沟通能力"、"良好的表达沟通能力"等,对于技术性技能,候选者在满足工作经验的情况下,通常能够达到要求;同时岗位开始涉及"创新能力和解决方案思维"等概念性技能。

雇主对于岗位的要求,通常需要结合自身的市场定位、业务需要和已有的团队配备等因素加以调整,所以对于同一岗位,可能不同的公司会有不同的要求,这仍然需要结合具体的岗位说明书加以解读。除了雇主的个性化要求,政府人力资源部门和第三方人力资源机构也开发部分行业通用胜任力模型,以供从业者参考。美国劳工部对于金融服务、生物医药行业提出的能力模型,参见图 5—2 和图 5—3。

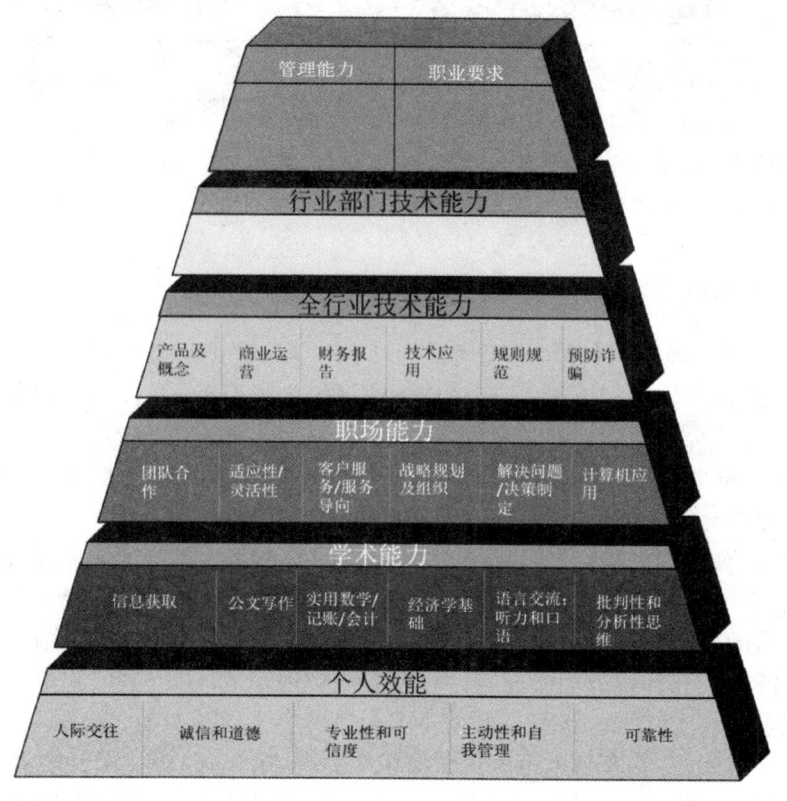

资料来源:美国劳工部网站。

图 5—2 金融服务行业通用能力模型

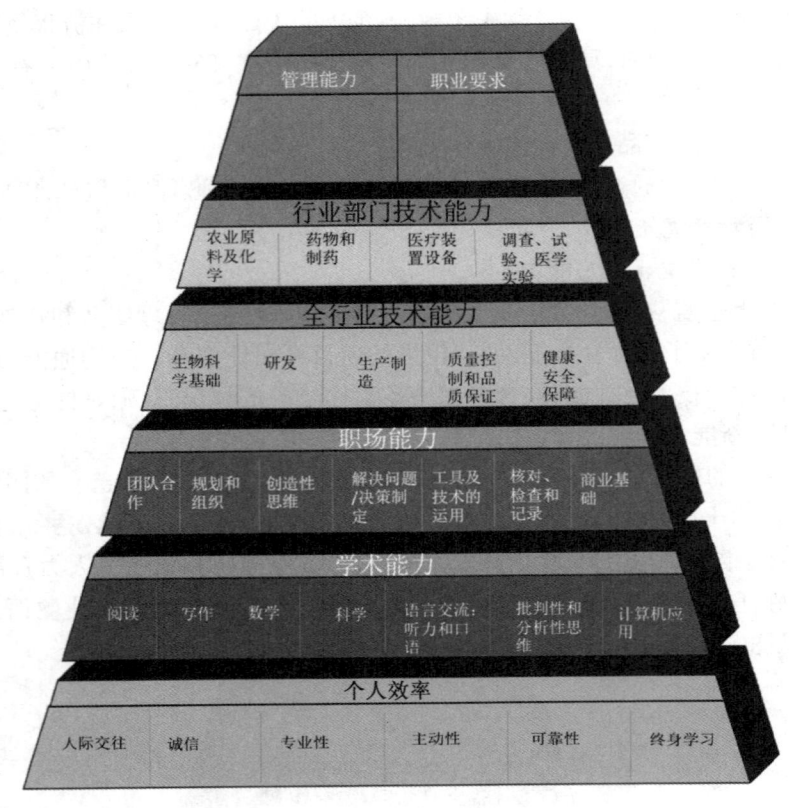

资料来源：美国劳工部网站。

图 5—3　生物医药行业通用能力模型

五、商学院的实践

众多 MBA 项目将培养目标定位于优秀管理者和领导者的培养，哈佛商学院定位于：改变世界的领导者；沃顿商学院定位于：适应全球商业环境的最有效的管理者；清华大学经济管理学院定位于：具有综合管理能力的未来领导者；上海财经大学商学院定位于：具有导向和组织能力，未来在全球商业竞争中居领导地位者。但对于一个优秀的管理者应该具备的素质，不仅企业界和教育界没有统一的标准，即使在教育界内部，都很难达成共识。

哈佛商学院 MBA 对学生的职业能力的细化目标包括：在价值观和思想品质方面要：(1)有职业道德，(2)不断完善自我，(3)自尊，(4)注重实际。在能力方面要具有：(1)创造性解决问题，(2)严密的分析推理，(3)对问题的综合处理，(4)交际和谈判，(5)团队合作，(6)企业家精神，(7)领导能力。在知识方面要具有：(1)全面的管理知识，(2)实际工作的业务知识，(3)国际化相关知识，(4)技术知识。沃顿商学院 MBA 提出学生应该具有：第一，通才的眼界，能全面考虑一个组织的问题，并在较大范围内了解组织状况；第二，分析和综合能力，能把含糊的和没有条理的信息条理化，得出对问题的准确解释，形成创造性的选择，并恰当地完成；第三，技术与专业技能，包括各种商业手段和职能方面的能力；第四，商业道德，作为一个管理人员应当具有的尽职精神和伦理观;第五,专业成熟,能成功地与同事或竞争对手交往,能在各种竞争条件下出色地完成任务。国内商学院对于职业能力缺乏细化的目标,但总体而言,每个项目均有自身的解读。

上海财经大学 MBA 在培养过程中,将职业能力的核心内容归纳为思维、能力、知识三个方面。思维主要指学生思考问题的思维模式,涵盖了逻辑思维、战略思维、正向思维等。思维与通常认识中的能力与人格特质有一定的重合,思维既是一种能力,又独立于一般的技能性能力,同时心理学上已经证实思维模式与乐观、坚韧、焦虑等人格特质有着一定的相关性,不同的思维模式通过影响人对事物的心理表征和信息加工过程,影响到人的生活态度、心理压力和幸福感体验。如在 MBA 培养中我们观察到,正向思维通常会让人看到事物积极的一面,让人体验到更多的幸福感,从而使得人变得乐观主动,带来更好的行动表现。同时我们也注意到,企业在招聘过程中,也越来越强调积极主动乐观等正向的人格特质,表明用人单位也越来越多地认识到正向的人格特质在组织运作中的重要影响。而战略思维体现的是全局意识,是领导力中最重要的部分,《国家中长期人才发展规划纲要(2010—2020 年)》将战略思维与世界眼光、创新精神与经营能力并列为新时代企业家的四大关键素质。能力包含了通常认识中的技能和实践部分,包含了个人能力和团队能力,同时秉持"知行合一"的理念,重视能力的成熟度,即通过实践提升能力的量级,并运用于各种工作情境。知识方面,大数据时代,人在平时工作生活中接触到的信息量呈指数级的增长,使得人对信息的筛选、控制与掌握的难度变得越来越大。在教育过程中,对于不同的人才,比如对于专业硕士和学术硕士,所要求的知识结构也有所区别。MBA 在教育中更提倡 T 型的知识结构,即在自身专业上要有一定的深度,在经济、人文、管理、艺术等其他非专业领域有足够的广度。在深度和广度上,也有先后主次关系,强调先构建深度的基础上,再构建广度。缺乏深度的广度,易如无本之木,其发展空间往往容易受到限制。

六、管理技能的培养

卡茨的管理技能框架说对实践的指导意义在于:对企业的经理人和对商学院的 MBA 学生的筛选和培训有着重要作用。首先,对特定岗位候选人进行培训时,应该构建岗位的胜任力模型,确定岗位最需要哪些技能,然后进行针对性的技能开发;其次,利用技能互补的人员组成管理团队;最后,选拔过程中,以技能导向取代性格导向,即以候选者是否拥有必要的技能,而不仅仅是性格特质的测试。

虽然前文的讨论将技能分为三类,但是在能力培养的过程中,很多情况下是无法将三类技能独立进行分解培养的,通常在培养一类技能的同时,其他类技能也能受益。比如与专业人士的沟通,既提升了技术性技能的掌握,又能增加了沟通等人际性技能的养成。因此,我们的讨论通常是基于其培养的主要目的。

技术性技能:对技术性技能的培养,一直是教育界最重视的环节。教育项目的课程设计多是围绕技术性技能展开,已经形成有效的培养方式。

人际性技能:相对于技术性技能,人际性技能具有不易量化、个性明显、培养周期长等一系列特点,导致其培养方式与技术性技能大相径庭。目前采用的方式,多基于心理学、社会学等学科,通过体验式的教学和指导,结合长期的督导,方能得以改进。卡茨将这种体验式的过程总结为:(1)体会到自己给某个环境带来的气氛和情绪;(2)通过亲身体验形成自己的观点,从而使自己能够评估这些体验并从中学习;(3)培养一种通过观察他人的言行来理解对方所表达信息的能力;(4)培养一种向他人准确传达自己观点和看法的能力。

概念性技能:人们尝试过多种方法开发这种能力,其中效果最好的是"教练式培训",即教练者向被教练者分派意向特定的职责,并且在被教练者寻求帮助的时候提出一些尖锐的问题和意见,而并非直接给出答案。这种方式即可以用来培养技术性和人际性技能,也可以用来培养概念性技能,其成功依赖于教练者指导的意愿和能力。另外一些培养方式包括提供"换位思考"机会的轮岗、处理跨部门问题的特殊职位、案例培训等。企业试图通过培养,使得管理者在两个方面得以改进:一是将企业视为整体的能力,二是协调和整合各个部分的能力。对应于企业提供的实践中的培养计划,商学院在概念性技能的培养上同样大有可为。近年来,教练技术越来越多地被引入教育领域,不少 MBA 项目职业发展中心包括高校就业指导中心的教师都参加了 ICF(国际教练联合会)、NBCC(美国咨询师认证管理委员会)等机构的认证培训,部分项目也成立了生涯工作室,尝试将教练辅导、私董会等形式进入到学生的培养框架中。另外,MBA 的课程设计,涵盖了战略、营销、财务、运营等商业的各个领域,也给予了 MBA 学生"换位思考"的机会,一些 MBA 项目还采用了案例大赛等形式,促进学生之间的讨论交流和思维碰撞。商学院广泛采用的案例式教学中的部分案例以及入学面试中的案例讨论,对于概念性技能的识别和培养,也具有正向作用。课堂或面试中,教师通过学生对于复杂场景的详尽描述,以及在提出的行动方案中对每一场景的关键驱动因素的反应和各关联因素在整体中的潜在影响,即能在一定程度上有效评估学生的概念性技能。上海财经大学商学院每年给学生做面试辅导的环节中,还引入了公文筐测试的辅导,即将学生置于特定职位或管理岗位的模拟环境中,提供一批该岗位经常需要处理的文件,要求学生在一定的时间和规定的条件下处理完毕,并且还要以书面或口头的方式解释说明这样处理的原则和理由。公文筐测试的练习,一方面让学生体验企业在招聘过程中的方式和关注点,另一方面能有效观察和培养学生的概念性技能。

练习 5—3

1. 如果现在有一个你非常满意的职位,面试过程中需要回答三个问题:
(1)请用 3~5 个名词概括你所学习过的专业理论知识,都属于哪些学科?
(2)请用 3~5 个动词描述你所擅长做的事。
(3)请用 3~5 个形容词或者副词描述你有哪些优秀的特点和品质。
2. 整理自己意向的岗位对技能的要求,分析自身技能与之的差距,并制订改进方案。

第四节 探索价值观

价值观是基于人的一定的思维感官之上而做出的认知、理解、判断或抉择,也就是人认定事物、辨别是非的一种思维或取向,从而体现出人、事、物一定的价值或作用。价值观是人用于区别好坏,分辨是非及其重要性的心理倾向体系,反映人对客观事物的是非及重要性的评价,是人们在做选择和判断时所最为看重的原则、标准和品质。价值观决定了人的自我认识,它直接影响和决定一个人的理想、信念、生活目标和追求方向的性质;对人们自身行为的定向和调节起着非常重要的作用;反映人们的认知和需求状况;对动机有导向的作用。

10 岁之前,大多数孩子不自觉地接受父母、教师和朋友的价值观,到了青春期,青少年们开始去辨别哪些是他们通过自由选择愿意保留下来的价值观,拒绝接受家长的价值观,而要发展属于自己的价值观的过程称为"青春期叛逆"。然而,个人价值观的建立实际上是人们成长过程中不可或缺的一部分。个体依照自己而不是别人的价值观做事情,就能摆脱不必要的自责和优柔寡断,最终培养出自尊和自信。事实上,成年人会依据环境的改变和价值观的变化而在个人生活和职业生涯中做出巨大的改变,但却往往不再重新评估我们的价值观。其实,作为成年人,如果能定期回顾并重新评估什么样的事情对我们来说是重要的,那么,变化的过程就不会给自己带来烦恼了。价值观是自我激励的因素,它表明了在生活中个人最看重什么,个人每天的行为正是价值观的体现。有的人发现他们之所以对目前的工作不满意,是因为工作难以体现个人的价值观和兴趣,个体就容易感到空虚、沮丧和没有成就感。一旦个体明确了自我的价值观,就会发现即使遭遇挫折,也能努力向前,向长远目标奋进。

职业价值观是指人生目标和人生态度在职业选择方面的具体表现,也就是一个人对职业的认识和态度以及他对职业目标的追求和向往。理想、信念、世界观对于职业的影响,集中体现在职业价值观上。

一、价值观与生涯发展

个人的价值观是比较稳定的,但并非一成不变的,随着我们处于不同的人生阶段,会产生一定的变化,这也是价值观不断完善的过程。价值观的作用体现在:

1. 匹配

(1)价值观可以指导人们做出合理选择;

(2)价值观的满足,是维持职业稳定性的关键;

(3)价值观既是人们追求成功的动力,也是人们克服困难时的意义。

2. 平衡

(1)没有一份工作可以满足我们所有的价值观,所以在不同的生涯发展阶段,我们要对价值观进行排序;

(2)从来就没有什么完美的选择,选择就意味着取舍;

(3)重要的不是你在工作中得到了什么,而是,你在经营着一种什么样的生活。

3. 适应

(1)价值观的满足,需要能力的支撑;

(2)我们不仅要考虑个人的价值观,还要同时考虑组织对我们的要求和期待;

(3)满足个人价值观的同时,要学会与外部环境价值观和平共处。

4. 接纳

(1)很多价值观的形成,是潜意识的情结,是非理性的,也不是理性可以完全控制的,所以,重要的是理解和接纳,而不是对抗与改变;

(2)尊重是接纳的前提:就像我们不愿意被别人改变一样,别人也不愿意被我们改变。

二、价值观的分类

(一)马斯洛的需求层次理论

价值观分类最广为人知的就是基于美国心理学家马斯洛(Abraham H. Maslow)的需求层次理论的拓展(见图5—4)。

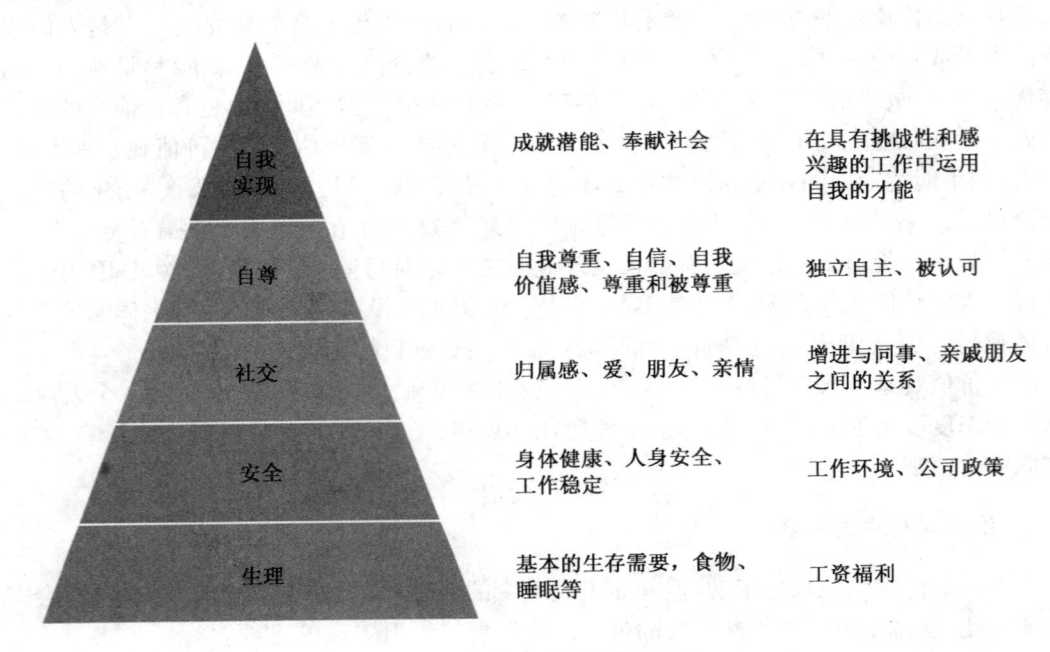

层次	内涵	职场体现
自我实现	成就潜能、奉献社会	在具有挑战性和感兴趣的工作中运用自我的才能
自尊	自我尊重、自信、自我价值感、尊重和被尊重	独立自主、被认可
社交	归属感、爱、朋友、亲情	增进与同事、亲戚朋友之间的关系
安全	身体健康、人身安全、工作稳定	工作环境、公司政策
生理	基本的生存需要,食物、睡眠等	工资福利

图5—4 马斯洛的需求层次理论

(二)田崎仁的分类

日本学者田崎仁,把职业价值观分为九种类型:(测试问卷参见附录)

1. 自由型

特点:在一定程度上不受别人指使,不愿受人干涉,想充分施展本领。

相应职业类型:室内装饰专家、摄影师、作家、演员、记者、诗人、作曲家、编剧、雕刻家、漫画家等。

2. 经济型

特点:认为世界上的各种关系都建立在金钱的基础上,这种类型的人确信金钱的重要性。

相应职业类型:各种职业中都有这种类型的人,商人为甚。

3. 支配型

相当于组织的一把手,无视他人的想法。

相应职业类型:旅馆经理、饭店经理、广告宣传员、调度员、律师、政治家、零售商等。

4. 小康型/自尊型

特点:优越感强。渴望能有社会地位和名誉,希望常常受到众人尊敬。欲望得不到满足时,由于过于强烈的自我意识,有时反而很自卑。

相应职业类型：记账员、会计、银行出纳、法庭速记员、成本估算员、税务员、核算员、打字员、办公室职员、统计员、计算机操作员等。

5. 自我实现型

特点：不关心平常的幸福，一心一意想发挥个性，追求真理。不考虑收入、地位及他人对自己的看法，尽力挖掘自己的潜力，施展自己的本领，并视此为有意义的生活。

相应职业类型：气象学者、生物学者、天文学家、药剂师、动物学者、化学家、科学报刊编辑、地质学家、植物学者、物理学者、数学家、实验员、科研人员等。

6. 志愿型

特点：富于同情心，把他人的痛苦视为自己的痛苦，不愿干表面上哗众取宠的事，把默默地帮助不幸的人视为无比快乐。

相应职业类型：社会学者、导游、福利机构工作者、咨询人员、社会工作者、教师、护士等。

7. 技术型

特点：性格沉稳，做事组织严密，井井有条，并且对未来充满平常心态。

相应职业类型：工程师、飞机机械师、野生动物专家、自动化技师、机械工、电工、火车司机、公共汽车司机、机械制图员等。

8. 合作型

特点：人际关系较好，认为朋友是最大的财富。

相应职业类型：公关人员、推销人员、秘书等。

9. 享受型

特点：喜欢安逸的生活，不愿从事任何挑战性的工作。

相应职业类型：无固定职业类型。

（三）施恩和职业锚理论

美国学者埃德加·H. 施恩(Edgar H. Schein)提出了职业锚理论(Career Anchor Theory)（测试问卷参见附录）用以阐释职业价值观。施恩认为，职业锚是指当一个人不得不做出选择的时候，他无论如何都不会放弃的职业中的那种至关重要的东西或价值观，是自我意向的一个习得部分。并将职业价值观分为八类：

1. 技术/职能型(Technical/functional)

追求在技术/职能领域的成长和技能的不断提高，以及应用这种技术/职能的机会。他们对自己的认可来自他们的专业水平，他们喜欢面对来自专业领域的挑战。他们一般不喜欢从事一般的管理工作，因为这将意味着他们放弃在技术/职能领域的成就。

2. 管理型(General Managerial)

追求并致力于工作晋升，倾心于全面管理，独自负责一个部分，可以跨部门整合其他人的努力成果，他们想去承担整个部分的责任，并将公司的成功与否看成自己的工作。具体的技术/功能工作仅仅被看作是通向更高、更全面管理层的必经之路。

3. 自主/独立型(Autonomy/Independence)

希望随心所欲安排自己的工作方式、工作习惯和生活方式。追求能施展个人能力的工作环境，最大限度地摆脱组织的限制和制约。他们愿意放弃提升或工作扩展机会，也不愿意放弃自由与独立。

4. 安全/稳定型(Security/Stability)

追求工作中的安全与稳定感。他们可以预测将来的成功从而感到放松。他们关心财务安全，例如：退休金和退休计划。稳定感包括诚信、忠诚以及完成老板交待的工作。尽管有时他们可以达到一个高的职位，但他们并不关心具体的职位和具体的工作内容。

5. 创造/创业型(Entrepreneurial/Creativity)

希望使用自己的能力去创建属于自己的公司或创建完全属于自己的产品（或服务），而且愿意去冒风险，并克服面临的障碍。他们想向世界证明公司是他们靠自己的努力创建的。他们可能正在别人的公司工作，但同时他们在学习并评估将来的机会。一旦他们感觉时机到了，便会自己走出去创建自己的事业。

6. 服务/奉献型(Service/Dedication to a Cause)

一直追求他们认可的核心价值，例如：帮助他人，改善人们的安全，通过新的产品消除疾病。他们一直追寻这种机会，即使这意味着变换公司，他们也不会接受不允许他们实现这种价值的工作变换或工作提升。

7. 挑战型(Pure Challenge)

喜欢解决看上去无法解决的问题，战胜强硬的对手，克服无法克服的困难障碍等。对他们而言，参加工作或职业的原因是工作允许他们去战胜各种不可能。新奇、变化和困难是他们的终极目标。如果事情非常容易，就马上变得非常令人厌烦。

8. 生活型(Lifestyle)

喜欢允许他们平衡并结合个人的需要、家庭的需要和职业的需要的工作环境。他们希望将生活的各个主要方面整合为一个整体。正因为如此，他们需要一个能够提供足够的弹性让他们实现这一目标的职业环境。甚至可以牺牲他们职业的一些方面，如：提升带来的职业转换，他们将成功定义得比职业成功更广泛。他们认为自己在如何去生活，在哪里居住，如何处理家庭事情，以及在组织中的发展道路是与众不同的。

施恩提出职业锚理论以来，相关研究和实践越来越多，包括职业锚与工作绩效有关，在人际压力环境下，管理锚个体的智力和绩效负相关，安全锚个体的智力和绩效呈正相关。组织在人员安排过程中也会考虑职业锚与工作岗位的匹配，管理型职业锚的人要安置在行政梯队，技术职能型职业锚的人要放在业务梯队，安全型、服务型职业锚的人比较适合做教师，而成功的企业家大多是创新型职业锚的人。另外，有效的激励需要兼顾员工的职业锚类型，对于管理型职业锚的人，激励的重点是授权，使他们获得更多的领导机会；对于技术职能型职业锚的人，激励的重点是技术和经费的支持以及较多的培训学习机会；对于自主型职业锚的人来说，放权、弹性工作制更有吸引力。

施恩认为职业锚的确认需要一个过程，要经过早期几年的工作实践，并不断地加深对自己的能力、动机、态度以及价值观等的认识以后才能够达到，因此，很难在进入职业领域前就通过直接测试获得。因此，对于大学生进行就业指导时，要避免试图直接通过测试帮助学生确认其职业锚，避免混淆职业锚和职业倾向。MBA学生因为已经拥有了至少三年的工作经验，对自我的认识和思考较为丰富，可以尝试通过职业锚进行自我分析和自我定位，并在后续的学习和工作实践中加以确认和应用。

使用职业锚时，应注意以下事项：

（1）职业锚以工作习得的经验为基础。职业锚发生于早期职业阶段，个体工作若干年，习得工作经验后，方能够选定自己稳定的长期贡献区。个人在面临各种各样的实际工作生活情境之前，不可能真切地了解自己的能力、动机和价值观以及在多大程度上适应可行的职业选择。因此，个体的工作经验产生、演变和发展了职业锚。

（2）职业锚是个体自我发展过程中的动机、需要、价值观、能力相互作用和逐步整合的结果；是在工作实践中，依据自省和已被证明的才干、动机、需要和价值观，现实地选择和准确地进行职业定位。

（3）个体本身及其职业不是固定不变的。职业锚，是个人稳定的职业贡献区和成长区。但是，这并不是意味着个体将停止变化和发展。个体以职业锚为其稳定源，可以获得该职业工作的进一步发展，以及个人生命周期和家庭生命周期的成长、变化。此外，职业锚本身也可能变化，个体在职业生涯的中、后期可能会根据变化了的情况，重新选定自己的职业锚。

三、价值观探索

进入21世纪以来，时代变迁，信息爆炸，社会环境日益复杂，价值取向多元化的趋势愈发明显，在此冲击下，个人的价值体系容易变得混乱，难以建立和稳固自我的价值体系，需要我们做一定的探索，加以明晰。

如何确认你的价值观呢？你对一些活动或社会环境的反应越积极、越强烈，就说明你越重视它们。新闻里的哪个话题让你激动或是生气？哪些活动让你充满活力？生活中有特定的情况让你决定要去做什么事情吗？所有这些都是你的价值观的体现。

除了这些一闪而过的想法，我们也可以尝试通过一些方法来探索自我的价值观。常用的价值观探索方法包括问卷测试（附录：田崎仁职业价值观测试）和访谈联想。其中，访谈联想的常用方法有：

1. 巅峰时刻

想象一下，未来的某一刻，你的人生达到了理想的状态，拥有理想的生活，理想的工作，理想的关系……整个生命都处于一种轻松、满足、快乐、成功的状态中，这个时候，你会看到什么样的情景，那个情景中有什么，你会听到哪些声音，你发自内心的感受是什么……

2. 依据价值观的特征判断

价值观的如下特性可以帮助我们明确自身的价值取向：

最珍爱和在意的。一个人倾向于展示自己珍爱的东西，并乐此不疲，比如乔布斯认为改变世界和创新是最有价值的。

公开申明。愿意甚至渴望在公开场合说出的价值观，前提是自由意志的作用，而非有其他的利益诉求。

自由选择。不是外界强加的，个体拥有的价值观念，是自身的一部分，来自于每一个人独一无二的成长经历。

替代方案的选择。个体在面临两个选择的时候，比如同时拿到了两个offer，A offer薪资高，但是离家远，需要经常出差；B offer薪资低但工作压力小。在做出决定的时候，是什么样的价值观发挥作用呢？

采取行动。同样，在你花费时间和精力做的事情上体现了你的价值观。可以回顾自己最愿意将经历和时间用于了哪些方面,这些方面又有什么共同的特性?

习惯。个体一贯从事的活动与自身最看重的东西是紧密相关的,习惯也往往能很大程度上反映出一个人内心深层次的价值取向。

探索价值观的过程可以帮助个体明晰真正的价值观,这样就可以做出明智的与个人价值观相符的职业选择。当个体按照真正的价值观行动时,就对自己有了明确的概念并获得更深层次的成就感。

自我认知产出的信息量大,部分时候甚至会有冲突的情况出现,业界尚未有"放之四海而皆准"的定律,笔者认为20岁看"兴趣+技术性技能",30岁看"性格+人际性技能","40岁看价值观+概念性技能"。20多岁的学生工作年限短,社会经验尚不丰富,对自我和职场的认知都处于初级阶段,选择一份自己最感兴趣的工作有利于激励自我乐此不疲的投入,而且雇主最看重的也是其个人技术性的技能。30多岁的学生对个人和职场的了解相对比较成熟,雇主的要求往往是中层管理人员,比较看重其人际性技能,同时雇主的期待也更高,希望员工能迅速上手,带领团队做出业绩,因此选择适合自身性格的工作能更快上手,融入组织。40多岁的学生正处于干事业的巅峰时期,往往是企业的中高级管理人员,对概念性的技能要求更高,同时对自身生涯发展的空间和机会有更加理性的认识,更愿意从事能体现价值观和个人价值的工作。当然,需要注意的是,每个人的发展都具有其独特性,有的学生工作历练丰富,在而立之年可能就能达到常人不及的高度;也有的学生由于工作生活环境比较单一,人相对简单,也可能会存在生涯成熟度发展滞后的情况,需要具体个体具体分析。

练习 5—4

1. 完成附录的职业价值观相关的测试题。
2. 列出自己最仰慕的三个人,他们有什么共同的特质?
3. 完成以下句子:
我生命中最想得到的是:_____。
假如我有1亿元,我将:_____。
如果我的生命还剩下三天,那我将:_____。

扩展阅读

1. [美]伊莎贝尔·布里格斯·迈尔斯,彼得·迈尔斯著. 天资差异. 张荣健译. 重庆:重庆出版社,2008.
2. [美]大卫·凯尔西. 请理解我:凯尔西人格类型分析. 王甜甜译. 北京:中国城市出版社,2011.
3. 古典. 拆掉思维里的墙. 北京:北京联合出版公司,2016.
4. 遗愿清单(The Bucket List)(电影),华纳兄弟影片公司,2007.

附 录

一、职业锚测试题

下面给出的40个问题描述,请您根据您的实际情况,从1~6中选择一个数字。数字越大,表示这种描述越符合您的实际情况。例如"我梦想成为公司的总裁",您可以做出如下选择:

选"1"代表这种描述完全不符合您的想法;
选"2"或"3"代表您"偶尔"(或"有时")这么想;
选"4"或"5"代表您"经常"(或"频繁")这么想;
选"6"代表这种描述完全符合您的想法。

现在,请您开始答题,在每一个问题右侧的六个选项中选出最符合您自身情况的答案,用圆圈划出该选项。

序号	问题描述	①从不	②偶尔	③有时	④经常	⑤频繁	⑥总是
1	我希望做我擅长的事,这样我的专业建议就会不断得到采纳。	1	2	3	4	5	6
2	当我整合并整理其他人的工作时,我非常有成就感。	1	2	3	4	5	6
3	我希望我的工作能够按我自己的方式,按自己的计划去开展。	1	2	3	4	5	6
4	对我而言,安全与稳定比自由和自主更加重要。	1	2	3	4	5	6
5	我一直在寻找可以让我创立自己事业(公司)的创意(点子)。	1	2	3	4	5	6
6	我认为只有对社会做出真正贡献的职业才能算是成功的职业。	1	2	3	4	5	6
7	在工作中,我希望去解决那些有挑战性的问题,并且胜出。	1	2	3	4	5	6
8	我宁愿离开公司,也不愿从事需要个人和家庭做出一定牺牲的工作。	1	2	3	4	5	6
9	将我的技术和专业水平发展到一个更具有竞争力的层次是成功职业的必要条件。	1	2	3	4	5	6
10	我希望能够管理一个大的公司(组织),我的决策将会影响许多人。	1	2	3	4	5	6
11	如果职业允许自由地决定自己的工作内容、计划、过程时,我会非常满意。	1	2	3	4	5	6
12	如果工作的结果使我丧失了自己在组织中的安全稳定感,我宁愿离开这个工作岗位。	1	2	3	4	5	6
13	对我而言,创办自己的公司比在其他的公司中争取一个高的管理位置更有意义。	1	2	3	4	5	6
14	我的职业满足来自于我可以用自己的才能去为他人提供服务。	1	2	3	4	5	6

续表

序号	问题描述	①从不	②偶尔	③有时	④经常	⑤频繁	⑥总是
		选项					
15	我认为职业的成就感来自于克服自己面临的非常有挑战性的困难。	1	2	3	4	5	6
16	我希望我的职业能够兼顾个人、家庭和工作的需要。	1	2	3	4	5	6
17	对我而言,在我喜欢的专业领域内做资深专家比总经理更具有吸引力。	1	2	3	4	5	6
18	只有在我成为公司的总经理后,我才认为我的职业人生是成功的。	1	2	3	4	5	6
19	成功的职业应该允许我有完全的自主与自由。	1	2	3	4	5	6
20	我愿意在能给我安全感、稳定感的公司中工作。	1	2	3	4	5	6
21	当通过自己的努力或想法完成工作时,我的工作成就感最强。	1	2	3	4	5	6
22	对我而言,利用自己的才能使这个世界变得更适合生活或居住,比争取一个高的管理职位更重要。	1	2	3	4	5	6
23	当我解决了看上去不可能解决的问题,或者在必输无疑的竞赛中胜出,我会非常有成就感。	1	2	3	4	5	6
24	我认为只有很好地平衡个人、家庭、职业三者的关系,生活才能算是成功的。	1	2	3	4	5	6
25	我宁愿离开公司,也不愿频繁接受那些不属于我专业领域的工作。	1	2	3	4	5	6
26	对我而言,做一个全面管理者比在我喜欢的专业领域内做资深专家更有吸引力。	1	2	3	4	5	6
27	对我而言,用我自己的方式不受约束地完成工作,比安全、稳定更加重要。	1	2	3	4	5	6
28	只有当我的收入和工作有保障时,我才会对工作感到满意。	1	2	3	4	5	6
29	在我的职业生涯中,如果我能成功地创造或实现完全属于自己的产品或点子,我会感到非常成功。	1	2	3	4	5	6
30	我希望从事对人类和社会真正有贡献的工作。	1	2	3	4	5	6
31	我希望工作中有很多的机会,可以不断挑战我解决问题的能力(或竞争力)。	1	2	3	4	5	6
32	能很好地平衡个人生活与工作,比达到一个高的管理职位更重要。	1	2	3	4	5	6
33	如果在工作中能经常用到我特别的技巧和才能,我会感到特别满意。	1	2	3	4	5	6
34	我宁愿离开公司,也不愿意接受让我离开全面管理的工作。	1	2	3	4	5	6
35	我宁愿离开公司,也不愿意接受约束我自由和自主控制权的工作。	1	2	3	4	5	6
36	我希望有一份让我有安全感和稳定感的工作。	1	2	3	4	5	6

续表

序号	问题描述	① 从不	② 偶尔	③ 有时	④ 经常	⑤ 频繁	⑥ 总是
37	我梦想着创建属于自己的事业。	1	2	3	4	5	6
38	如果工作限制了我为他人提供帮助或服务,我宁愿离开公司。	1	2	3	4	5	6
39	去解决那些几乎无法解决的难题,比获得一个高的管理职位更有意义。	1	2	3	4	5	6
40	我一直在寻找一份能最小化个人和家庭之间冲突的工作。	1	2	3	4	5	6

测试计分说明

现在重新看一下您给分较高的描述,从中挑出与您日常想法最为吻合的3个,在原来评分的基础上,将这三个题目得分再各加上4分(例如:原来得分为5,则调整后的得分为9)。然后就可以开始评分。

将按照"列"进行分数累加得到一个总分,将每列的总分除以5得到的平均分,填入表格。记住:在计算平均分和总分前,不要忘记将最符合您日常想法的三项,额外加上4分。

TF 技术/职能型	GM 管理型	AU 自主/独立型	SE 安全/稳定型	EC 创造/创业型	SV 服务/奉献型	CH 挑战型	LS 生活型
1( )	2( )	3( )	4( )	5( )	6( )	7( )	8( )
9( )	10( )	11( )	12( )	13( )	14( )	15( )	16( )
17( )	18( )	19( )	20( )	21( )	22( )	23( )	24( )
25( )	26( )	27( )	28( )	29( )	30( )	31( )	32( )
33( )	34( )	35( )	36( )	37( )	38( )	39( )	40( )
总分							
平均分							

最终的平均分就是您的自我评价的结果,最高分所在列代表最符合您"真实自我"的职业锚。

职业锚	总分	平均分	说　明
TF			技术/职能型职业锚 这种定位的人会发现自己对某一特定工作很擅长并且很热衷。真正让他们感到自豪的是他们所具备的专业才能。 他们倾向于一种"专家式"的生活,一般不喜欢成为全面的管理人员,因为这将意味着他们放弃在技术/职能领域的成就。但他们愿意成为一名职能经理,因为职能经理可以更好地帮助他们在专业领域上发展。

续表

职业锚	总分	平均分	说　明
GM			管理型职业锚 这种定位的人对管理本身具有很大的兴趣，具有成为管理人员的强烈愿望，并将此看成职业进步的标准。 他们有提升到全面管理职位上所需要的相关能力，并希望自己的职位不断得到提升，这样他们可以承担更大的责任，并能够做出影响成功或失败的决策。
AU			自主/独立型职业锚 这种定位的人追求自主和独立，不愿意接受别人的约束，也不愿受程序、工作时间、着装方式以及在任何组织中都不可避免的标准规范的制约。无论什么样的工作，他们希望能用自己的方式、工作习惯、时间进度和自己的标准来完成工作。
SE			安全/稳定型职业锚 安全与稳定是这种类型的人选择职业最基本、最重要的需求。他们需要"把握自己的发展"，只有在职业的发展可以预测、可以达到或实现的时候，他们才会真正感觉放松。
EC			创造/创业型职业锚 这种定位的人，最重要的是建立或设计某种完全属于自己的东西；建立或投资新的公司；收购其他的公司，并按照自己的意愿进行改造。创造并不仅仅是发明家或艺术家所做的事，创业者也需要创造的激情和动力。 他们有强烈的冲动向别人证明：通过自己的努力能够创建新的企业、产品或服务，并使之发展下去。当在经济上获得成功后，赚钱便成为他们衡量成功的标准。
SV			服务/奉献型职业锚 这种定位的人希望职业能够体现个人价值观，他们关注工作带来的价值，而不在意是否能发挥自己的才能或能力。他们的职业决策通常基于能否让世界变得更加美好。
CH			挑战型职业锚 这种定位的人认为他们可以征服任何事情或任何人，并将成功定义为"克服不可能的障碍，解决不可能解决的，或战胜非常强硬的对手"。随着自己的进步，他们喜欢寻找越来越强硬的"挑战"，希望在工作中面临越来越艰巨的任务。
LS			生活型职业锚 这种定位的人是喜欢允许他们平衡并结合个人的需要、家庭的需要和职业的需要的工作环境。他们希望将生活的各个主要方面整合为一个整体。正因为如此，他们需要一个能够提供足够的弹性让他们实现这一目标的职业环境。甚至可以牺牲他们职业的一些方面，如：提升带来的职业转换，他们将成功定义得比职业成功更广泛。他们认为自己如何去生活，在哪里居住，以及如何处理家庭事情，及在组织中的发展道路是与众不同的。

二、田崎仁职业价值观测试

下列题目中有 A、B 两种观点和态度，试加以比较，选择出同自己平时考虑接近的选项，两者都不符合的打"×"。

1.
A. 做事果断,认为即使有所损失,以后可以再挣回来
B. 做事三思而后行,没有切实可靠的盈利把握就不着手做

2.
A. 经济力量在发挥作用,从而国家繁荣
B. 军事力量在发挥作用,从而国家繁荣

3.
A. 想当政治家
B. 想当法官

4.
A. 对一个人的了解,始于他(她)的穿着打扮或居住条件
B. 认识一个人不能够仅从外表进行判断

5.
A. 为大刀阔斧地工作,必须养精蓄锐
B. 必要时愿意随时献血

6.
A. 想领养孤儿抚养
B. 不愿让任何其他人留在自己家中

7.
A. 买汽车时会选择买全家能乘的大型汽车
B. 买汽车时比较注重汽车外形和颜色

8.
A. 留意他人和自己的服装
B. 对于自己和他人的事,全都不放在心上

9.
A. 结婚前首先确保自己有房子
B. 认为眼前的事最重要,不考虑以后的事

10.
A. 与他人相处能够照顾到各个方面,被认为是个考虑周到的人
B. 认为自己是有判断力的人

11.
A. 不随波逐流,认为自己的生活方式同他人不一样也无所谓
B. 愿意与人攀比,认为其他人家里有的东西自己也应凑齐

12.
A. 为能被授予勋章而努力
B. 心地善良,暗地帮忙不幸的人

13.
A. 时常自以为是，认为自己的想法比别人的都正确
B. 比较客观，认为必须尊重他人的价值观

14.
A. 最好是婚礼能上电视，而且有人赞助
B. 希望把自己的婚礼搞得比别人更有气派

15.
A. 被周围的人认为有眼光，能推断将来的事
B. 被认为是处事果断的人

16.
A. 有事业心，店面虽小，也想自己经营
B. 不干被人轻视的工作

17.
A. 很关心佣金、利息
B. 在陌生的环境里，对自己的能力和适应性十分关心

18.
A. 认为人的一生中只有获胜才有意义
B. 认为人应该互相帮忙

19.
A. 在社会地位和收入两者中，认为前者更有吸引力
B. 认为安定和社会地位相比更实惠

20.
A. 对社会惯例并不重视
B. 善于表达并且有幽默感，经常被邀请主持婚礼

21.
A. 乐于同独身生活的老人交谈
B. 不愿为别人做事，嫌麻烦

22.
A. 生活中的每一天都过得十分充实
B. 时常得过且过，只要还有生活费就不想干活

23.
A. 认为学习在人的一生中很重要，有空闲就想学习充电
B. 时常考虑如何掌握被他人喜欢的方法

24.
A. 总想一鸣惊人
B. 对生活没有过高的要求，平平淡淡才是真

25.
A. 认为用金钱就能买到别人的好意

B. 在人的一生中,爱比金钱更重要
26.
A. 对未来有一种恐惧感,一考虑到将来就紧张不安
B. 认为将来无论能否成功都不重要
27.
A. 总是认为自己还有机会,伺机重新大干一番
B. 关心发展中国家人民的生活情况
28.
A. 认为应该尽量地利用亲戚们的关系网
B. 亲戚之间应该友好相处,并且互相帮忙
29.
A. 如果来世托生成动物的话愿变成狮子
B. 如果来世托生成动物的话愿变成熊猫
30.
A. 生活有规律,严格遵守作息时间
B. 愿意轻松地生活,讨厌忙忙碌碌
31.
A. 有空的话想读成功者的传记,以便从中得到启示
B. 有空的话就看电视或者干脆睡觉
32.
A. 认为干不赚钱的事是没有意思的
B. 时常请客或送礼给对自己有用的人
33.
A. 对于能够决出胜负的事情感兴趣
B. 擅长于改变家室布局和修理东西
34.
A. 对自己的行为十分有自信心
B. 认为协作十分重要,所以注意与对方合作
35.
A. 常向别人借东西,却不愿意借东西给别人
B. 时常忘记借进或借出的东西
36.
A. 认为人生由命运决定是错误的
B. 玩世不恭,认为被命运摆布也很有趣

计算方法:
自由型:1A,15A,16A,26A,27A,33A,34A
经济型:1B,2A,14A,17A,25A,28A,32A,35A
支配型:2B,3A,13A,15B,18A,24A,29A,31A,36A

小康型:3B,4A,12A,14B,16B,19A,23A,30A
自我实现型:4B,5A,11A,13B,17B,20A,22A,26B
志愿型:5B,6A,10A,12B,18B,21A,25B,27B
技术型:6B,7A,9A,11B,19B,24B,28B,33B
合作型:7B,8A,10B,20B,23B,29B,32B,34B
享受型:8B,9B,21B,22B,30B,31B,35B,36B

三、史蒂夫·帕弗利纳(Steve Pavlina):如何在20分钟内找到人生目标

如何找到你真正的人生目标？我所谈的人生目标不是指你的工作,也不是指你每日的责任,甚至不是指你的长期目标,而是指你为了什么而存在于这个世界上。

或许你是虚无主义者,你认为人生根本没有什么目标,也没有任何意义。没关系,认为人生没有目标并不会阻碍你找到人生的目标,那就像不相信万有引力学说的人也同样会摔倒一样。不认为人生有目标的人可能需要更长的时间来找到你的人生目标,因此如果你属于这类人,你只需将这篇文章题目以及文章中的20分钟改为40分钟(如果你实在是非常顽固的话,最好改为60分钟)。最有可能的是,如果你认为人生没有目标,那么你将很有可能认为我所说的是荒谬的,但即便是这样,投入1个小时来尝试一下对你会有什么损失?

下边是一个关于李小龙所做的一个演示的故事。一位武术大师向李小龙请教,他想让李小龙教会他李小龙的全部功夫。李小龙拿出两个装满水的杯子,"这第一杯水,"李小龙说,"代表着你所会的全部功夫,这第二杯水代表着我所会的全部功夫。如果你想将第二杯水全部倒入第一个杯子中,你必须先把第一个杯子中的水全部倒光。"

如果你想找到你真正的人生目标,那你就必须首先清除你心中所有错误的目标(这也包括你可能没有任何目标)。

那么,怎样才能找到你的人生目标呢？虽然有很多方法可以做到,但是有一些方法非常繁杂,我所要介绍的方法任何人都可以轻易地做到。你在使用该方法时越坦率,越希望它能够有效,你就能越快地找到你的人生目标。但是如果你对它不坦率或者你对它有疑问,抑或你认为它完全是一个白痴且没有任何意义,纯粹是在浪费时间,这也不会影响它起作用,只要你能够一直坚持着做下去,同样的,这只会增加你完成它所需要的时间。

下面我就告诉你如何去做:

拿出几张空白的纸或者打开一个文字处理软件(我比较倾向于后者,因为它比较快捷)。

在纸的顶部或者文档的顶部写上:"我真正的人生目标是什么?"

写下你脑海中最先想到的一个答案(任何一个答案都行)。这个答案不必是一个完整的句子,一个简单的短语就好。

重复第三个步骤,直到当你写出一个答案时,你会为之而惊叫,那它就是你的目标了。

就是这样一个简单的方法,无论你是律师还是工程师,亦或者是健身教练,它都会有效。对一部分人来说,这个方法会起到作用,但是另外一部分人却会认为它是如此的愚蠢。通常它需要花费15~20分钟的时间来理顺你头脑中混杂的、被周围环境影响的人生目标,错误的答案会从你的心里和记忆中不断地冒出,但是当正确的答案最终出现的时候,你就感觉到它好像来自于一个与其他完全不同的地方,这才是你的答案。

对于一些意识不很高的人来说，它可能需要更长的时间来将错误的答案排除，这可能会需要超过一个小时的时间。但是如果你能够坚持做下去，在你写出来 100～200 个，甚至 500 个答案后，你定能够找到那个令你兴奋的答案，找到它之后你就可以停止下来。如果你不能按照我说的做的话，那么看起来它对你将会是那么的愚蠢。即便它看起来是那么的好笑，但是无论如何你都要去试一试。

在你做这个测试的过程中，一些答案可能会非常相似。你可以将前面写的答案列一张表，然后回过头来看一遍，你就有可能再从中想到其他的 10～20 个答案。这样的效果会非常好，你能够不断地将头脑中最先想到的答案添加到列表中。

在这个过程中的某一个时点（尤其是当你列出 50～100 个答案之后），你可能会因为看不到效果而想放弃。你可能会觉得给自己找一个借口来做其他的事情，这是正常的。坚持下去，不要停下来，尽管去写出你头脑中的答案，想停下来的感觉最终会消失。

你可能也会发现一些答案会使你感到些许的兴奋，但是它们不会让你为之惊叫——它们只会让你感到一点心动。在你做这个测试的过程中给这些答案做个标记，当你回过头来看它们的时候你会产生新的一系列答案。每一个答案都反映着你的一部分目标，但是它们每一个又都不是你的最终目标。当你开始得到这些答案时，那就说明你正在逐步接近正确的答案，坚持地做完这个测试。

要着重说明的是，你最好在一个人、没有被打断的情况下来进行这个测试。如果你是个虚无主义者，那么放松着开始寻找答案，"我没有人生目标"或者"生活毫无意义"的想法必须暂时抛弃。如果你一直带着那样的观点去思考，你最终会一无所获。

当我做这个测试时，大概花费了 25 分钟，我在第 106 步时找到了我的最终答案。其中一些答案（让我感到一点心动的）在第 17 步、39 步和 53 步中出现，接着我的人生目标逐渐地明显，经过第 100～106 步的提炼，我得到了最终的答案。我在第 55～60 步之间有了退却的感觉（想停下来做其他的事情，认为这个测试会失败，感到很不耐烦甚至很恼火），在第 80 步我闭上我的眼睛中断了 2 分钟，放松身心，理顺我的思路，然后再次集中精力于寻找正确的答案——这将会非常有助于你找到正确的答案，我在这次休息之后，答案开始变得逐渐清晰。

这是我最后的答案：自觉而勇敢地生活，与爱和同情心共鸣，唤醒别人伟大的灵魂，静静地离开这个世界。

当你找到一个独一无二的答案来回答你为什么而存在时，你会感觉到它会与你产生深深的共鸣。每一个词语对你仿佛都充满了力量，当你读这句话的时候，你会感觉充满了力量。

找到你的人生目标简单，困难的是在日常工作中坚持它，不断地完善你自己来实现这个目标。

如果你想问我为什么这个简单的方法会奏效，那么在你成功地做完这个测试之前先把这个问题放一边。一旦你完成了它，你可能已经知道了"为什么它会奏效"的答案。很有可能是这样的情况，如果你问 10 个人为什么它会奏效（这些人都已经成功地完成了这个测试），你可能会得到 10 个不同的答案，它们都来自他们各自的信仰体系，每一个都反映着他们各自的思考。

显然的，如果你在得到正确答案之前放弃，这个测试将不会有任何效果。我推测将会有 80%～90% 的人能够在 1 个小时内得到正确的答案。如果你一直坚持你的信仰，抵触这个测试，那么它可能将会需要 3 个小时，不过我认为这部分人会早早轻易地放弃（比如说在刚刚开始 15 分钟后）或者根本就不去尝试它。

第六章

探索工作世界

案例 B君入学前是某世界500强通信企业的产品经理,本科毕业于国内排名前五的通信专业。因为向往金融行业优厚的薪酬,怀抱着进入大型金融机构从事分析工作的职业发展计划进入S校攻读MBA专业。因为入学前已经听说国内金融行业看重CFA、CPA等证书,也对自己的学习能力有足够自信,于是一入学就将全部课外精力投入到CFA和CPA的备考中。经过一年半的准备,顺利通过了CFA一级和CPA中的两门课程。在忙完了论文,距离毕业还有三个月的时候,开始密集向意向的企业投简历找工作。出乎意料的是,投出去的简历几乎全部石沉大海。好不容易有一两家企业通知其面试,也很快因为缺乏经验或面试表现不佳而未能获得offer。至此,B君发现自己对金融行业似乎并不是像自己想的那样了解。

生涯是人与环境不断互动影响的过程,而不仅仅是个人的思想或行动,个人生活的环境对于自身做决定和如何做决定都有巨大的影响,包括公共政策、社会、同龄人、家庭等都会成为做决策的影响因素。这样的影响有时候是正面的,比如家庭的支持让个体有更多的精力投入于工作与学习;有时候是负面的,比如政府对个体所从事行业进行限制、淘汰落后产能等。我们是否经常可以听到这样的表述:"公司上正轨了,比之前规范了,业务也比较稳定,所以抽空过来读书提升下自己""行业发展更新太快,以前的储备跟不上了,所以要多学习充电""家里刚生了小孩,事情太多忙不过来,怕是论文不能按期完成了""央行又降息了,房贷利率打七折,打算再买套房,深造的计划可能要延后了"等,以上是对于个人的职业决策常见的影响因素,本章将对工作世界进行一番探索,为生涯决策提供更完整的信息依据。

探索工作世界是正确生涯决策的基础。在生涯规划过程中,存在无法做决策的情况,之所以出现这种现象,一部分原因是对自己意向的岗位没有全面的认识。比如有学生只知道自己想去金融行业,但是对于金融行业有哪些子行业,如银行、券商、基金、保险、私募等子行业的业务架构、人才需求、工作内容等都不了解,导致在选择过程中迷失自我,盲目跟风,什么岗位都去尝试,分散了自己的精力,最终成功率也不高,即使暂时入职了,也容易发现与最初想象的差距太大,难以适应。而这些如果在求职前能做好功课,就可以避免大部分问题。

第一节 探索工作世界的内容

相对于初入职场的本科生，MBA对职场通常已经有了一个框架，认识到职场有千差万别的职位存在，以及基本的职场礼仪、职场伦理等；理解没有一份工作能百分百满足自己的所有需要，在工作的选择上能够接受取舍的理念；认识到宏观经济和行业存在着一定的波动，并可能影响到自身的职业发展轨迹等。因此，相对于本科生，MBA对工作世界的探索的目标性更强，更希望获得一线的精确的信息，以及那些对自己的决策最有价值的信息。

一、宏观就业趋势

影响宏观就业趋势的因素包括了公共政策、经济形势、人口结构、技术创新、法律法规、文化自然等。宏观环境对就业市场的规模、发展方向和速度、就业质量有着直接的影响。比如经济的持续走强，带来对劳动力的不断增加的需求，劳动力市场趋于繁荣；经济的转型升级，导致对高素质劳动力的需求增加，同时导致结构性失业；人口老龄化，导致年轻劳动力的短缺、退休年龄推迟等。虽然我们无须像专业的宏观经济分析师那样关注每一个细节指标，但仍需要对宏观环境的大致情况和趋势走向有基本的了解，以便做好生涯规划。通常的宏观经济信息可查阅政府工作报告、统计局报告以及咨询机构的宏观研究报告等。另外，除了比较全面的经济趋势报告，部分咨询机构也会发布人力资源的趋势报告，如：麦肯锡的《中国隐现的人才短缺》、BCG的《解析全球人才》，其他的知名机构还包括怡安翰威特、美世、万宝盛华、任仕达等。

国内外众多学者对当下以及未来的就业趋势均提出了自己的判断，比较典型和得到认可的包括：

(1) 虽然近年全球经济陷入不同程度的危机，全球化依然是主要经济体的共识，技术和商业模式的创新使得全球化的浪潮持续涌动。

(2) 知识劳动者得到企业的青睐。随着以中国为代表的主要经济体的产业升级，以劳动密集为竞争优势正变得越来越难以为继，持续的创新和升级要求劳动者加强培训，不断更新自我的知识结构。

(3) 互联网技术的日新月异，互联网正跨界改变包括传媒、商业等众多行业的运营模式。

(4) 信息的流通变得更加透明，国家对权力的监管日益增强，公共机构的权力逐步降低，运作逐步规范。

(5) 就业市场人口结构发生变化，随着老龄化越来越近，退休年龄延长；对劳动者的知识诉求导致就业年龄推迟；人口逐步向城市集中等。

(6) 组织形态和结构的改变，组织架构正变得日益扁平化，中小创新型公司因其灵活性，在细分市场焕发活力。

(7) 弹性的就业方式，无边界组织获得发展，职场人更多关注个人成长，相对于企业工作经验，更关注于项目经验。个人品牌作为IP的现象日益普遍。

(8) 工作价值观的改变，相对于60、70后以事业为重，艰苦奋斗的拼搏精神，80、90后更注重工作与生活的平衡，更乐于参与到环境保护、社会公平等他们认为有价值的事情中。

（9）心理契约改变，职场人不再以企业为家，发扬主人翁意识，企业忠诚度降低，更多关注自我的职业发展，关注从工作中能学到什么，是否有利于自身的长期发展。生活成本的增加，也让职场人更多关注薪酬福利，跳槽成为司空见惯的事。

（10）工作的归属感减少，终身雇佣、铁饭碗成为过去式，裸辞、共享经济、兼职、劳务派遣等现象正逐步扩大。项目制、临时性的工作形式导致了职场人对组织的归属感在减弱，需要逐步适应劳动力市场的新变化。全民股权投资时代的到来，使得灵活就业的职场人也有机会享受组织高速发展带来的机会，将对灵活就业的形式起到促进作用。

（11）终身学习，社会和技术的发展曲线越来越陡峭，所学知识和掌握技能的保鲜期越来越短，依靠学校所学或独门绝活走天下的机会越来越少。更多的岗位需要从业者对个人的知识和能力进行不断的升级和更新，以适应发展的需要，所以学习终身化将成为职场进阶的常态。

（12）人力资本日益重要，在经历了资源驱动和资本驱动后，高素质的人才成为组织发展最不可或缺的资源，高素质人才与组织有望通过股权、期权实现两者生涯发展的一致性，普通员工也有机会通过员工持股计划分享组织成长的红利。

（13）组织形态和心理契约的变化导致职业发展路径的变化，由传统的围绕组织层级向上发展转变为围绕个体能力和跨界发展。

二、行业

行业研究是指根据经济学原理，对行业经济的运行状况、产品生产、销售、消费、技术、行业竞争力、市场竞争格局、行业政策等行业要素进行深入的分析，从而发现行业运行的内在经济规律，进而进一步预测未来行业发展的趋势。

中国人对行业自古以来有着深刻的认识，"三百六十行，行行出状元""男怕入错行""干一行、爱一行"等，无不显示了对行业的重视。虽然现代企业制度下，社会分工越来越细，岗位协作越来越重要和密切，职场人对公司和职位日益关注，但行业依然是个体在择业时最重要的考虑因素之一。

行业分析的主要内容包括了行业的基本情况、行业特征、行业周期、发展现状、趋势分析、市场体量、毛利率、产业链、政府导向、重点企业、对人才的需求等。

虽然"行行出状元"，但行业是否顺应了宏观经济的发展趋势以及在宏观经济中的定位，对从业者职业发展的空间、速度和回报有着直接的影响。比如中国经济的引擎正从资源驱动转向资本驱动和创新驱动，在这一过程中，金融、互联网等资本和技术创新主导的行业迎来了快速的发展，立于"风口"的企业和从业者的发展也是事半功倍，同样的情况也发生在受益于中国人口老龄化的医药行业、对健康日益重视的体育行业、精神文化消费升级的文化传媒行业等。而资源密集型、劳动密集型企业，如煤炭、钢材、水泥等，则在转型升级、淘汰落后产能的大环境下发展滞缓、举步维艰。即使是同行业中，也存在因技术、市场等因素差异导致发展状况的不同。比如，汽车行业在我国经历了多年的高速发展后，城市中传统汽车行业趋于饱和，但随着国家大力推动"美丽中国"的建设，新能源汽车却获得了发展的良机。

我国的高校毕业生，尤其是工科、医学等实践性较强的专业，初次就业时，专业对口通常是重要的考虑因素。但一方面，部分学生的专业并非是自己喜欢的，有的是追热点选择、有的是长辈代劳或接受调剂；另一方面，进入工作实践后，部分学生发现现实工作和原本设想有较大差距，这些都会导致对现有行业的不满，重新回高校深造，也是部分学生寻求职业转型的规划。随着我国向资本密集和知识密集型行业的转换，对于高素质人才的需求也是日益增加的，因此职场人在重新选择行业的时候，需要做综合细致的分析，选择拥有广阔前景又适合自己的行业。

行业分析的信息来源，除了公开的新闻媒体，金融和咨询机构的行业研究报告也是不错的选择。

三、公司

目前阶段，公司仍然是个体实现生涯发展最主要的承载者，个体的就业、升迁、调岗、薪酬、福利、培训等都基于公司实体。公司分析的内容包括公司的行业地位，通常行业的龙头有较强的竞争优势和抗风险能力；产业链定位，公司在产业链上的位置，是否有核心优势和议价能力；公司的竞争优势和劣势，拥有技术优势通常意味着更高的利润率；主营业务和运营能力，体现了公司的创造利润的能力；价值观和企业文化，保守的企业文化或许不适应工作节奏激进的职场人；公司形象，优秀的雇主品牌能为职场人简历加分，同时也意味着优秀的薪酬福利、培训机会、工作环境；其他如公司的竞争者、管理风格、职业发展路径等。

公司信息的来源除了公司官方网站，也可以通过生涯人物访谈、点评类社交网站进行了解，如果是上市公司，年报也是全面了解公司的途径。

四、岗位

岗位是决定个体工作内容最直接的载体，岗位的工作职责和职场人在岗位上的工作业绩，最终决定了个人的生涯发展轨迹。对岗位最直接的描述就是雇主的岗位说明书，对任职要求和工作内容有明确的阐释。值得留意的是，大部分情况下，岗位说明书的任职要求，并非每一条都需要应聘者严格达到，毕竟岗位不是为某一个应聘者"私人订制"的，其中部分要求是基本要求，部分要求是理想要求，求职者达到基本要求才能进入面试，与理想要求有交集则是加分项。比如第五章第三节所举例的"TMT行业组总监"的岗位说明书中，"硕士以上学历，金融、保险、财务、法律等经济类专业毕业或具有理工类专业复合知识背景""曾在同类或规模相当的企业担任类似岗位，至少担任过3个大中型融资类项目负责人或参与过7个融资类项目"等都是基本要求，而"熟悉TMT行业动向，具备TMT行业工作经验或在TMT行业内拥有一定客户资源者""具备保荐代表人、通过保荐代表人资格考试、注册会计师\律师\资产评估师\CFA等资格、有跨境工作经验者"则倾向于是理想要求。

值得留意的是，虽然每个岗位在企业中都有其自身存在的价值，但是不同的岗位对于个人经验和技能积累的锻炼程度仍然有所区别。以领导技能为例，DDI公司对公司中常见的岗位进行了分析，并提出市场和销售部门的领导者的领导技能更加全面。

表 6—1　　　　　　　　　　岗位职能的领导技能排名

领导技能＼职能	财务敏感度	商业头脑	建立组织	领导团队	高管沟通	客户至上	高管风格	推销愿景	企业家精神	全球敏锐度
运营	×	—	—	—	×	—	—	×	—	★
销售	—	—	★	★	★	—	—	★	★	★
市场	★	★	×	—	★	★	★	★	★	—
金融	★	★	×	×	—	×	—	—	—	—
工程	×	×	—	—	—	★	×	—	—	—
信息技术	—	—	—	★	—	—	—	—	×	—
人力资源	—	×	★	—	—	×	★	—	×	—

例注：★强项　—中等　×弱项

资料来源：DDI，《2016年企业领导力制胜全解析报告》。

该报告同时指出，从中高阶领导者到高管，财务和营运的背景占到了高级别职位候选人的大部分比重，而人力资源、信息技术和工程背景占到较小比重。这暗示企业在调集策略和高管候选人才库时对财务敏感度、商业头脑和全球敏锐度方面的高度看重，也从另一侧面说明企业内不同的职能向上的升迁率也有所不同。

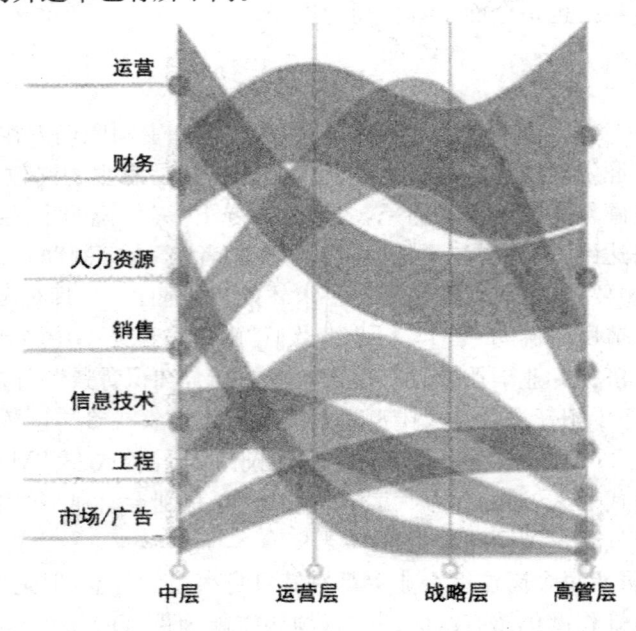

注：高管层，包括如执行副总裁、集团总裁、总裁等职位的候选人。战略执行层，包括如高级副总裁、部门总裁和副总裁等职位的候选人。运营领导者，包括副总裁、高级总监、全球/区域总监和部门负责人等职位的候选人。中层领导者，包括经理、总监、高级经理、工厂/厂务经理等职位的候选人。

资料来源：DDI，《2016年企业领导力制胜全解析报告》。

图 6—1　各主要部门关于各领导级别的候选人占比

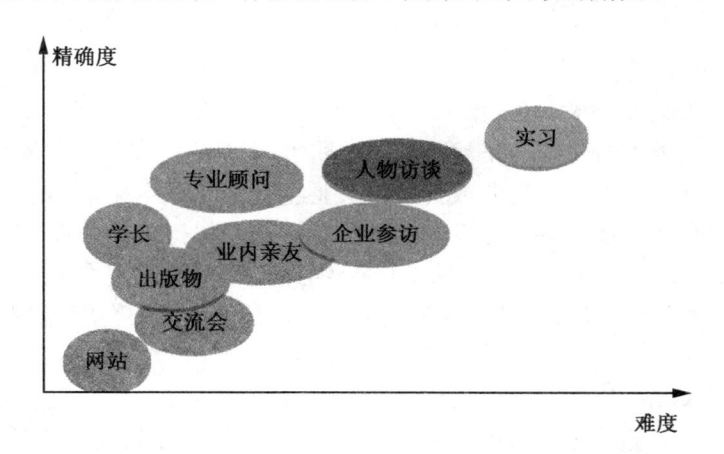

第二节 探索工作世界的方式

探索工作世界的方式有很多种,包括行业和企业网站、各类出版物、行业和人才交流会、专业协会、亲朋好友、生涯人物访谈、企业参访、实习等。

理查德·迪克·鲍利斯曾就雇主倾向的招聘渠道进行了排序[1],依次为:

(1)内部推荐。与我们通常理解的内部推荐不同,鲍利斯的内部推荐指兼职员工或者实习生转正等在企业有过工作经历,企业已经对其工作表现有一定了解的情况。

(2)成果证据。能够证明自己工作能力的证据,比如分析师的研究报告、程序员编写的程序、设计师的设计作品等。

(3)熟人推荐。通过内部员工或者亲戚朋友的推荐,我们通常所说的员工内部推荐也属于这个范畴。

(4)猎头中介。通过猎头等专业的人力资源中介机构的推荐。

(5)招聘启事。通过企业官网、招聘网站、行业论坛等发布招聘启事。

(6)简历。求职者主动推送的简历。

鲍利斯关于雇主招聘渠道的排序,为个人探索工作世界的渠道提供了很有参考意义的借鉴。关于求职信息的获取,在本书求职章节会进一步展开。

从获取信息的质量维度,在渠道的选择上,一般来讲,内部优于外部,双向沟通优于单向沟通,一手信息优于二手信息。

因此,前文所列举的各种探索工作世界的方式的效果,大致可用图6-2予以展示。

图6-2 探索工作世界的方式

一、网站

得益于互联网的快速发展,网络成为人类有史以来信息量最大的数据库,只要使用得当,

---

[1] [美]理查德·迪克·鲍利斯. 你的降落伞是什么颜色?[M]. 北京:中国华侨出版社,2014.

大部分答案都可以通过网络找到。尤其是移动互联网的发展,使得网络的接入变得异常便捷和简单,更加使得网络成为获取信息的首选。但从另一视角,互联网无穷无尽的数据量也成为其发挥作用的制约。一方面,需要从巨大的数据量里找到自己所需要的有价值的信息本身就是一件需要投入大量精力的事,虽然搜索引擎可以大大简化这一流程,但目前搜索引擎仍然无法解决搜索结果存在大量的重复以及判断搜索结果对搜索者的价值等基本而又重要的问题。另一方面,对于信息质量的甄别,由于搜索者本身就是对这一行业的信息了解得比较初级,如何判断所获得信息的价值,也需要多加留意。尽管如此,在没有更便捷且能提供高质量信息的方式的情况下,互联网仍然是我们获取信息的首选。

现在与职业相关的网站包括综合性招聘网站(如智联招聘)、社交招聘网站(如 Linkedin)、行业/垂直招聘网站(如拉勾网)、企业官方网站等多种类型。通过网站获取信息的渠道主要有:

1. 网站的研究报告

因为招聘网站通常掌握了雇主和求职者在招聘方面的大量数据,通过对大数据的分析,常会发布相关的研究报告。比如智联招聘发布的《就业市场景气报告》《中国雇主需求与白领人才供给报告》,Linkedin 发布的《中国人才招聘趋势报告》等。相对于猎头等中介机构通常就行业发展趋势和薪酬相关的报告,招聘网站的报告相对更宏观。

2. 社交招聘网站

社交招聘网站有大量的注册会员,且绝大部分都公开了自己的职场经历。因为不是每个人都有机会正好有想了解的行业或企业的亲朋好友提供信息,那么社交网站是寻找人物访谈对象的一个重要来源。需要注意的是,初次接触需要给对方留下专业和良好的印象,否则也容易被拒绝。

3. 垂直网站和点评类网站

垂直网站主要面对某一类对象,比如应届生求职网以高校毕业生为主,还建有相关论坛,并以行业和知名公司建有分论坛。虽然是面向应届生,但是经过多年的积累,也有不少忠实的用户在就业几年后来分享在某个行业或公司的从业经历。点评类网站是提供雇主点评与职场信息平台,如看准网,也有类似基于分享的效果。对于行业的初级从业者,快速从内部人视角了解公司的文化、薪酬、职业发展通道,提供了丰富的信息。需要注意的是,因为该类网站以匿名方式提供信息,对某个行业或企业正面和负面的评价往往都比较突出,需要做理性的筛选和判断。

4. 企业的官方网站

企业的官方网站是企业全方面展示自己的平台,往往将企业最具有竞争力的信息进行系统的呈现,真实性可以得到保证。缺点是,通常是概述信息,难以讲述得很细致和具体。

二、交流会

通常的形式有行业交流会、企业宣讲会、论坛讲座等。规模大、层次高的行业交流会通常需要邀请函,交流的内容也比较宏观,易得性较低。优势是可以从较高的视角上观察行业的发展趋势,并且接触到行业中比较新的发展信息。企业宣讲会,通常高校和企业在校园招聘的环节会联合举办宣讲会,虽然企业宣讲会主要面向的群体是高校毕业生,但是对于企业的介绍并没有特别的区别,而且宣讲会通常会安排企业的中高级管理人员和已经在企业工作的学长现场演讲,也是一个拓展人物访谈对象的机会。论坛讲座,商学院作为培养工商管理人才的机构,常年会邀请学术界和工商界的成功人士来校讲座。相对于行业交流会、企业宣讲会,讲座的主题通常更为聚焦,规模也更小,而且举办的目的也是为了向学生提供接触实业的机会。因此,讲座的嘉宾往往更倾向于谈具体的问题和经验,而且与学生的交流互动更多,从这一角度来看,讲座也能够获取高质量的信息,缺点是讲座的时间往往比较有限,难以进行深入且全面的交流。

三、出版物

从形式上,包括正式的纸质和网络出版物、非正式的网络报告和视听材料等。从内容上包括官方的统计报告、第三方关于行业和企业的研究报告、业内人士的回忆录和其他著作等。官方的统计报告通常需要具备一定的专业或行业基础才比较容易理解。业内人士的回忆录对于了解行业的本质和历史沿革比较有帮助。第三方包括人力资源咨询公司、证券公司、市场调研公司、其他咨询公司等机构时常也就行业和公司发布研究报告。人力资源咨询公司,比如美世、怡安翰威特等,除了年度的薪酬报告和人才发展趋势报告外,还不定期发布行业调研报告、领导力报告、敬业度报告等。券商的研究报告,虽然主要是面向证券市场投资者,但内容不乏对行业现状和发展趋势的研究分析,尤其对于上市公司的研究,更是券商研究员的强项。而且相对于其他机构的研究报告,券商的研究报告通常都是免费提供的。另外,其他优秀的咨询公司,比如麦肯锡、波士顿、贝恩等,也不定期发布行业的研究报告,但顶级咨询公司的研究报告虽然信息质量较高,但出于版权等原因,易得性较低。

四、学长和校友

通过学长和校友获取行业和企业信息,是很多高校毕业生都了解和实践过的技能。因为学长和校友通常有着和自己相似的背景,并且也曾经经历过求助者当下所处的境况,所以对于求助者的需求和处境能有更好的体会和理解,其能给予的帮助也更有针对性。对于MBA,这方面的优势或许相对较弱,因为MBA的学生个体之间背景差异较大,甚至常出现早几届毕业的学长的资历还未必有刚入学的学生资历深。但MBA的优势在于,学长和校友乃至同学的背景的丰富多样性,可能在同学中就能找到符合自己要求的咨询者。另外,通过校友活动结识,或者请学院职业发展中心老师介绍,都是不错的选择。

五、业内亲友

通过亲友,优势是往往沟通可以非常深入细致,知无不言。缺点是,选择面往往比较有限。

六、企业参访

通过企业参访,可以实地了解企业的运作,使得通过其他渠道获取的信息得到进一步验证,并且发现自己还需要补充的信息。通常企业参访会安排企业的中高级管理人员和到访师生交流,因此,事先需要做好功课,准备几个自己感兴趣的而通常又不易通过搜索引擎找到的问题。

七、专业顾问

通常专业的职业顾问包括猎头、人力资源服务机构、职业发展服务机构等。

猎头的主要工作是帮助企业进行中高级人才的寻访。大部分人对于猎头的认识只是停留在找工作的中介，只有在想换工作的时候才会想到联系猎头。但猎头的价值却不仅如此，虽然猎头存在的主要目的是帮助雇主寻找合适的人才，但客观上，猎头在其工作的过程中同时也积累了深厚的行业知识，通常一名资深的猎头对行业的本质和发展趋势有着深刻的理解和独到的判断，往往可以成为优秀的职业顾问。MBA 与猎头的合作有较好的契合度，应该培养长期的合作关系，主要源于：

1. 猎头寻访的通常是中高端的岗位

在互联网时代之前，猎头主要寻访高端岗位，互联网和信息技术普及后，一方面，人才的评估和信息的获取变得更为便利；另一方面，由于受招聘网站的竞争压力，不少猎头也开始引入互联网和信息技术，使得中端岗位也成为猎头的工作对象。根据猎聘网 2014 年的统计数据，使用猎聘网的猎头所寻访的岗位的薪酬最集中的是 15 万～30 万元年薪和 60 万元以上年薪两个区间。这两个区间也正是中级人才和高级人才比较密集分布的区域。在岗位上以经理和总监级别为主，二者占到 76% 左右。无论是在薪酬还是在岗位分布上，相对于没有工作经验的本科生，MBA 可能在短期内就成为猎头的目标，使得猎头和 MBA 之间存在比较实际的沟通基础。

2. 猎头的工作性质更倾向于锦上添花

完成雇主交付的人才寻访任务是猎头工作的本质，因此大多数情况下，猎头向雇主推荐的都是优秀的处于上升通道的候选人，而不倾向于长期脱离工作岗位缺乏闪亮业绩的人。因此和猎头的接触，不能等到失去工作了再想着去找猎头介绍，而是在岗的时候就需要保持和猎头的接触，让猎头了解自己的价值。

3. 猎头对于行业的薪酬了如指掌

虽然薪酬代表不了职业发展的全部，但薪酬也说明了职业发展的大部分内容，而且也是职场人最看重的因素之一。通过猎头了解的薪酬数据往往更接近于实际情况，另外在通过猎头求职的过程中，有猎头作为薪酬谈判的中间方，往往更容易达成一致。

国内的猎头行业发展的历史并不很长，而且行业并没有统一的标准，存在着发展良莠不齐的状况。因此在选择合作的猎头的时候，需要加以甄别，通常从地域、职能、行业、级别等维度加以选择。地域方面，根据猎聘网的统计，上海和北京的猎头业务约占全国业务的六成左右，因此，通常在一线城市长期经营的猎头均经过了激烈的行业竞争，其专业度有较高的保证。职能和行业方面，专业的猎头不会任何职能和行业都做，通常会专注于一两个自己最擅长的职能和行业。级别方面，猎头通常有自己擅长的寻访级别，主要以薪酬划分，对于年薪 30 万元和年薪 300 万元的人才的寻访，猎头的工作方式会存在一些差异，在级别方面寻找最适合自己的猎头即可，不宜一味求高。

猎头之外，近年由于职业发展越来越受到职场人的关注，一些专业的职业发展服务机构得以涌现。比如睿问，就是以互联网和电话的形式，解决职场人的职业发展困惑，用户可以在线预约资深的职场顾问，然后电话交流，获取职业资讯。

八、人物访谈

人物访谈是指利用自己的人脉网络就自己关心的职场问题进行交流获取信息的过程。通过访谈帮助个体在感兴趣的领域内发展人脉关系，提供更多的内部消息，还有更多的机会认识在该领域的其他人，并且能够网罗可能的工作机会。从信息访谈和人脉网络中获取的经验将会帮助个体掌握工作面试所需要的能力和技巧。前文亲友、交流会、猎头等相关篇幅也涉及了部分人物访谈的内容，但人物访谈的范围和内容往往更为丰富和系统。

1. 人物访谈的目的

人物访谈的目的不是找一份工作，而是为了进行某一领域的研究，并且拓展自己的人脉网络以备将来之用。具体而言，人物访谈可以帮助个体进一步提炼感兴趣的领域的理解，训练让被访谈对象感觉舒适的社交技能以应对将来需要面对的面试，为拓宽人际关系创造了环境等。

除了确定工作需要的技能和薪水的范围以外，你还能从人物访谈中获得很多其他的信息。如果在公司现场访谈，你还可以观察你是否喜欢这里的同事和工作环境、气氛是否舒适、同事是否友好并且愿意帮助你、工作是不是适合自己等。另一情况，你也可能会被晾在一旁，没人搭理你，让你一直等着；终于等到你开始访谈时，谈话又被时常中断或者对方心不在焉；工作环境嘈杂、交流空间狭窄等。因此，人物访谈的总体目标是收集信息，额外的目标是拓展人际关系并且确定是否你已将个人需求和职业目标做了合适的匹配。

2. 人物访谈的过程

找到生涯人物。人物访谈的第一步是找出在准备探索的领域工作的人，虽然我们认识的人里面可能正巧有恰当的人，但大部分情况下，我们需要通过其他人介绍才能找到合适的人。修读 MBA 的过程通常能简化这一环节，一个年级和班级的同学通常来自各行各业，很容易就能找到访谈的对象，或者通过引荐很容易找到更高层次的访谈对象，通常意义的六度理论，实践中往往两三度就能解决问题。在人物的选择上需要注意结构的合理，既要有入职年限较短的访谈对象，也要有经验丰富的中高层人士。

获得访谈机会。尽管有熟人介绍，但是访谈对象大多数情况下依然是陌生人，初次拜访仍然需要注意职场礼仪，以便陌生人更乐意进行交流。无论是通过电话、短信、邮件还是微信等方式联系，应该明确告知对方引荐人、说明来意以及需要大致占用对方多少时间。如果被访谈对象不方便，可以另外再约时间和地点或者询问对方是否可以引荐其他人。不管访谈的过程和结果如何，都要表示谢意。

提前做好准备。在开始人物访谈前，应该就自己所要问的问题有过一定的探索，不要期望访谈对象从零基础一直谈到很深入，尽量有了一定的积累后再进行有针对性的询问。一方面，使得有限的访谈机会更有价值；另一方面，可以对访谈中所获取的信息的质量进行独立的思考。

了解正负两方面信息。人物访谈过程中，通常包括客观和主观两方面信息，对于主观信息，往往需要谨慎地看待。比如，访谈过程中问及对方对目前所从事工作最满意和最不满意的地方，对于对方提供的答案需要结合自身的情况加以理解，对方觉得最满意的地方未必是自己最看重的，对方觉得最不满意的地方也未必是自己难以接受的。比如，有的资深的访谈对象薪酬职位已经比较好，希望多一点时间照顾家庭，可能就会对过度的加班不满意；但是对于初入行业的新人,加班意味着可以快速地积累经验,从行业新人快速成长为专家。再比如,被访谈对象可能是个外向的人,他的工作能够让他每天和各种不同的人交流,这一点让他很满意;但是访谈者也可能是个内向的人,更倾向于与具体的事和数据打交道,每天和各种不同的人沟通反而容易成为一种负担。因此,访谈过程中,需要首先搜集正负两方面的信息,然后根据自身的情况加以取舍。

通过访谈对象连接其他相关人士。人物访谈通常不会只进行一次,一个访谈对象所提供的信息,是他本人经历和加工过的信息,未必足够的全面和客观,所以为了能够保证探索的效果,往往需要进行多个人物访谈。通过当前的访谈对象连接其他的相关人士,是比较便利的一种拓展访谈对象的渠道。在访谈结束的时候,可以向访谈对象表述这方面的需求,通常能够得到访谈对象的正面回应。

3. 人物访谈提纲

在和访谈对象预约后,就需要准备访谈提纲。访谈提纲能够帮助访谈者快速地获取最有价值的信息,保证访谈者的逻辑和内容能够保持清晰和聚焦,同时也可以提升效率,节约访谈对象的时间。

访谈提纲所涵盖的问题因人而异,大体上可以涉及业务类型、职位描述、职业特征、工作环境、薪资待遇、发展路径和入职要求等。在访谈之前,首先在网上做一些研究,然后将不清楚的问题带过去询问更多的细节。除非需要进一步的了解或澄清,否则不要问一些显而易见的问题。下面是一些在任务访谈中会经常问到的问题的示例:

- 您是怎样决定自己的职业的? 做了哪些准备?
- 这份工作要求什么技能?
- 工作中,您的主要职责是什么?
- 您能描述一个典型的工作日有哪些工作任务吗?
- 您的工作条件如何,包括时间、环境、着装等?
- 在这个领域,一个人的薪酬范围是多少? 从入门级到最高级的薪水分别是多少? 还有其他哪些福利?
- 您认为这个职业的发展前景如何?
- 工作中哪些是您喜欢的哪些是您不喜欢的,为什么?
- 还有哪些职业与这个行业紧密相关,什么兼职经历能让我离这里更近?
- 方便推荐我与其他像您这样的专业人士谈一下吗?

九、实习

实习是对行业、企业和岗位进行了解的最直接的方式,实习的重要性不仅在于能够获取一手的信息,而且在于这些信息的获取是经由自己不断的实践,在获取的过程中经过了大脑的加工,因此,切身的体验最为真实和生动,对于职业决策最具有参考价值。但实习的不足在于,一方面实习的机会比较少,往往也需要推荐和面试;另一方面,一段实习通常会持续 2~3 个月,考虑到 MBA 阶段预留给求职准备的时间并不是很多,因此通常的实习次数也非常有限。实习的过程需要付出巨大的时间成本,当然一份好的实习,得到的回报也是非常可观的,不仅仅是行业经验的获取,也意味着转为正式岗位的可能性。因此,在探索工作世界和求职阶段准备一两份实习非常有必要。

练习 6—1

1. 列出自己意向行业的三个岗位(如果已经非常明确自己意向的岗位,只列一个也可以),制定一份人物访谈提纲,每个岗位寻找三名以上不同资历的业内人士进行人物访谈,并对访谈内容进行总结。

2. 如果毕业在即,通过实习后发现目标岗位真实的工作世界和原来想象的差异较大,时间上又不允许再通过实习来进行了解其他岗位更多的信息,虽然实习雇主愿意给 offer,但是自己并未想好是否留下。这种情况下你将怎么做?

扩展阅读

[美]理查德·迪克·鲍利斯. 你的降落伞是什么颜色?[M]. 李春雨译. 北京:中国华侨出版社,2014.

第七章

决策与行动

案例 C君入学前在某事业单位工作,因为了解到单位以后职位提升需要硕士学历,而目前自己只有本科学历,所以又考了MBA进行深造。入学后,发现班级的同学大部分是在金融行业工作,平时大家坐一起都在讨论宏观经济、投资策略等话题。C君也觉得非常有兴趣参与讨论,但是毕竟不是业内人士,有点跟不上节奏。经过一年的学习后,C君感觉自己的财经水平有了很大的提升,与同学也能够坐下讨论财经大事。在了解到班里同学的工作内容和薪酬后,对于自己按部就班的工作节奏和缓慢的微薄加薪,C君最初的心思有些动摇。正好班级同学辞职创业做起了私募,邀请C君一起加入,给出的薪酬也大大高于目前水平。是继续原来的职业规划,还是抓住眼前机遇进入一个有些陌生但是前景看起来不错的新行业,C君却开始拿不定主意。

不管是在国内还是国外,决策与行动都是职业发展辅导老师感到最难以处理的状况:有些来访者虽然通过自我探索知道了我能够做什么、想要做什么、应该做什么,通过探索外部世界知道了我可以做什么,但仍会有犹豫不定做不了决定,或者做出了决定却不知道如何执行,又或者在执行的过程中坚持不了半途而废。那么是什么原因导致了以上这些困境?

职业决策的概念最早源于英国经济学家凯恩斯(Keynesian)的经济学理论,后来被逐步引入到心理学中。他认为个人在选择职业目标时,将以最大收益和最低损失为标准,这种收益和损失是广义的概念,包含了任何对于决策者有价值的事物,如:金钱、社会地位、健康、人脉等。Gati、Krausz 和 Osipow 针对职业决策困难提出一个理想的职业决策者模型,即最好的决策就是最有助于决策者目标实现的决策。理想的决策者能够意识到自己需要做出决策,且愿意做出决策,同时具备作出正确决策的能力。任何阻碍理想决策状态达到的因素,都被认为是决策困难。同时,Gati 等人编制了《职业决策困难问卷》,根据问卷的结果和访谈,对职业决策困难进行了分类(图7—1)。

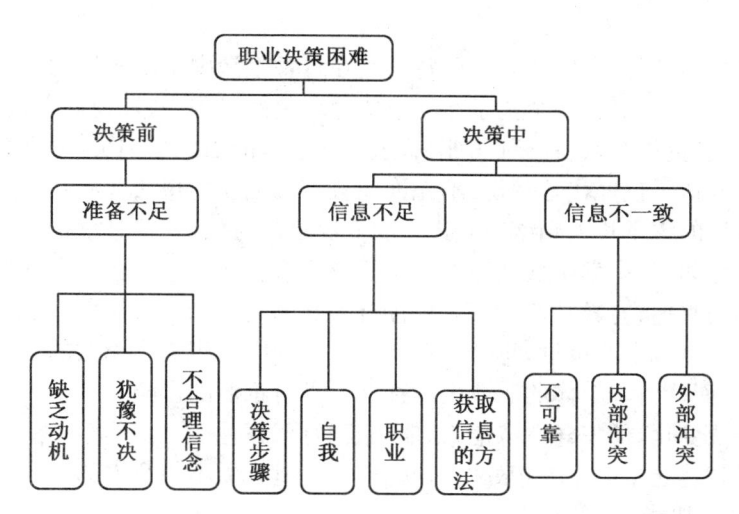

资料来源:Gati, I., Krausz, M., & Osipow, S. H. (1996). A taxonomy of difficulties in career decision making. *Journal of Counseling Psychology*.

图 7—1　职业困难类型分类

第一节　影响决策的因素

一、影响个人职业决策的因素

决策困难是生涯规划中的常见现象,导致决策困难的因素有很多。著名的职业辅导理论家克朗伯兹(Krumblotz,1979)将影响个人职业决策的因素划分为四类:

1. 遗传和特殊能力

即个人源自遗传的特质,如种族、性别、外表特征、智力、个人天赋等,在某种程度上决定了个人的职业表现或影响到个人的生涯。例如,在现阶段的就业中,不可否认性别因素仍然在不同程度地影响到求职者是否有机会参与面试和被录用。但这并不意味着适合该行业的性别一定占优势。比如,通常女性被认为更适合教师和财务行业,但现在大部分高校在招聘过程中都会在同等条件下倾向于男性候选人。其他如身高、健康状况等先天条件在很多岗位中都会被考虑。

2. 环境和重要事件

包括人类活动(如社会、文化、政治、经济活动,家庭、教育活动)的影响和自然力量(如自然资源的分布或自然灾害,如地震、洪水以及干旱)的影响。比如,家庭经济社会的影响,由于城市之间、城乡之间发展的不平衡,城市的子女相对于农村的子女,一线城市的子女相对于其他城市的子女,在成长阶段容易拓展视野,接触更多更新的教育资源和社会经济发展的资源,这些资源或直接或间接地对子女的成长起着立竿见影或潜移默化的作用,进而影响个人的求学背景、格局视野和发展机会。从更大尺度上看,国家社会层面的大格局会产生更大的影响,比如"恢复高考""改革开放"等就极大地改变了千万人的人生轨迹。

3. 学习经验

这里所说的"学习"是广义的学习，即每个人在日常生活中不断积累的经验和认识，而不仅仅是书本知识的学习。例如，一个孩子在与小伙伴玩耍的过程中，发现如果自己愿意与伙伴们分享玩具，别人就会更乐意跟自己玩。那么，这个孩子可能由此学到了"分享""合作"。而如果父母总是为自己的孩子包办代替一切，不允许他有自己独立的想法或喜好，那这个孩子就学到"不负责任"。这样的孩子长大到该独立进行职业决策的时候，就很难承担决策的责任，也没有自己的主见。再比如，某小学生恰好遇上了一位特别和蔼可亲、循循善诱的数学老师，于是对数学产生了浓厚的兴趣，对教师这一职业也怀有美好的向往。在成年后，他最终选择数学教师作为自己的终身职业。由此可见，每个人在其成长过程中都积累了无数的学习经验，个体的学习经验是独特的，而这对于个体的职业生涯选择又具有重要的影响。一个人是自信还是自卑、敢于冒险还是畏惧变化，他怎样看待他人，他对于教师、医生、警察等各种职业的认知，他更看重工作带来的成就感还是与家人相处的时间……这一切，无不与个人的学习经验有关。

4. 任务取向的技能

受到上述种种因素的作用，个人在面临一项任务时，会表现出特定的工作习惯、解决问题的能力、心理状态、情绪反应和认知的历程，这称之为"任务取向的技能"。比如，面对找工作这件事情，同一个班里所有的同学都没有经验，都感到犯怵。但其中有的人可能会积极地面对困难，会想到利用学校职业发展中心所提供的各种信息和资源，向自己的亲友、老师、校友和高年级的学长请教，之后开始自我探索，并着手联系实习的机会。这样，当他们到了要毕业的时候，已经对自己和职场都有了相当的认识，也积累了不少的信息和资源，找工作变成一项在自己掌控力范围内的事。而另外一些同学则一味地拖延和回避，不去面对困难，直到临毕业才开始着急，或寄希望于外界的亲戚朋友能够帮助找一份工作，或埋怨学校不帮助毕业生联系就业单位，随便抓一根稻草就开始工作，最终形成做一行怨一行的恶性循环。在这个过程中，不同的人所表现出来的心态、习惯和能力，其实反映了他们不同的任务取向的技能。

克朗伯兹的四类影响职业决策的因素中，遗传和环境因素通常都不受个人控制，学习经验和任务取向的技能因素则是个人在成才过程中能够不断努力的方向。克朗伯兹认为：上述四种因素交互作用的结果，形成了个人对自我和世界的推论或信念。这些推论不一定完全体现了思想观念上的束缚，将个人的选择限制在狭小的范围内，缺乏弹性，最终阻碍了个人长久健康的发展。在真实情境中，人们也许不会作如此绝对化的表述，或者即使持有这种观念，可能在理性上也同意它们是不合理的，只是在潜意识中却仍然相信这些想法并且据此作出判断和行动。例如，有人希望找到的工作能够让所有人都满意，如果一份工作父母、朋友或者老师不满意，他就会感到郁闷和压抑，因为在他内心深处可能存在"只有所有人都满意的工作，才是好工作"这一非理性的理念。

二、非理性生涯观念

常见的非理性生涯观念包括：

1. MBA 能够给转行提供决定性的筹码，可以在行业、职能、岗位、公司上一步到位

辨析：对于组织招聘和用人，职场人应该有清晰的认识，即组织之所以招聘，是基于理性的判断，即招聘的员工能够给组织创造超过组织支付的用工成本（即主要为薪酬）的价值，否则组

织没有聘用的价值,或者这样的组织由于无法实现良性的运转而不可持续。MBA虽然是管理教育的明珠,散发耀眼的光环,但要说服组织以高薪雇佣,还需要有更直接的能为组织创造价值的东西,组织看重的主要包括能力、品德、潜能等,而这些指标主要通过面试加以MBA学位代表了全面的商业管理知识与一定的管理技能,但这些知识和技能是否能匹配组织的需要,仍然是组织需要考察和考虑的。故而,极少有人仅仅凭某学位证书或者资质证书而获得满意的岗位。包括MBA在内的求职者都需要在求职和工作中脚踏实地、换位思考,注重组织和岗位的需求,将自身的优势与岗位的需求契合起来,才能找到合适的工作并站稳做好。另外,转行通常难以一步到位,最常见的是转换自身职业属性的一部分,保留一部分。例如原来在制造业做财务的,转换到金融行业,如果能从财务相关的岗位切入,则进入行业的门槛会降低很多。完全抛弃原行业的积累从头开始,对于工作年限较长的求职者损失过大,过程也更加艰难。经验之外,对于一些非核心维度的牺牲,也是换得入行门票的关键,例如,到非市中心的组织或业务部门、非核心的业务板块、规模较小的组织、出差较多或工作强度较大的组织等。转行的求职者相对于业内多年积累的职场人,在正面竞争上缺乏优势,通过"曲线救国",先入行再多积累,伺机发挥自身的优势,才能实现弯道超车。如果期望于一步到位,则很容易被一直挡在行业之外,就如你的目标是游轮,但是拿不到船票,也需要先上小艇再找机会上游轮,如果连小艇也不愿意上,只能在码头看着游轮越行越远而望洋兴叹。故而,转行之路上,方向、意志和策略是一个职场人能走得更远的保证。

2. 我的情况比较特殊,之所以还没有找到满意的工作,是因为伯乐还未出现

辨析:愿意花费两年甚至更多时间来攻读MBA学位的学生,是同龄人中不甘于现状,对自身有更高要求,愿意投入更多的精力和经济成本来实现自我提升的一群人。诚然,这样的人是同龄人中总体素质较高的群体,但并非万里挑一,如果不能准确地为自己在职场中定位,容易犯好高骛远、眼高手低的错误。尽管说每个人都是不同的个体,但是从心理学、人力资源学科的研究来看,个体的性格、能力特质都可以抽象归类为若干不同的评价指标,个体间的不同不是因为某个人有独一无二的某项能力,而是若干个不同评价指标的组合带来的。组织招聘的岗位要求所依赖的胜任力模型就是某些指标以及这些指标所要求的素质的组合。招聘的过程就是对照岗位胜任力模型的要求,对个人的对应的指标进行考核,并与胜任力模型进行比对,挑选匹配度高的人。如果个人与岗位胜任力模型所对应指标的要求差异过大,通常会被认为会对入职后的工作表现带来较大的风险,而风险是人力资源在招聘过程中几乎是最看重的指标,所以对于这种情况的求职者被录取的机会就较小。当然求职者之于A岗位可能是高风险,之于B岗位可能就不存在这样的情况,有些指标之于A岗位是劣势,之于B岗位可能就是优势。例如谨慎保守,不适合销售岗位,但对财务岗位却可能是加分项。了解了这个过程,如果求职者长期只盯着一两个特定岗位,经过多次面试都没有被录取,就需要反思自身的某些素质是否与求职岗位所要求的差异过大,需要及时调整策略,寻找与自身素质类型更匹配的岗位,而不是一味否定自己或者等待那可能永远都不会出现的伯乐。

3. 我天资聪颖,只要我愿意,可以做任何事

辨析:诚然个别学生的天赋很高,学习能力强,对于新事物的接受和掌握很快,这部分学生往往就是周围人眼中的天才,这类天才就是通常我们所说的智商很高,但长期和大样本看下来,往往取得较高成就的并不是这类天才。究其原因,智商高的学生往往自恃清高,更多地精

力都投入在自己身上，长久的智力优势往往容易让其对自身的智力能力过于自信，而忽略沟通、团队协作能力、挫折管理等能力的提升。在工作中表现出的智力能力一方面并未达到可以忽略其他能力的高度，另一方面又忽略其他能力的培养，对于职场的规则不了解、不重视、不遵守，导致缺乏团队成员的信任，工作中得不到应有的支持，工作表现也不够突出。对于这种不合理的信念，首先，需要帮助其了解职场运行的规律。诚然职场需要智力，但智力更多的是敲门砖。虽然古往今来有小部分天纵之才仅凭智力优势就可以青史留名，但大部分，如古有仲永，今有多位高考状元最终并未达到社会期待的高度，而大家比较熟悉的高成就者，大多是智力较高，却在积极主动、责任感、沟通纵横等方面有突出表现。现代的职场和社会是协作系统，单个人如果不能在智力上做到某个细分领域的顶尖，则必须得到周围人的支持才能在职场上不断提升，而他人并不会无缘无故地支持你。彼此的信任、支持意愿需要一定的培养才能形成，因此，职场人需要合理分配个人的精力于内心和外部。其次，需要培养与外部协作的能力。通常大家认为智商是天生的，而性格往往是可以培养的。事实上，人的性格在年幼的时候往往已经定型，后期的改变难度很高，但仍然可以通过一些工具，比如流程管控、教练技术等二次开发其工作习惯和思维反馈模式。虽然第二点需要长期的培养和投入，但往往第一点的方向性转变更为重要。

三、职业决策中的障碍

职业决策中的障碍依据不同的分类方式，可分为外部障碍和内部障碍、主观障碍和客观障碍、可控障碍和非可控障碍等。外部障碍主要来自外界，如国家的政策导向，社会经济的周期性，组织关于用工的性别偏好，外部障碍多为客观障碍和非可控障碍，也存在一些可控的情况，比如父母对子女的想法有时候可以施加影响；内部障碍主要来自于自身，如焦虑、逃避、消极等，内部障碍多为主观因素和可控因素，也存在一些客观情况，比如身体状况和不可控因素，比如非正常范围的焦虑抑郁等。生涯决策过程中，我们倾向于把外部障碍想得过多，而混淆和忽略外部障碍转化的内部障碍的影响，比如社会经济处于周期的弱势环节，就业难度增加，这对求职者客观上带来了一些影响，但带来致命影响的却可能是由于对外部环境的焦虑和多次求职不中的失望抑郁给内部心理带来的冲击，丧失了继续不断尝试的勇气和斗志，从而使得本来可以把握的机会也擦肩而过。在生涯决策中，我们需要明辨内部阻碍和外部阻碍，才能采取相应的对策。

个人出现决策困难的情形，通常又分为两种：(1)生涯不确定(career indecision)，这是正常的发展性的问题。本科生因为尚处于生涯探索时期，国内的中小学教育普遍缺乏生涯规划相关内容，使得大学生对于个人的兴趣、性格、能力和价值观，对真实工作世界的了解不清晰、不准确，从而不知道该怎么做决策，这往往是对内对外的信息的匮乏导致的，通过了解两方面的信息比如阅读生涯规划书籍、参加社会实践等可以改善。(2)生涯犹豫(career indecisiveness)，这是由个人特质引起的，如个人兴趣与能力有差异，个人偏好与社会期待有冲突，价值观受到环境条件限制，非理性生涯观念等。比如自信不足，选择焦虑，难以调和个人价值观和社会价值观的差异，无法确定职业兴趣和性格等。

相对于本科生的生涯决策障碍主要来自于生涯不确定，MBA面临的生涯决策障碍主要来自于生涯犹豫。由于MBA平均拥有5～8年的工作经验，对于职场的通用运行规律均有一定程度的认知,而且 MBA 的同学来自于多个行业,互相的交流让大家对彼此的行业也会有部分了解。因为 MBA 群体多为积极上进的企业的中基层主管,所以信息的量和质都较高,对于彼此拓展职场信息具有高度的效率。同时,职场多年的经历,让其对于个人的职业兴趣、性格、能力和价值观也有了较为清晰的认知。但与 MBA 的咨询交流中,仍然发现不断有学生存在职业决策障碍的情况。有的学生不知道如何在组织内获得升迁、有的学生在创业和就业之间举棋不定、有的学生在团队协作中遇到障碍而迷茫焦虑……对于生涯犹豫,一方面是决策工具的运用,辅助其系统思考、厘清思路;另一方面是心理状态的调整,培养积极主动的思维模式。

练习 7-1

1. 回忆一下一个月内自己做的三个决策,思考自己做决策的习惯,以及影响自己做决策的因素。
2. 思考自己是否有难以做决策的情况,是什么因素阻碍了自己做出决策?

第二节　决策工具

一、CASVE 循环

CASVE 循环来自于认知信息加工(CIP)理论,由盖瑞·彼得森(Gary Peterson)、詹姆斯·桑普森(James Sampson)和罗伯特·里尔登(Robert Reardon)合著提出。这种理论认为,即使个人充分掌握了自己的内在特质和外部工作世界的信息,也未必就能做好生涯决定,而人的整个生涯发展过程必须不断面临生涯决定的问题,因此决策在生涯发展中具有重要地位。该理论提出了信息加工金字塔模型,包含做出一个职业生涯选择所涉及的各种成分。金字塔的最高层是被称为元认知的执行领域,是个人对自己认知过程及结果的知识、体验、调节、控制,它包括自我言语、自我觉察、控制与监督。中间层是决策技能领域,即通用信息加工技能的五个步骤,包含进行良好决策的沟通(Communication)、分析(Analysis)、综合(Synthesis)、评估(Valuing)和执行(Execution),缩写为 CASVE,构成了决策的循环(图 7-2)。最底层是知识领域包含自我认知和职业认知。自我认知包括了解自己的价值观、性格、兴趣和技能;职业认知包括理解特定的职业、专业及其组织方式(图 7-3)。

(一)沟通

沟通是 CASVE 循环的起始和终结。起始的内涵是认知到自身需要做选择,终结的内涵是认识到自己做了正确的选择。沟通包括内部沟通和外部沟通。

当个人意识到理想与现状有差距,意识到问题的存在时,是决策的开始。比如对于职业规划,个人所接收到的信息可能是对自身的职业发展不确定的焦虑(内部沟通),父母朋友可能和个体沟通一些职业方面的问题(外部沟通)。使得个体意识到有做出职业选择的需要。个体如果没有意识到自己的需要,则不存在后续的步骤。如果个体认为职业规划不重要,或者只是走个流程,或者离自己还很遥远,只有当自身职业发展碰到障碍的时候,才有了职业生涯规划的

图 7-2　CASVE 循环

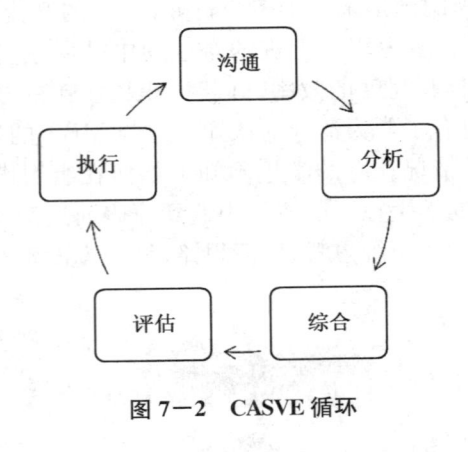

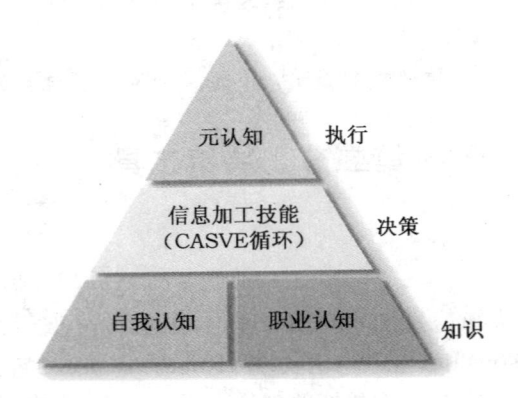

图 7-3　信息加工金字塔模型

意识,知道了职业发展不是一朝一夕的事,才会对职业生涯规划有了明确而具体的需求,这样才可以进入下一个环节。事实上,由于国内生涯规划教育的缺乏,相当一部分人就是被挡在了沟通这个环节的大门之外,并没有意识到生涯规划的重要性。而成功的人在总结经验的时候,也极少将成功归因于生涯规划,从另一方面又加剧了这一困境,虽然从职业规划师的角度看,成功的人的经验中有着或多或少的生涯规划的因素,而缺乏生涯规划的人中,几乎很难看到成功的先例。

(二)分析

分析的目标是了解自己和自己所面临的选择。方法是搜集信息,对现状进行评估,包括对自身和可能的选择进行评估和分析。信息可以从研究、观察、探索等方式中获得,包括自身的兴趣、技能、价值观等以及就业领域、岗位职责、发展路径等。这个过程还要厘清做决策的本质的目标。因为如果没有目标,面临一堆选择的时候就会无所适从;如果没有挖掘出本质的目标,就可能做出错误的决策。人们很容易陷入的一个思维陷阱就是将目标和手段混淆。比如,为了学历而读书,但实际上学历只是手段,就业才是目的;再深一个层次,为了马斯洛不同层次的需求而就业,在这个角度上就业只是手段,实现马斯洛不同层次的需求才是目的,所以有人工作是为了衣食无忧,有人工作是为了家庭幸福,有人工作是为了实现自我。不同的目的就产生了不同的动机,可能面临同样的选择的时候就会做出不同的决策。分析是决策过程中确定方向的环节,也是最容易出现问题的阶段。许多人倾向于用简单化的方式得出结论,直接跳到行动步骤,而未能真正弄清问题的关键,也未能收集充足的信息,从而使得工具并没有发挥应有的作用。

（三）综合

综合的目标是扩展和收缩可能的选择,通常分为两个阶段,先将收集到的信息放到一起扩展寻找更多的可能性,然后再逐步缩小自由选择的范围以消除决策过程开始时的差距。在分析的基础上,形成可能的解决方法并进一步收集信息,确认最终的选择。本环节容易出现忽略扩展环节的加法,而直接进入收缩环节的减法,限制了发展的可能性。生涯发展的工具应该都是符合生涯发展的理念的,即生涯应该拓展生命的可能性,而不是限制。而收缩不是限制,是做优化,将自己的价值最大化。以找工作为例,对于转换行业的同学,在准备实习的时候,建议先选定5～10个可能从事的比较细分的行业和岗位(因为一般同学对大的行业有比较聚焦的想法,通常就1～2个,所以需要在大的行业里再选择几个更细分的行业),然后通过综合分析,选择3～5个聚焦的方向,再通过实习直到正式就业前,无论是从主观还是从客观上,会收缩至1～3个细分的行业,最终根据社会经济、人才市场的情况选择一个最适合自己的。

（四）评估

评估的目标是通过一定的工具方法选择一个最有价值的选项。通常从可行性和满意度两方面评估信息,并按评估结果对所有选择进行排列,得出最终的选择。比如,可以将所有的重要价值观列成表作为评判的标准,并按每一项对所有的选择进行加权计分,最后按总分排序。"决策平衡单"是常用的辅助工具。

（五）执行

执行的目标是围绕以上步骤得出最终选项,制定计划,并采取行动。

需要注意的:

1. 正如"沟通"环节中提到的,决策是一个循环的过程。在行动之后,还需要认识到自己已经做了一定选择并开始实施,需要持续地对实施的结果进行搜集信息和评估,并可能进入下一轮决策。通过这样的一个循环,提升和保障决策的质量。

2. 顺利完成整个流程有赖于每个步骤的成功。从概率上来看,假定每一步只完成了90%,整个流程下来,只能保证60%的成功率。相关研究也表明,任一步骤出现问题,都会减缓或影响整个问题解决。其中,有三个步骤是比较关键的。首先,是在沟通步骤,面对困境,大多数人都会感到沮丧、焦虑、害怕和消沉。不少情况下,我们很难想出有效的解决方法,甚至虽然身处困境之中,自己都没有意识到这一点。如果无法克服以上障碍,就无法树立改变的意识、决心、信心。其次,在评估步骤会出现迷惑。在缩小了选择范围之后,还是无法做出选择。这种情况发生时,人就会有挫折感,变得焦虑,且发现自己又重新回到了最初的状态。因为人通常存在"损失厌恶",很多人在做评估的过程中,往往将注意力集中在自己需要放弃的东西,比如选择了A公司要加班、B公司离家远、C公司要出差,而忽略了A公司薪酬高、B公司培训多、C公司职业发展空间大等有利的方面。针对这种情况,要时常提醒或者自省,多关注获得而非失去的东西,才能让人在做决策的时候避免患得患失,而更容易获得持续的成就感和幸福感。再次,是实施步骤。随着我国教育的发展,学生的素质得到普遍的提高,相较于以前的

"知难行易",现在更多的人面临的往往是"知易行难",道理和方案都懂,就是迈不开行动的步伐。因此,这个环节也是最持久和存在变数的。相关的挑战包括:(1)缺乏任务分解的技能。生涯规划通常最初制定的目标都不会太小,至少也是以月为单位的,如果缺乏将大的目标分解为小的目标,将大的任务分解为小的任务的技能,就容易被困难吓倒,导致计划不能持续实施。(2)缺乏实施的思路。不知道先做什么,后做什么,资源怎么分配,导致实施效率不高。(3)缺乏正确的视角。将问题的负面影响看得太重,忽略问题解决带来的价值。因此,要提升实施的质量,就要正面面对这些障碍,予以克服。认真地完成每个步骤的任务对于帮助我们成功地解决生涯问题和决策都具有重要的作用。

二、决策平衡单

辅助来访者做决策的方法很多,生涯咨询中最常见的一个具体方法是运用决策平衡技术(decision-making balance),其目的是协助来访者做重大的决定。辅导者通过与来访者讨论的过程,澄清和整理出来访者的未来生涯可能的选择,让来访者有系统地分析每一个可能的选择,判断各个选择的利弊得失,然后根据其利弊得失做选择,根据最优先的选择做计划或采取行动。

表 7—1　　　　　　　　　　　　　　决策平衡单

考虑因素 \ 选择项目	权重 −5～+5	选择一 加权分数(+)	选择一 加权分数(−)	选择二 加权分数(+)	选择二 加权分数(−)	选择三 加权分数(+)	选择三 加权分数(−)
个人物质方面的得失(举例) 1. 收入报酬 2. 晋升空间 3. 休闲时间 ……							
他人物质方面的得失(举例) 1. 家庭经济负担 2. 家庭地位 3. 家人相聚时间 ……							
个人精神方面的得失(举例) 1. 符合自己的价值观 2. 社会声望 3. 具挑战性 ……							

续表

考虑因素 \ 选择项目	权重 −5～+5	选择一 加权分数(+)	选择一 加权分数(−)	选择二 加权分数(+)	选择二 加权分数(−)	选择三 加权分数(+)	选择三 加权分数(−)
他人精神方面的得失(举例) 1. 带给家人的声望 2. 对恋人的影响 3. 师长的声望 ……							
总分							

"决策平衡单"是决策平衡技术中一种典型运用的表格,原为詹尼斯(Janis)和曼恩(Mann)(1977)所设计。原设计者提出人们思考重大事件的四个主题为:(1)自我物质方面的得失;(2)他人物质方面的得失;(3)自我赞许与否;(4)社会赞许与否。之后,有多位学者仿制成不同的版本,金树人(1989)认为后两者的意思较笼统,建议改为自我精神方面的得失和他人精神方面的得失,构成"自我—他人"及"物质—精神"四个维度,形成了目前常见的"决策平衡单"表格(见表7—1)。

使用决策平衡单的步骤:

(1)将可行的生涯选择排列在决策平衡单的顶部。值得注意的是,这里列出的应该是自己有决策权的选项,而不是可能的选项。比如虽然参加 A 公司的面试,但是能不能拿到 offer,不是自己能控制的,就不宜列为一个选项。

(2)在平衡单的左侧,给"自我物质方面的得失""他人物质方面的得失""自我精神方面的得失""他人精神方面的得失"四个方面的价值观和考虑因素,按 1～5 的等级分配权重。一项价值观或因素的重要性越大,它的权重就越高。对自我需求和价值观的准确了解,是给相关因素指定权重的前提。

(3)按各选项满足考虑因素的程度,进行打分。分值在"−5"到"+5"分之间,"+5"表示该因素被完全满足,"−5"表示完全没有得到满足。

(4)将各选项的得分与各考虑因素的权重对应相乘进行计分,将结果记录在相应的空格内。

(5)将每一选项下的积分相加,得出该选项的总分。对所有总分进行比较和排序。

虽然决策平衡单以任务分解的方式,通过理性的途径帮助来访者梳理思路,厘清选项,但在实际操作中仍然会出现一些意外,比如有的个体无法将一个模块的考量因素进行顺利分解,有时会出现分解了又犹豫不决,反复修改的情况;又或者有的来访者对于得出的结论并不认可,又推倒重来。前一种情况,个体往往缺乏想法,需要给出一定的参考案例帮助其打开思路;后一种情况,个体可能已经有了自己的想法,只是没有找到说服自己的理由,或者对于个人的价值观仍然没有正确的认识,需要耐心反复的引导和确认。

决策平衡单是工具,生涯决策是手段,所谓助人自助,帮助个体提升生涯决策的能力才是目的。因此,决策平衡单的结果有时往往并不是最重要的,更需要关注的反而是过程,个体通过过程的练习,不断地反思和权衡,从而在自己内心深处获得一个自己认可的答案。

三、生涯幻游

CASVE 循环和决策平衡单是一种理性的决策方法,主要采用归纳、演绎和推理的方法进行思考。主要用于信息相对较完备的决策情况,同时个体也是比较认可理性决策的情况。在实际生活中,我们有时发现,有些人不太善于通过这种方式进行思考和决策,或者即使做出了选项优劣的排序,也难以最终抉择。这种情况除了理性技能的不足,另一个重要因素就是情感。情感和理性一样,都是人性中不可或缺的重要部分,现代社会由于其崛起的基础是科技的进步,所以往往更重视理性的力量而对情感的影响重视不足。但是心理学的研究早已证明,情感往往蕴含着巨大的能量,能够对人的思维和行为产生重大的影响,这种影响可能是正反两面的。因此,尤其对于偏重感性的个体,更需要注重感性决策方法的引导,生涯幻游就是感性引导方式的一种。

生涯幻游是生涯规划中自我认知的一种非正式评估方法,使用目的是唤醒个体内心真正的需要,从而有动力去实现。生涯环游活动的使用方法是在安静的室内,用轻音乐做辅助,辅导者帮助来询者先进行放松,然后利用指示语进行引导,引导来访者乘坐未来世界最先进的时光隧道机,来到未来世界去旅行,具体地想象自己十年后的模样,未来生涯的光景。通过想象,挖掘来访者内心最深处的需要,构建未来远期的画面和目标,从而为当下的决策树立方向,从而判断当下决策的标准变成是否有利于远期目标的实现,使得决策变得容易。

以下是典型的生涯幻游的指导语。需要有经验的辅导者实施,也可以在充分放松的环境下,通过辅导者的录音指导实施。

附:《未来典型的一天》

让我们一起坐着时光隧道机,来到_____年后的世界,也就是_____年时的世界,请算一算,此时你是多少岁? 容貌有变化吗? 请你尽量想象 5 年后世界的情形,越仔细越好。

好,现在你正躺在家里卧室的床上,这时候是清晨,和往常一样,你从睡梦中醒来,先看到的是卧室里的天花板。看到了吗? 它是什么颜色?

接着,你准备下床。尝试去感觉脚趾头接触地面那一刹那的温度,凉凉的? 还是暖暖的? 经过一番梳洗之后,你来到衣柜前面,准备换衣服上班。今天你要穿什么衣服上班? 穿好衣服,你看一看镜子。然后你来到了餐厅,早餐吃的是什么? 一起用餐的有谁? 你跟他们说了什么话?

接下来,你关上家里的大门,准备前往工作的地点。你回头看一下你家,它是一栋什么样的房子? 然后,你将搭乘什么样的交通工具上班?

你快要到达工作的地方,首先注意一下,这个地方看起来如何? 好,你进入工作的地方,你跟同事打了招呼,他们怎么称呼你? 你还注意到哪些人出现在这里? 他们正在做什么?

你在你的办公桌前坐下,安排一下今天的行程,然后开始上午的工作。早上的工作内容是什么? 跟哪些人一起工作? 工作时用到哪些东西?

很快地,上午的工作结束了。中餐如何解决?吃的是什么?跟谁一起吃?气氛还愉快吗?接下来是下午的工作,跟上午的工作内容有什么不同吗?你在忙些什么?

快到下班的时间了,或者你没有固定的下班时间,但你即将结束一天的工作,下班后你直接回家吗?或者要先办点什么样的事?或者要做一些什么样的活动?

到家了。家里有哪些人呢?回家后你都做些什么事?晚餐的时间到了,你会在哪里用餐?跟谁一起用餐?吃的是什么?晚餐后,你做了些什么?跟谁在一起?

睡觉前,你正在计划明天参加一个典礼的事。那是一个颁奖典礼,你将接受一项颁奖。想想看,那将会是一个怎样的奖项?颁奖给你的是谁?如果你将发表获奖感言,你打算讲些什么话?该是上床的时候了,你躺在早上起床的那张床上。你回忆一下今天的工作与生活,今天过得还愉快吗?是不是要许个愿?许什么样的愿望?

渐渐地,你很满足的进入梦乡。睡吧!一分钟后,我会叫醒你……(一分钟后)

我们渐渐地回到这里,还记得吗?你现在的位置不是在床上,而是在这里。然后,你慢慢地醒过来,静静地坐着。

引自金树人著:《生涯辅导与咨询》,高等教育出版社 2007 年版。

理性和感性的决策方式并无优劣之分,而且在很多选择上,选项 A 或者选项 B 本身也无优劣之分,不同的选项,对于不同的人产生的价值不尽相同。以就业去向为例,有的人看重品牌,则适合去 500 强企业;有的人看重不确定带来的挑战,适合去初创企业;有的人看重稳定的升迁路径,公务员说不定是比较合适的选择。每个人的职业偏好,并无是非之争,只是各取所需,满足各自的价值观而已。如果选择了适合自己的职业发展道路,则更容易做得顺风顺水;反之,人岗错配,容易产生动力不足,事倍功半的情况。因此,在做选择的时候,不仅需要请教行业专家,也要聆听个人内心的声音,只有当情感和认知一致时,人才能达到内心的和谐,才能展现自信、责任。

练习 7—2

1. 假设你收到两个自己难以抉择的 offer,请分别使用本节中提到的三种决策工具辅助决策,并体验哪种工具更适合自己。

2. 如果在尝试了多种决策工具后,自己仍然未做出决定;或者自己不接纳通过决策工具得到的结果,思考如何处理这种情况?

第三节 制定目标

洛克(Locke)和莱瑟姆(Latham)(1984)认为,帮助个体制定目标可以帮助他们在四个方面的赋能:(1)聚集个体的注意和行动;(2)启动个体的能量和努力;(3)激励个体寻找达成目标的策略;(4)增加个体的毅力。

一、寻找目标

通常,生涯规划的过程首先是帮助个体澄清问题,接下来有的咨询模型会要求辅导者探寻问题形成的原因,有的咨询模型认为探寻形成原因对于最终解决问题并没有太大意义,反而可能落入寻找原因的泥潭而无法走出。无论是哪一种倾向,后续都需要落实到制定目标采取行动上。但是,正如部分个体的决策技能不足,也存在部分个体在寻找目标上显得力不从心,需要得到辅导者的帮助。贝托尔德(Bertolino)和奥黑尔(O'Hanlon)(2002)建议可以运用下面几个参考的提问,引导个体朝着正向的、有目标导向的思考来寻找到目标:

(1)你怎么知道事情变得比较好?
(2)你怎么知道问题不再是问题?
(3)有什么情形可以说明此次咨询是成功的?
(4)你怎么知道何时不需要再来咨询?
(5)有什么情形显示你已可以处理自己的问题?

辅导者从上述提问得到的个体反馈,可以快速了解个体想达到或改变的目标。

二、制定目标的原则

目标的设定,需要遵循一定的原则,以增加其可实现性。如果我们将目标设定为"我要成为一个成功的人",这样的目标往往不能实现。如果按照 SMART 法则来设定目标,实现的可能性就大大增加了。SMART 原则是以五个英文单词的首字母组成,具体含义如下:

1. 具体的(Specific)

目标必须明确清晰,不能用含糊的语言。比如,"我要成为一个成功的人",这样的描述就不是明确的,也对成功没有给予清晰的界定。如果将目标定位,"为了成为一个成功的人,我每天要坚持看 3 个小时专业方向资料"就是具体的目标。有的个体不愿意将目标具体化,潜意识对于制定具体的目标具有回避倾向,这种情况可能源于个体对于做目标缺乏信心或者担心选择了一条路就放弃了另外一条路等不成熟的生涯决策想法。

2. 可量化的(Measurable)

制定的目标要有明确的可以衡量的标准,以评价是否达到。这种标准一方面应该是能以实体显示的,另一方面应该是被数据量化的。比如,"我要 3 个月内练好英语。"虽然有 3 个月这个时间限制,但是并没有对"练好英语"进行标准界定,如果说,"3 个月提高 2 000 个词汇量",就是一个比较容易检验的目标。制定一个可量化的目标能够让个体感觉到自己的进步,建立信心。另外,制定中长期的计划时,最好将目标分解为短期目标,并随时评估修正。

3. 可达到的(Attainable)

制定目标要立足当下,并且在个体能力可及的范围内,同时,制定的目标还要有一定的挑战性,而不是毫无难度。切忌将目标定得太高,导致无法实现,对个体形成更大的挫折打击。比如,一个转行的同学,要一步到位担任新公司的高管,就不太现实,而如果一直在基层做到退休又缺乏挑战和进取心。

4. 真实的(Realistic)

制定的目标最终要有真实的结果。比如,"成为行业精英",不仅非常抽象难以衡量,也难以有真实的展示。有的 SMART 原则解释为 Relevant,总体思想大同小异。

5. 有时间性的(Time)

制定的目标需要有时间的限制。比如,"成为一个成功的人",如果没有时间限制,则实现基本靠运气。有的时间限制过于笼统也不利于目标的实现。比如,"10 年后成为总经理",这个目标如果不能进一步分解到当下不超过 3 个月的期限内的目标,则因为过于宏大缥缈而难以实现。

除了 SMART 原则之外,我们还需要思考一个问题,就是如何知道我们的目标已经实现了。SMART 原则可以给出一定的量化数据的参考,但是对于一些难以量化的目标,比如"希望得到上司的认可",个体需要思考做到什么程度,就可以认为已经达到目标了,这个需要在制定计划和具体实施前就考虑好,给自己一个心理锚位。

三、远景目标和阶段性目标

目标,相当于人生中的路标,它带领你到达想去的地方。因此,把远景目标与阶段性目标区分开来是非常重要的。

远景目标是人长远的目标,是生涯发展的"北极星",往往是个体价值观的实体体现,也可以说是一个人生命的使命。远景目标指引着我们在漫长的生涯过程中,不至于偏离方向;同时,为我们的发展提供不竭的心灵动力,激励我们攻坚克难,实现目标。

阶段性目标是用于完成远景目标而制定的短期的目标,成为构建远景目标的一砖一瓦。在实现远景目标的道路上,阶段性目标是明确并且具有衡量功能的路标,能显示出你目前所在的位置。让个体知道自己是否前行在实现远景目标的正确的道路上,还是已经偏离了航向,需要及时做出调整。阶段性目标可以进一步细化到每一个月、每一周、每一天,每天清晨我们都应该问自己最近和今天要做的事,是否有利于自己远景目标的实现。虽然存在曲线救国的情况,但如果长期偏离远景目标,往往积重难返,则面临调整远期目标的尴尬。

如果你的远景目标是"成为金融行业的精英",那么至少在修读 MBA 期间的阶段目标是"转换到金融行业工作"。这个阶段性目标又至少可以分解为以下几个部分:(1)更全面地了解自我;(2)梳理自己的资源,全面了解金融行业,找业内人士做生涯访谈;(3)制定自己的求职策略;(4)选择三个最适合自己的细分行业或岗位作为切入口;(5)寻找并开始一份实习,最好在毕业前能有 2~3 份实习工作;(6)对实习成果进行总结,开始求职,并对相关 offer 进行评估;(7)选择一份最适合自己的工作。以上每一步可以进一步细化和具体,比如"了解金融行业",可以具体为"每周约见三位业内人士","每周阅读一本行业书籍"等。因为 MBA 的修读期限是有限的,所以以上步骤都必须要有对应的时间节点,一旦某些步骤拖延日久,就可能带来整个阶段计划的失败。如果一名同学到论文答辩阶段,才发现自己还没有实习过,到人才市场,直接求职又没有相关行业经验,就会非常被动。

部分同学在制定目标的时候,由于缺乏相应的技能,可能难以制定合适的目标,心理学认为"痛苦带来改变",那么不妨换个角度,尝试从目前自己最不满的地方入手。是否可以做点什么带来改善。比如,觉得自己英文不够好,是不是可以尝试从每天读两篇英文文章,背 10 个单词开始?生涯发展虽然重视计划,但更重视行动,这种行动不一定要多宏伟,有非常大的挑战性,重要的是正向的行动所带来的成就感对于个体是积极的赋能,只要开始并坚持一段时间的行动,个体往往便能找到生命的意义,而进入下一阶段的发展。

制定远景目标和阶段性目标的注意事项:

(1)能够承担的成本。付出与回报的正相关性是这个世界颠扑不破的真理,成功最根本的要素向来都不是坚持或者幸运,而是付出。

不少生涯咨询专家认为,平衡的生涯是最和谐的。阿曼德森(Norman E. Amundson)对于生涯认为,生涯像"轮子",轮心是"生涯目标",轮辐则由技能、兴趣、价值观、个人特质、重要他人、教育背景、工作及休闲经验以及就业市场八部分构成(参见图7-4)。在生涯发展的早期,因为轮子不是圆形的,所以行进相对比较艰难和缓慢,随着我们的成长,圆形越来越完善,可以适应不同的外部环境,行进会变得越来越稳妥和迅速,因此,阿曼德森强调阶段性地对内外部情况进行评估,以做出适当调整。

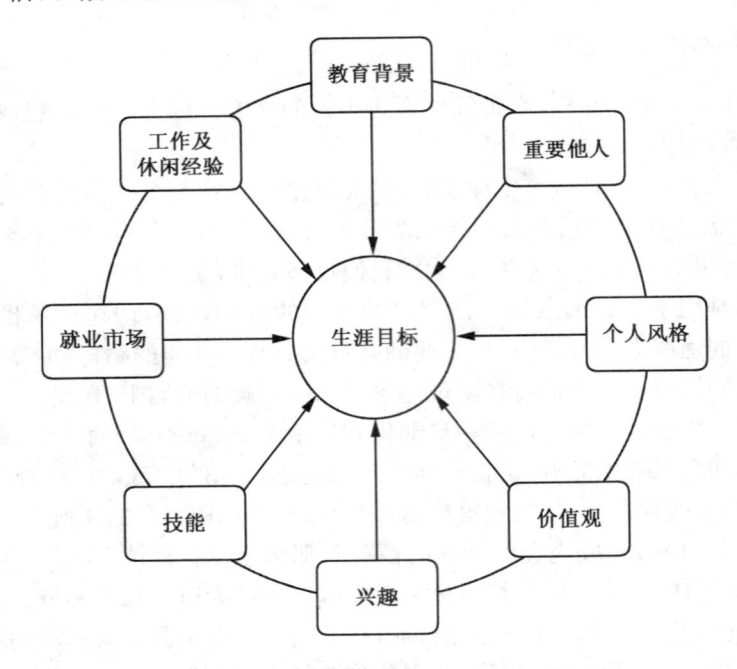

图7-4 阿曼德森的生涯平衡轮

长远来看,阿曼德森的理论是和谐的,但如果缩短评估期间,阿曼德森的"轮子"需要增加一个维度,就是轮子的直径。当我们比较年轻的时候,"轮子"的直径是比较小的,所以即使"轮子"全力运转,行进的速度也不会太快。随着我们生涯的发展,我们逐步意识到小"轮子"带来的约束,便尝试寻求突破,但是资源的约束使得我们难以全面开花,而往往只能在一两个维度,比如教育背景,先行改变。带来的结果,教育背景维度的半径变长,变成了一个更加不规则的轮子,行进速度或许增加了,但是并不稳定,需要个人有较强的驾驭能力。这种单独提升一两个维度带来的生涯的不稳定,就是生涯发展所需要付出的成本。如果单个维度的发展超越了个人的驾驭能力,又不及时调整,则生涯发展可能面临失控的危险。因此,当教育背景达到一定高度,我们需要在其他维度上进行逐一拓展,慢慢地将"轮子"的各个扇区补齐,从而达到再次的平衡,同时也获得了更快的行进速度。

综上,实现生涯目标的过程中,我们需要承担的成本来自两个方面:①拓展某一维度本身所需要的直接成本,比如,提升教育背景需要大量的时间精力投入,甚至大量的经济投入;②拓展某一个维度过程中,暂时忽视其他维度,带来的稳定性、不确定性增加,生涯发展失控风险增加的成本。

因此,理性的人在尝试生涯突破的时候,需要考虑清楚,为了目标的实现,自己愿意付出的代价是什么。比如,转换到金融行业,是否愿意接受初期的减薪、从最基础的工作重新做起、积累多年的工作经验的价值不被认可、重新面对不确定的职业发展路径……等,必须重新证明自己的能力和价值,才能重新塑造自己的生涯之轮。

(2)基于当下情况,为阶段性目标制定实现度高"时间轴",以使得阶段目标和"时间轴"能够较好地吻合,所谓实现度高指能够实现的概率达到80%以上,如果一个目标自己只有50%的信心能完成,最终实现的可能性就只有10%。"时间轴"的制定最好分两层,一层是以远景目标为终点,以阶段性目标和中长期时间为刻度的时间轴;另一层是以阶段性目标为终点,具体到每天,至少是每周为刻度的时间轴。定期检验实施进度,对于远景目标的达成很有帮助。另外一个有效提升实现概率的方法是,将目标公布于众,让亲朋好友知道你的计划。带来的好处,一方面是监督,在动力不足的时候,监督的压力和激励也会转化为动力;另一方面是帮助,亲朋好友对你的计划有清晰的了解后,更能够明晰自己能在什么地方帮助你,而不是想帮忙也不知道该如何使力。

(3)子曰:"取乎其上,得乎其中;取乎其中,得乎其下;取乎其下,则无所得矣。"不妨将自己的远景目标定得高些,具有挑战性又不至于遥不可及。这样即使后续需要调整,也能在一个比较好的基础上。如果一开始就定一个比较低的标准,对自己没有吸引力和诱惑力,即使实现了也不觉得如何,即使实现不了也没什么损失,缺乏成就感带来的激励。

(4)及时的到位的奖励。每一个阶段目标都应该设置对应的奖励,奖励应该与阶段性目标的难度相对应,而且是要及时兑现的,让自己保持持续的动力。

练习 7—3

1. 检视自己曾经制定过的生涯目标是否如期实现?如果没有,思考是什么阻碍了目标的实现?
2. 思考自己目前生涯目标实现的可能性,如果可能性很小,是否需要调整?

第四节 提高改变动机

以各种模型来协助个体寻找目标、制定目标是一个比较理性的过程,虽然中间也加入了一些感性的因素,比如阶段性地给自己奖励、生涯幻游等,但总体上还是以逻辑框架来实现的,对于理性主导的个体,能够取得较好的效果,但对于感性主导的个体,往往出现虎头蛇尾的情况。部分感性主导的个体,在辅导者的辅导下,虽然能够逐渐接受辅导者理性的引导,也能制定比较完备的目标和计划,但是一旦失去了辅导者的持续督导便容易失去动力,迅速回归到本来的状态。究其原因,大部分个体认为改变使得自己脱离了原来舒服和熟悉的领域,自己无法面对改变带来的巨大的不确定性引发的焦虑。内森(Nathan)和希尔(Hill)指出,个体的担忧,可能是自己的选择不符合重要他人的期望、过去遭到拒绝而害怕竞争、害怕自己的计划无效等。伊根认为来访者对改变的信心不足,其原因有怀疑成功的可能性、不敢负起责任、对要付出成本的"损失厌恶"过于强烈、难以坚持等。

针对这种情况，阿曼德森（Amundson）、内森（Nathan）和希尔（Hill）等一批学者给出了一系列的建议。虽然相关建议的提出主要针对基于来访者和辅导者的咨询关系，但是对于个体自身对问题的觉醒也具有重要的参考价值。综合起来，有以下 10 个：

一、持续增进咨询关系

辅导者与个体的咨询关系的质量，往往决定了辅导者能在多大深度上挖掘个体生涯问题的产生原因，也决定了辅导者能在多大程度上帮助个体解决问题。在咨询的过程中，辅导者需要不断与个体增进信任和合作关系，尤其个体的改变动机不足或者缺乏信心时，辅导者需要不断的陪伴、鼓励和支持。辅导者和个体之间的关系不再是完全的老师和学生的关系，而是陪伴者、支持者。个体对辅导者的信任越深，改变的动机越强，取得的效果就越好。

二、共情

辅导者能设身处地地理解个体，从而更准确地把握材料。个体感到自己被理解，从而会感到愉快满足，对咨询关系产生积极的影响。促进了个体的自我表达、自我探索，从而达到更多的自我了解和咨询双方更深入的交流。辅导者如觉察到个体面对改变所产生的焦虑情绪，应先接纳个体这种情绪是正常的反应，然后引导来访者表达情绪背后的想法，从而找到真正需要去克服的障碍。比如，"不愿意做经常出差的工作"，背后的原因可能是"家人的反对""自己对人身安全、健康状况的考虑""不习惯东奔西走的工作方式""需要照顾子女，脱不开身"等，只有找到了背后的原因，才能有针对性地考虑解决方案，帮助个体缓解焦虑情绪带来的障碍。

三、强调正面的意义

大部分人都有"损失厌恶"，往往会过多关注失去的东西，而不是得到的东西。对于改变亦是如此，辅导者需要培养个体将注意力聚焦于得到的东西，而非失去的东西。因为目标是个体在辅导者的辅助下一步步制定的，指向的是个体觉得有价值的事物，因此在实现过程中，必然有其正面意义。如果个体总是裹足不前，辅导者可能要和个体再次确认目标的正向价值，如果发现目标对于个体并没有太多的价值，则需要考虑重新制定目标。因此，这个阶段也是对目标进行二次检视的过程。

四、排除改变的障碍

如果个体迈向改变路上的一些障碍不加以排除，改变的效果往往事倍功半，甚至容易使来访者丧失信心，以致原先咨询的进展半途而废。改变的障碍，如不良适应的信念、无法决定的优先选择、不清楚的价值观、错误的信息、不足的资源、亲友的反对等。不少人会觉得，排除改变的障碍是天经地义，但实际咨询中会发现，识别真正的障碍，并不是一件顺风顺水的事，而这种寻找障碍中的障碍，并不一定是个体刻意为之，有时候只是潜意识的刻意回避，往往需要辅导者陪伴个体往复多次才能找到真正的障碍。比如，个体可能最初认为阻碍改变的原因是动力不足、缺乏资源，但是经过多次尝试确认，可能更深层次的原因是"家庭的不认可"导致的迷茫焦虑。因此，辅导者在个体做出改变前，要与之探讨可能遇到的障碍，以及解决的方法。

五、强调改变的诱因

个体求助于辅导者，往往是碰到了问题，现状给其带来了痛苦。而制定了目标开始实施的时候，又拒绝改变带来不适合的痛苦。个体对于两种痛苦，往往会当局者迷，辅导者需要引导个体比较改变和不改变的利弊得失，一旦个体发现改变后带来的价值胜过不改变，便会有更多的动力。同时，要让个体理解，改变会有痛苦，不改变也许会更痛苦，理性的人都会在两者之间选择一个更优的选项，同时强调改变带来的正面意义，给予个体鼓励。如果个体持续地拒绝改变，一般可以认为，现状带来的痛苦并没有达到个体所描述的那样，也许只是其脑海中将其重要性放大了。

六、重视小改变

不少个体会对辅导者的期望值过高，以为通过与辅导者几次谈话，就能给自己带来非常大的改变，这固然是多数人正常的心态，但是很容易带来欲速则不达的挫折。辅导者要在咨询之初就提醒个体，问题的形成不是一朝一夕的，所以问题的解决也不是两三天就能立竿见影的，给个体一个合理的心理期待的锚位。在这个基础上，辅导者要不断地向个体强调小改变的价值，让个体认识到，最终目标的实现，一定是从小改变开始的。鼓励其从立即可达到的目标开始动手，而不要好高骛远，急于求成。只要个体愿意开始行动，任何一个小改变会带动另一个小改变，持续的小改变累积的成果就是一个相当显著的大改变。

七、寻求"重要他人"的支持

"重要他人"也是阿曼德森"生涯之轮"的重要组成部分。"重要他人"对于个体的意义主要表现在：（1）提供陪伴、鼓励和支持，"重要他人"与个体往往有较好的信任关系，他们对于个体的支持和认可对于个体往往更有价值，也能取得更好的效果；（2）提供必要的支持，个体在实现目标的过程中，多多少少会碰到需要外界帮助的情况，如果"重要他人"能拥有一些个体不具备而又很重要的资源，则能够对个体目标的实现形成支撑。值得注意的一点是，中国人往往容易过于强调"重要他人"的作用，形成依赖习惯，正确的理念应该是重视"重要他人"的作用，但不能完全依赖"重要他人"，任何时候推动改变的根本力量都是自身的动力。

八、想象改变的情景

这条策略类似于"生涯幻游"，其效果也是通过引导个体专注于改变带来的正向价值，从而不断坚定改变的信心。

九、鼓励正向的自我对话

个体在实现目标的过程中难免碰到障碍，碰到障碍的时候也难免会产生一些消极的想法。比如："这事不可能""太难了""有什么意义呢""我做不到"等，这些都是负向的心理暗示，这种负向的心理暗示一旦形成，往往会形成负向循环，越滚越大，给个体造成越来越沉重的心理压力，一旦个体扛不住，就会带来计划的失败。要抵抗这种负向思维循环，就需要打破这种思维循环，将负向的思维循环引导到正向上来。在教练技术中，常常使用换框技术来破解这一问题。比如"我做不到",可以转换为"我只是现在还做不到"或者更进一步"如果我每天能多看一个小时书,就能做到"等,将负向的思维转换为正向的行动。辅导者也可以让个体写下这些负面的思维循环,书写这一过程中,本来也是一个理顺思路、排解压力的办法,通过书写也可以提升辅导的效果。个体通过这类练习,经过一段时间,自身就能练就对于负面思维的抵抗力。

十、共同参与改变计划

个体的改变动机不强,有时候是他们一直游离于咨询之外,没有真正参与其中,容易出现被辅导者推着向前走,久而久之就逐渐缺乏动力。这个时候,需要将前进停一停,甚至需要退一退,直到找到个体自身的动力,再继续向前。只有个体对改变负起了主体责任,才能产生获得感,为改变带来源源不断的动力。

练习 7—4

思考阻碍自己达成目标的因素中,是否存在感性因素,比如拖延症、过度焦虑等,尝试本节给出的建议 3~9 提及的方法,找到适合自己的方法并加以坚持。

第五节 行动计划

制定了生涯目标后,一定要有落实到具体行动的行动计划,否则生涯规划就成了纸上谈兵。生涯规划有远期目标和阶段性目标,生涯行动也需要有对应的长期计划和短期计划,其中短期计划更加重要,长期计划的实现最终是短期计划实现的结果。

在制定行动计划时,可以自己制定,也可以和辅导者一起讨论制定,建议如果存在制定的计划总是没有按期实现的情况的个体,在制定计划的初期可以寻求辅导者的帮助,以提高计划的可行性,等到自己积累了一定的经验和心得后,可以自己制定计划并评估反馈。无论是个人制定实施还是和辅导者协作完成,制定计划并顺利达成都是不容易的事情。故而,和辅导者一起制定计划,依然需要经过周密的思考和讨论。常见的失败原因可能会是有的个体出于某种考虑,比如不想让辅导者或者重要他人失望,迎合辅导者,顺着辅导者的想法走下去,最终对拟定的行动计划,内心的认可度就打了折扣,导致实施效果也打了折扣。因此,教练技术的基本信念就强调辅导者应该相信个体是有能力改变自己的,同时在整个过程中对辅导者也提出了"零建议"的要求,也是力求避免上述情况的出现。

内森(Nathan)和希尔(Hill)认为要使行动计划成功,需要注意以下五项:
(1)思考具体清楚的目标;
(2)让个体觉得是自己主导的行动计划;
(3)行动计划的内容要有弹性,可以定期检视和修改;
(4)制定足够的改变时间;
(5)不能达到预期时的应对方法。

制定计划的过程中,辅导者要和个体一起梳理个体的资源,包括自身的资源和外部的资源,比如个体的相关工作经验、性格优势、熟练技能,外部的重要他人、校友圈等。

为了实现"让个体觉得是自己主导的行动计划"的目标,辅导者应该秉持以下几个重要理念(该方法同样适用于个体制定目标过程中的自我对话):(1)个体都是 OK 的;(2)个体已经具备了他所需要的所有资源;(3)个体的行为背后都有积极的意义;(4)个体有能力做出改变。这四个理念不仅适用于制定计划环节,也适用于目标制定、评估等环节。辅导者和个体的沟通中,需要保持高度的好奇心和倾听,才能让更多的个体表达内心真实的想法,避免辅导者出于个人原因或者掺杂了过多的个人判断而质疑个体的计划,应该相信无论个体做出的是多微不足道的改变,只要是正向的,就有其积极的意义,而且只要坚持不断,一定会带来大的改变。比如,个体的目标是提高英文,行动计划是"每天背 10 个单词",或许辅导者的英文水平较高,"每天背 10 个单词"这样的行动计划对于辅导者过于微小,但是辅导者不能以自己的主观经验武断认为个体在逃避困难,可以进一步询问为什么个体将目标定在"每天背 10 个单词"而不是其他的目标,或许就能挖掘出个体更深层次的想法,也可能挖掘出更多阻碍个体实现目标的深层因素。

制定行动计划有一些通用原则,现举例说明:

(1)制定的计划必须是积极正向而又具体的,避免消极的目标和语句。比如"让自己更了解金融行业",而不是"改变自己不了解金融行业的现状"。因为语言容易给个体造成心理暗示,所以积极的暗示更容易让人收到激励。

(2)把能想到的对于目标的实现有促进作用步骤和资源都一一列出,以建立自信为例,可能产生促进作用的步骤包括"每周和 2 名相关行业的同学或校友做交流"、"每天浏览两家金融行业典型企业的网站,熟悉其业务"、"每周阅读一本相关书籍"等。

(3)预计每个步骤完成的时间节点和预期效果,比如"每天浏览两家金融行业典型企业的网站"坚持一个月,可以达到"对金融行业的主要业务板块和发展现状有比较客观和全面的认识"的程度。

(4)评估每个步骤所需要的资源,包括经济、时间、人脉、物资等。

(5)拟定何时以何种方式评估行动的效果。如实施 3 个月后找到第一份实习,完成一份高质量的行业报告等。

(6)向辅导者和"重要他人"咨询行动对计划的意见,并进行适当修正。

(7)适当的仪式代表某种承诺,可以增强实施的动力,建议个体打印计划书,并签名。可邀请"重要他人"做见证。

"万事开头难",很多人在开始一个新的计划,尤其是需要自己付出精力、时间、金钱的计划之时,往往会有点打退堂鼓的倾向,以条件不成熟、尚未做好准备等为借口,推迟甚至取消计划的实施。辅导者或者重要他人,也可寻找同辈作为互助对象,该阶段需要起到一定的督导作用,督促个体立即开始行动。比如,个体制定了一个半年后完成论文写作的目标,但总是以工作或学习太忙为缘由,一再推迟查资料、写提纲、见导师等必要行动。督导一方面要质询个体真实的想法,如果是拖延倾向,要督促立刻开始,哪怕是最小的改变,比如看几篇期刊论文。然后一般经过一周的坚持,个体便能初步进入状态,养成一定的习惯。督导这个阶段要鼓励个体正向的行为,呵护培养个体改变和坚持的动力。从另一个角度,个体克服起步困难的这个过程,也是从对自己的察觉、内省到改变的过程,也有利于促进个体的成长。

行动计划一旦展开,评估的机制也随即启动。对生涯咨询而言,适当的评估很重要。评估的主体可以是个体、辅导者或者重要他人等相关者,但是相关者需要肩负监督和检查的责任,对于计划实施的效果进行客观、细致的检查,并将检查的结果与计划进行比对,及时总结经验和不足。如果顺利达成了目标,应该及时总结近期的表现,辅导者或重要他人应该对个体进行必要的赞扬和鼓励。如果没有达成目标,需要暂停后续计划的实施,停下来分析阻碍目标达成的原因,并评估对计划达成的影响,有没有克服的可能性。如果已经对计划造成了重大影响,或者阻碍计划达成的因素是无法克服的,则需要对目标和计划进行调整。如果只是轻微的偏移,可以通过修正加以挽回,以确保始终沿着正确的方向前进。

练习 7—5

利用本节中提到的理念和原则,检视自己过去未达成的计划,如果让自己重新再制定计划以及实施方案,有哪些是可以改进的?对于改进后的计划,自己是否有足够的信心完成?总结阻碍计划达成的因素,并在今后制定计划过程中加以避免。

第六节 时间管理

我们经常制定的各种远期或者阶段性的计划到截止日期却没有按期完成,每年也都会出现有同学想按时毕业,但到要提交论文的时候才发现论文只有个提纲,或者三年前就制定的带父母出去走一走的计划还停留在笔记本上……大多数这种情况都是因为时间不够才发生的。现在社会的大多数职场人每天都围绕工作团团转,尽管我们每个人都有各种各样美好的梦想,但其实每个人都知道即使只实现其中一部分,也有很长的路要走。

时间是实施计划最基础的、最具有刚性约束的资源,没有时间观念的计划往往也是没有意义的。每个人从出生开始就与时间打交道,都有自己的故事和经历,成长到 MBA 阶段,通常都有自己的管理和使用时间的习惯。但另一方面,大部分人仍然觉得时间不够用,事情忙不过来。这种情况往往也导致或者伴随着压力的作用,甚至导致焦虑等心理困境。时间和压力的管理是工作学习生活各方面都息息相关的话题,我们经常提时间管理,但仍然存在一些错误的认识。

一、关于时间管理的常见误区

1. 时间越来越少

不少人的观感上,上个世纪的职场人似乎更加幸福,他们自由支配的时间更多,很多人还有中午父母可以回家做饭,一家人共进午餐的回忆,而现在,在很多一二线城市,一家人在一起共进晚餐都不可得。所以,印象中那个年代特别美好而悠长。但客观来讲,一天的、一年的长度并没有变长,人的寿命还是增加的,人应该有了更多的时间才对。有专家提出,是因为两个时代的人的压力不同,新世纪人的压力增加了,需要处理的事务也变多了,所以主观感受上单位时间变短了。也有专家提出,是现代人的欲望变多了,物质文明的发展,让我们面对了越来越多的诱惑,生活越来越便利的同时,越来越多的新事物也分散了我们的注意力,让我们难以集中精力做重要的事,从而带来了时间越来越紧张的压迫感。

2. 别人总是干扰我，使得我的时间不够用

时间不够用，往往是多重因素造成的错觉，当自己承担过多的责任，以至于超出了自己能够控制的范围的时候，个人就会成为时间被吞噬的牺牲品。时间作为一种资源，存在着主导权和分配的问题，可以是外界也可以是自身。外界包括了工作、家庭、朋友、社会等多重因素。因为个人与世界的链接正变得越来越复杂，如果将时间分配的主导权留给外界，将有越来越多的外界因素来侵占个人的时间资源，时间资源的分配也会呈现出极大的不确定性；如果将主导权掌握在自己手里，才能自主分配资源，拒绝一些事情，集中于一些事情，才能体会到更多的获得感。另外，对于一些必要的时间的占用，要预先有合理的预期，预留出这部分时间，从而不至于日程排得过满，经常需要做取舍和牺牲，长此以往，总觉得自己失去的太多，容易导致心态的失衡。

3. 计划赶不上变化，特别是时间的管理和计划

这个借口成为不进行时间管理和计划的最常见的理由。这里存在两点误区，一是用了错误的逻辑方法，就是不能以个别案例推翻整体结论，虽然我们都有计划赶不上变化的经历，但很多时候，正是有了详细的计划，才确保了任务按部就班地实施；二是对于变化的认识，好的计划是应该考虑到偏差的可能性，并做合理的预测，从而计划本身就有一定的容错性，比如身体不好耽误了一天的学习计划，但是也让大脑得以休息，恢复后能以更好的状态继续投入，如果能看到意外带来的积极意义，可以通过预先设置计划的容错能力或者及时地调整，确保计划的顺利推进。我们现实生活中往往看到的是，有计划的人即使在调整计划，但还是在正向的方向上前行，没有计划的人往往通过碌碌无为或不断重复来消磨时间。

4. 总是没有时间

这种想法的潜台词是"我不愿意把时间花在这事上"，每个人的时间都是平等的，流逝也是不以人的意志为转移的。即使什么都不做，时间也在放空中从身边溜走了。因此，"什么都不做"的含义就是"即将要做的事"比放空的状态更让人不舒服，"没时间"背后的含义是"没兴趣"或者觉得"没价值"。对这个问题，个人应该有种对内心的察觉，如果是拒绝没有意义、没有价值的"时间黑洞"，则不必焦虑，对于有价值的事，即使兴趣上有所不足，也应该分配相应的时间资源。

二、时间管理的发展

时间管理是 20 世纪以来最热门的管理话题之一，经过长期的发展，已经有五代管理方法得到大多数人认可。

第一代时间管理的核心理念是效率。关注的问题是：怎样在单位时间内做更多的事，或者说怎样更快、更有效率地做事。德鲁克将其定义为"正确地做事"。主要通过各种管理时间的方法和技巧、记忆辅助工具、制定有效的计划、快速阅读等，提高时间的利用率，不至于使时间陷入浪费。第一代的优势是开发了很多时间管理的工具和方法，不少工具和方法一直沿用至今。但缺陷在于，人被过度的机械化，忽略了人在心理方面的波动，难以在长时间的维度上保持稳定。同时难以保证是在正确的方向上做事，片面追求效率导致了资源的浪费。

第二代时间管理的核心理念是效能。关注的问题是：个人究竟想得到什么？个人有哪些目标？相对于第一代强调的是如何正确地做事，第二代强调做正确的事。为了实现这个目标，

必须先想到要去向哪里。因此，第二代时间管理注重寻找、拟定和接近正确的目标，长时间予以关注、区分紧急的事和重要的事、制定优先顺序。直到现在，第二代时间管理仍然是被应用最广泛的时间管理模式，艾森豪威尔矩阵从重要和紧急维度对事务进行区分也被广泛传播。

第三代时间管理的核心理念是潜能导向型。关注的问题是：什么样的目标能长时间对个人很有益？第二代时间管理虽然注重目标和方向，但是缺乏对实施计划的人的自身因素的考虑。第三代时间管理认为人都有优点和缺点，应该尽可能在优点和自身潜能的基础上确立目标，实施计划。相对克服弱点，更强调识别和发挥优势。提出的主要解决方案包括发现和发挥个人潜能、诠释性格与时间之间的联系、发现属于个人的时间管理方法、人生计划、个人幸福。同时，第三代时间管理也意识到，所想未必所得，即使发现了自身的优势，由于外界环境的影响，也未必能立刻从事自己喜欢的工作。针对这种情况，第三代时间管理认为，一方面个人应该全力以赴投入到目前能找到的最合适的工作中，但是长期看不能丧失对自己擅长和认可的领域的追求，以便获得长期积极、健康和幸福的生活。

第四代时间管理的核心理念是工作生活的平衡。因为前三代时间管理模式都是围绕着工作展开的，没有涉及工作以外的因素。随着对时间管理的进一步研究，认为个人的职场表现离不开个人非工作因素（比如家庭、休闲、学习等）的支持。因此，提出要把工作和生活的各个方面都考虑到，为主要方面制定目标并努力实现。但平衡不等于平均，不是将时间平均分配到工作生活的各个方面，而是在保持丰富多彩的生活的同时，将时间放在重要的事情上。这才是第四代时间管理的精髓。提出的主要解决方案包括在生活的不同领域之间保持平衡、放慢脚步、为生活的所有方面设定目标。

第五代时间管理的核心理念是分享—生活—平衡。因为第四代时间管理是以"我"为核心进行时间的规划和分配，进入新世纪以来，人与人的协作变得越来越紧密，不管是个人还是组织，都倾向于做自己最专业、最能产生价值的事，而将非核心业务进行外包。人与人的协作，必然需要在时间管理的时候，将其他人考虑进来。因此，第五代时间管理关注的问题是该如何制定个人的时间计划，以便让其他人也能参与进来？如何取得"1+1>2"的共赢效果？个人的时间计划能给其他人带来哪些好处？提出的主要解决方案包括：信任、多赢、性格、个人价值、社会责任、奉献、情商、社交能力。

三、识别干扰

虽然每一代时间管理方法都是对之前方法的优化，但是并不代表之前的方法就没有了价值，实际上他们只是在不同的层面上发挥作用。比如，我们在日常的工作中，必定需要通过重要和紧急来对工作进行分类；又如，强调与他人的合作与信任，并不意味着要放弃自我等。

从第二代时间管理开始，历代都强调把时间放到重要的事情上。做到这一点，并不像我们想象的那么容易。首先，我们需要识别自己是在主动地驾驭时间还是被时间所驱使。每天来自外界的任务和目标是否已经排满了自己的日程，虽然自己可能意识到有更重要的事等着自己去做，但是根本安排不出时间。这个时候，静下来问几个问题，或许可以帮助自己识别驱使自己的到底是什么。

Q1：我正承受着哪些压力？（比如：来自家庭的压力，工作和家庭难以平衡。）
Q2：对我和我的时间安排产生了什么后果？（比如：陪伴家人的时间太少。）

Q3：为了改善这点，我能够做什么？是否还有其他选择？（比如：周末的时间尽量多和家人互动沟通，避免独自一人消磨时间。）

Q4：这些事情给我带来的负担是什么？（比如：经济负担和对工作的延误是否可以承担。）

通过对驱使自己的因素的识别，寻找更优的解决方案，使得自己能够将更多的时间主动聚焦于当下能产生最大价值的事情上。

四、养成习惯

时间管理的内容广泛，原则多样，很多人意识到时间管理的重要性，也启动了一些时间管理的实践，但最后因为各种原因并没有坚持下来，又回到原先自己熟悉的操作模式中。其实，从这个角度看，这也是习惯的力量，不管是好的习惯还是不好的习惯，客观上都会对人的行为产生影响。但是，如果能培养一个好的时间管理的习惯，往往成为通向成功的催化剂。习惯是一种下意识的行为，很多时候成为一种直觉，甚至我们在处理这件事的时候所展现出来的行为方式，大脑都没有意识到。培养一种习惯，往往是通过不断地重复某种行为，重复的次数越多，时间越长，习惯就越稳固。通常培养一种习惯至少需要 3~4 周的时间，而要进入习惯的稳定并产生长期而稳定的效用，则需要一年以上的不断重复练习。

养成良好的习惯如此不易，可以通过以下行为帮助习惯的养成：

1. 公开目标，告别过去

研究表明，大约只有 3% 的人能够在没有外部压力的情况下自觉实现行为改变的打算，97% 的人需要来自外界某种形式的帮助。向周围的人公开自己的目标，将有助于增强监督的力量，同时自己为了维护个人的形象也会给自己增加压力。旧习惯的影响力如此之大，以至于我们在培养新习惯的每一天中都要全力以赴。

2. 克服拖延和回避

拖延和回避也是一种习惯，往往会造成负向的循环。诸如现在不行动，推到明天，明天又再次重复这一过程，推到后天，多次的重复以后，就形成了回避和排斥的心理暗示，久而久之，计划就被无限期地搁置了。造成拖延的原因有很多，有可能是不知道怎么做，也有可能是时间不够或者心绪不佳。不管是哪一种，对于习惯的养成都是慢性且杀伤力巨大的影响。要克服拖延和回避，需要时刻提醒自己目标的意义，勿以恶小而为之，即使最小的拖延，也应该及时察觉和克服，以免带来更大的影响，让之前的努力付诸东流。

3. 识别例外的影响

养成习惯是一件长期的事情，期间可能发生各种各样的状况对养成计划的实施带来冲击。因此，对于"例外"需要有正确的认识和足够的重视，千里之堤毁于蚁穴，需要意识到一次意外往往会带来更多的意外，而往往一定次数的例外就足以让养成计划变形失控直至失败。因此，如果要保证养成计划的实施，内心要保持对例外足够的警惕，严格控制例外的影响。

时间管理本身不是目的，做好时间管理是为了让生活更幸福、生涯更精彩。除了以上提到的一些工具和思路，个体还应该通过与周围人建立良好的信任、加强自身的沟通能力、构建积极向上的朋友圈，助力时间的管理，从而为生涯计划的决策与行动提供强有力的支撑。

练习 7—6

尝试就一周内最重要的三件事制定周计划,并在一周后检查是否实现了既定目标。如果没有实现,回顾是什么占用了自己预留的时间,思考这些因素是可以克服的吗?如果以后碰到这类情况,该怎么处理?

扩展阅读

1. [美]史蒂芬·柯维. 高效能人士的七个习惯[M]. 高新勇,王亦兵,葛雪蕾译. 北京:中国青年出版社,2015.

2. [美]戴维·B. 德雷克,黛安娜·布伦南. 教练式管理[M]. 北京:北京大学出版社,2013.

第八章

求职技能

第一节 就业的理念

对于 MBA,尤其是 Full-time 的 MBA,找工作就是一件工作,是一项系统工程,需要大量的坚持不懈的投入,不仅仅是投简历面试的过程。相对而言,Part-time MBA 中被动求职者较多,系统性可以较弱。

如果说高考是对 12 年基础教育的检验,面试就是对从大学到现阶段的职业发展成果的检验。以应对高考的态度、决心和投入加以对待,才有可能取得犹如高考的成绩。

虽然求职应该是基于科学规划的教育和实践与社会需求匹配的自然的产物,如果从了解自我、确定目标、自我提升、反馈修正等流程一路走来,找到工作应该是水到渠成的事。但现实中不少学生由于各种原因,无法坚持以上完整的路径,因此,对相当一部分同学,找工作的起点是从投简历、等面试开始的。即使这样,摆正求职心态,提升求职技能,仍然有相当的助力作用。

一、就业的基本理念

首先,求职是生涯的一部分,而个体是生涯的主人,求职的主体是求职者本人,这是基本的理念。寻找就业机会需要学生有积极的主动性,要自己去找机会、抓机会,切忌等别人提供机会。例如,学生常常希望学校能够提供实习和就业的机会,这样的期待虽然会有所收获,但不能完全依赖于此,毕竟你才是自己生涯规划的主人。外力通常只是辅助,内力才是根本。

二、就业的不恰当信念

关于就业,通常不恰当的信念还包括:
1. 找工作太难——虽然不容易,但不是不可能完成的任务

大部分情况下,这个理念的潜台词是找到自己各方面都很满意的工作很难。针对这个理念,首先求职者需要对自身的综合能力和素质有较清晰明确的定位,对当地人才市场的情况包括薪酬待遇、职业发展空间、通勤时间、工作强度等有大致了解。大部分情况下,作为理性的人会选择综合回报高的工作。以薪酬为例,我们都知道"价格是围绕价值上下波动",如果个人能

力是价值,那么薪酬待遇就是价格。通常,特别是长期来看,薪酬待遇与能力的偏离不至于过大,一旦出现这种偏差,在足够长的时间尺度上也会予以纠偏。因此,大概率上,是金子总会发光;没有金刚钻也难揽瓷器活。虽然我们可能在职场中看到有同事在职场中迅速升迁,但如果细心研究,通常背后都有一定的没有浮于表面的因素,包括超常的努力、伯乐的发现、重要项目的历练,甚至就是运气的爆发,以至于当下有不少生涯发展专家已经发现,偶然因素对于生涯发展可能产生的重要影响并进行研究。作为职场人,一方面要管理好这种不确定性,另一方面应该有正确的心态看待不确定性。对于绝大部分职场人在求职过程中,都是选择了自己所处层级的平均水平。有生涯发展专家认为,"幸福"是大多数人生涯持续发展的动力,而职场中存在"幸福=能力-期待"这一等式。如果希望自己自身能获得持续的幸福,就要管理好自我的能力和期待。反之,幸福容易被压力所取代,适当的压力是向上的动力,但过大的压力又缺乏有效的管理,反而会对正常的效率产生不良的影响。综上,正确的求职信念应该是自我定位基础上的稳步推进求职策略的实施,以及多一点的坚持。

  2. 机会很多——适合的未必如想象的多

  有人认为现在信息的获取不再是问题了,上网打开浏览器,打开招聘网站,输入几个关键字,就能找到成千上万的各式各样的不同层级、不同职能的岗位,似乎只要投出简历,很快就会被安排面试,然后工作就唾手可得。但事实真是如此吗?读 MBA 的同学都有过几年的工作经验,80 后居多,其职场经历也是伴随互联网成长的一代,大部分应该都经历过网络招聘。通常实际情况是,投出了大量的简历,收到的回应寥寥无几,根据智联招聘的统计,基本上要投出近 30 份简历才能获得一个 offer,实际所投简历的数字可能比这还要多得多,毕竟很多求职者都习惯于在多个求职网站同时投递简历,以增加自己的求职效率。互联网和信息技术的发展,方便了企业和求职者的对接,简化了企业的筛选。尤其是对校园招聘,采用在线简历填写的企业通常会设置关键词来进行简历的筛选。因为应聘者众多,企业可以根据招聘规模和应聘人数的关系,设置更严苛或更宽松的筛选条件,以筛选出最符合招聘要求的候选人进入面试。相对于以前 HR 的人工筛选,计算机筛选的标准更为刚性,即使有某一方面非常优秀的候选人,因为其他某一指标的要求没有达到招聘方的最低要求,也会被淘汰掉。另外,通过招聘网站或者猎头中介等机构招聘,在个别情况下,未必是企业真实的用人需求。通过招聘网站大量的招聘,有可能是企业的品牌宣传需要,营造一种企业业务蒸蒸日上蓬勃发展的市场形象。另一种可能是对现有在岗员工形成压力,以使得在岗员工更努力地工作。综上,从求职者端和雇主端分别过滤掉大量的信息,能适合自身的岗位并不如想象的多。不过好消息是,如果我们能抓住这有限的岗位中的一个,就能开始职业通道的大门。因此,这些有效的信息才是自己最值得花精力的地方。有些求职者在求职过程中,将最多的精力花在从各大招聘网站搜集招聘信息这一环节,而不是如何处理有效信息提供的岗位,导致求职过程事倍功半。所以,投简历选对门、选对人很重要,否则不仅仅浪费时间,而且更会让自己情绪低落。

  3. 会有学校和亲朋推荐安排——实际上是自己的事

  由于各种各样的原因,比如 20 多年前中国的大学生就业还采用分配制,在某些情况下出现的"打招呼""找关系"现象,导致部分求职者仍然存在着找工作一方面是自己投简历,一方面学校、亲朋也有这个责任帮自己解决的想法,甚至将主要希望寄托在后者。诚然,20 多年前,大学生是稀缺劳动力资源,国家为了协调社会整体发展,会将大学生统一安排,尽量放在国民经济亟须的地方,彼时单位为了多争取一个大学生的名额常需要反复与上级主管部门沟通。经过高考恢复后的近四十年的总量积累,尤其是近十五年高校招生规模从一百多万到七百多万,作为人才市场的供应端,总量上得到了数倍的提升,定位也从精英教育向大众教育转变。与此对应需求端,十年前中国经济的 GDP 增速在 15% 层级,随着中国经济的体量增加到全球第二,难以维持如此高速的增长,中国经济也在面临转型调整,GDP 增速也回落到 6%,对于人才的需要也出现了结构性的变化。一方面,对于大学生等经验和能力不足的群体的需求变缓,对于具有丰富行业经验、专业技能和管理能力的中高端人才的需求日益增加。供需关系的变化和从计划到市场主导格局的转变,从根本上影响了人才市场的方方面面。经济因素之外,社会环境也在逐渐发生变化,市场经济已经在中国实施了近四十年,人的思维也慢慢从计划转向市场。以往通过"打招呼""找关系"的现象正被走市场渠道逐步取代,尤其在上海、深圳等一线城市,雇主欢迎内部推荐或学校推荐,但对于推荐的求职者通常只是给予更多的面试机会,并且可能会在同等条件下考虑优先录取,而不是保证一定会录取你。在生涯辅导中,偶尔也会发现,个别从三四线城市来到一线城市读书求职的学生,并未树立起这样的观念,仍然以为有了学校或亲朋的推荐,自己也参加了面试,就有了很大的把握被录取,导致面试前不认真准备,面试后盲目乐观,从而错失了很好的机会,非常可惜。另一方面,从内部因素看,只有自己是最了解自己的,了解自己的优势、了解自己的兴趣和价值观,也应该只有自己能知道并决定应聘的岗位是否真的适合自己。学校和亲朋的推荐,对于求职者是供给端,而求职者本身才是需求端,只有基于自身需求端的接纳,才是最根本和可持续的动力和幸福感的来源。现实情况中,由于最终不能适应学校和亲朋推荐的岗位,而又重新求职的情况并不鲜见。综上,职业的选择最终仍然是求职者自己的事,更主动的心态和更积极地投入才能带来更美好的回报。

第二节 求职准备

一、了解雇主招聘流程

对于大部分商科专业学位硕士,雇主的招聘流程通常包括简历筛选—专业知识&智商测评—群体面试—性格测评—结构化面试—确定 offer 几个步骤。对于有一定工作经验的求职者,会有所变化。常见流程包括简历筛选—HR 部门面试—性格测评—业务部门面试—公司高管面试等环节,其中环节可能有所增减,比如有的雇主不采用性格测评,有的雇主的面试会多达五轮以上。雇主之所以要通过这么多流程来选拔人才,是因为用错一个人的直接成本和间接成本可能达到其年薪的 3～5 倍。

优胜劣汰,在雇主选拔的这些流程中,简历筛选和专业知识测评的主要目的在于劣汰,即淘汰绝大部分不符合岗位要求的候选人,根据北森公司的统计,2016 年金融行业在简历筛选和专业知识测评中淘汰率为 96.5% 左右,即 1 000 份简历中,只有 34.7 份能通过劣汰这一关。相对于之前的劣汰环节,群体面试和性格测试就是择优,选拔与招聘岗位更为契合的候选人。对于进入这一环节的候选人,雇主的人力资源部门投入了更多的资源,最终的通过率约为 34.6%,即只有 12 人能进入最后的 N 对 1 的面试。N 对 1 的面试通常以 1～2 轮为主,面试官包括 HR 部门和业务部门,乃至公司高级管理人员。该环节对于候选人投入得最多,雇主期望通过面试这一短时间内最有效的方式,深度挖掘最适合招聘岗位的候选人。根据统计,这一环节的通过率为24.6%,即最终有2.9人能够获得雇主的offer。

以上为常见的校园招聘流程,从1 000人投简历到最终只有2.9人能够获得offer,通过率不足3‰,其竞争激烈程度可见一斑。因此,求职者需要从简历开始就要投入百分之百的精力,才能有更多的机会脱颖而出。

对于有工作经验的求职者,竞争激烈程度相对缓和,但是仅限于简历筛选。因为岗位的责任更大,面试环节人力资源部门和业务部门都有更高的要求,加之参与竞争的候选人的水平更接近,以及潜在的庞大的被动求职者的竞争,其难度并不亚于校园招聘。根据Linkedin的《2016年现代招聘人员指南》中统计,约有60%的职场人是被动求职者,即不主动寻求新的工作岗位,但亦不拒绝新的工作岗位;只有约25%是主动求职者,寻找新的工作岗位;其他15%为不想换工作者。而人才市场中招聘的岗位,有约50%是由被动求职者消化的,虽然转化率不及主动求职者,但对于主动求职者,意味着职场上的岗位并没有看上去那么多。

二、求职渠道

通常我们求职所使用的渠道包括网络招聘、校园招聘、猎头、熟人推荐、传统媒体、人才市场等,其中后两种逐步在被淘汰,最多接触的仍然是前四种。

从雇主角度看,MBA主要定位为中基层的主管和专业人士,在这一层面上,雇主招聘过程中,首先注重的是用人的风险,其次是候选人的能力。对候选人了解越全面越真实,越有利于雇主做出雇佣决策。因此,从效果上,熟人推荐因为中间方对雇主和求职者都有较熟悉的了解,通常是成功率最高的方式;大部分校园招聘因为主要面向没有工作经验的本科生和学术研究生,优势相对较低(MBA专场招聘除外)。

求职渠道的部分内容,在"探索工作世界"一章中已经有了较为详细的描述,这里仅对网络招聘做更为详细的补充。

1. 综合性招聘网站

综合性招聘网站主要以智联招聘、前程无忧和中华英才网为代表,目前这三家网站占据了综合性网络招聘70%左右的份额。

2. 社交招聘网站

社交招聘是近年来兴起的招聘形式,主要以面向弱关系的Linkedin、大街网等为主。相对于传统的招聘网站吸引的主要是主动型的求职者,社交网站吸引的是被动型的求职者,即求职者利用个人关系网了解工作机会,更愿意和招聘人员沟通,目前的工作还不错,但也不拒绝更好机会的职场人。通过社交招聘更容易通过挖掘求职者在网络留下的各种记录,从而完成求职者的"画像",对于重要岗位,可以有效减少用人风险。以Linkedin为例,截至2016年4月,中国用户已经突破2 000万,大部分集中于25~35周岁,其中外企员工比例较高,国企增长最迅速,一半以上为经理以上级别的管理人员。这样的一个群体,无论是从社交还是就业上,相对传统的招聘网站与MBA均有着更高的契合度。

3. 在通过社交网站进行求职的时候需要注意

首先,要保证提供的联系方式的有效性,以确保沟通的顺畅;其次,社交网站个人信息的展示应该全面,并具有一定针对性,对自己和雇主看重的素质和经历应着重展示;再次,换位思考,给雇主留下专业的印象,如简历提到领导力,个人页面没有如下词汇:沟通、激励、授权、积极主动、可信赖、创新、反馈、责任、承诺、变革等的支撑,则难以说服雇主;最后,定期搜索关键词,检查自己的档案是否容易被找到,容易被找到的简历有更多机会获得雇主的青睐。

4. 行业/垂直招聘网站

服务特定用户群,以该用户群的需求为导向提供招聘服务。网站特定用户群覆盖人数多,黏性强。比较典型的有服务互联网人才的拉勾网、服务应届毕业生的应届生网、服务金融人才的上海金融人才网等。

5. 职位搜索招聘网站

类似于搜索引擎,本身并不提供职位,仅提供职位搜索类服务,比如 indeed.com。

6. 企业自有门户

官网主要是进行网申的窗口,近年来随着移动互联网的发展还包括了微信、APP 等相关形式。对于工作年限较短的 MBA,有机会参与到校园招聘的环节,参加网申通常是必经阶段。采用网申,是 HR 便利筛选应聘者的工具。对于客观信息,真实作答即可。对于主观信息,可以通过一些技巧增加说服 HR 的可能性:第一,网申的材料越"不可复制"越好,HR 每天要看成百上千份网申材料,不少应聘者会拷贝"攻略"的模板,使得 HR 不得不面对千篇一律的行文,因此,有个人特色的材料更容易吸引 HR 的注意;第二,越简洁越好,尽量使用菜单式的语言代替大段的描述性文字;第三,越像"自己人"越好,材料应该尽可能符合招聘企业的文化,以获得 HR 的认同;第四,越像"行家"越好,使 HR 感觉到求职者对企业和产品不是一无所知,而是有所研究,入职后更容易上手;第五,越"合适"越好,强调"合适",而并非"卓越",HR 并不期望用主管的薪酬招聘到总监,一味地强调个人能力的突出,可能会被 HR 认为职业的稳定性不足。

7. 其他类型招聘网站

比如,雇主点评类(如看准网)、测评类网站(测聘网)、视频招聘类(Jobedin)、内部推荐类(内推网)等也是各有特色。

随着社会、技术和使用习惯的变化,求职渠道的效果也处在不断地变化中,根据北森对 2016 年金融行业的社招渠道分析,金融行业自建渠道(自有门户、内部推荐)对首轮面试简历的贡献量达到 30.3%,其中自有门户达到 22.8%;智联招聘、前程无忧等综合性网站和猎聘网、拉勾网等新兴猎聘网站和垂直招聘网站的贡献达到 50.2%(参见图 8—1)。

然而这并不意味着通过综合性网站会更容易通过简历面试,该报告同时显示内部推荐的简历初筛通过率最高,达到 40%,其次是猎头渠道。第二梯队的包括自建门户和垂直网站,而综合招聘网站位于第三梯队(参见图 8—2)。以上分布从另一个侧面说明,当劳资双方对彼此信息把握越准确,匹配成功率越高。

三、简历

如果说博览会上产品手册是企业宣传产品的工具,在人才市场上,简历就是求职者的个人产品手册,是求职者营销自我的工具。企业用产品手册向客户展示企业的产品,求职者通过简历向雇主展示个人的技能、经验和对雇主的价值。正如,企业制作产品手册的目的是建立与客户的初步联系,并获取进一步商业合作的机会,而几乎不指望通过产品手册就达成一笔交易,

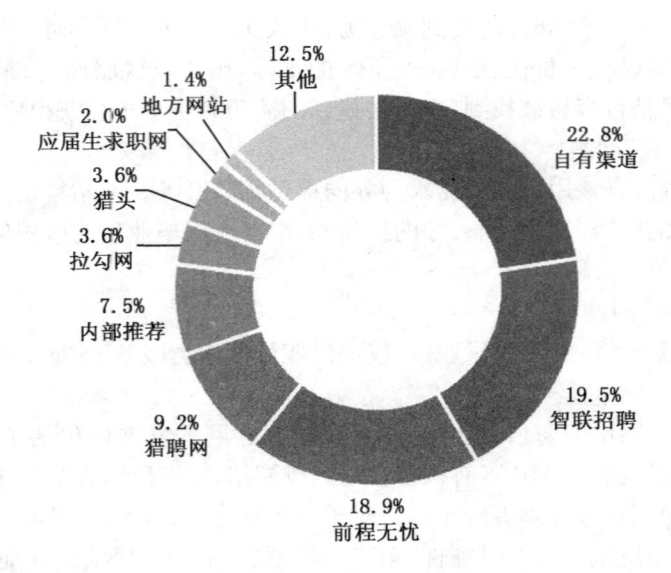

资料来源：北森公司，《2016 社招渠道效果分析报告》。

图 8—1　渠道简历在进入首轮面试简历中的占比（金融行业）

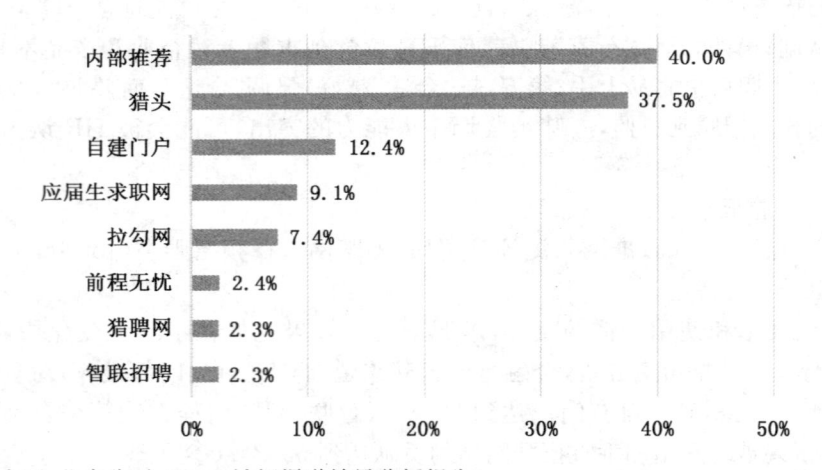

资料来源：北森公司，《2016 社招渠道效果分析报告》。

图 8—2　渠道简历筛选通过率

简历的主要目的是帮助求职者建立与雇主的初步联系，即获得面试机会，而不能奢望让雇主看了简历就立刻雇用你。

就像好的产品手册不能直接达成交易，但是对于获取交易机会有着积极的作用，虽然好的简历不会直接帮助求职者获得职位，但是会在雇主做出招聘决策时起到积极的影响作用。

（一）简历撰写原则

1. 真实性

简历的内容必须是真实的，严禁为了各种目的杜撰简历内容。诚信是职场的基础，职场人尤其是职场的新人应该像珍惜生命那样珍惜自己在职场中的信用。简历是职场人和雇主初次接触的媒介,双方缺乏信任的基础,如果在简历筛选过程中、或是在面试过程中乃至入职后,被发现简历造假,都会带来一票否决的后果。现实中的确很多求职者的简历都有夸大的成分,也的确存在通过了 HR 的筛选而入职,但也为自己的职业生涯带来了隐患。一个真实的案例是,曾有一位已经在 A 国际投行担任高管的经理人,在跳槽到 B 国际投行的过程中,因为对自己本科毕业院校不满意,自行在简历中进行了修改,但在入职前的背景调查中被发现,尽管硕博均是名校的经历和工作后耀眼的业绩均为真实表现,但也被 B 国际投行拒绝入职。甚至 A 国际投行也未与其续约,因为每个行业其实圈子都没有想象中的大,业内的其他公司也不再向其提供职位,这位能力非凡的经理人自此告别投行。一个常被混淆的概念是,简历撰写技巧和简历造假。比如对于某个真实的事件,只描述了其中最能为自己简历加分的部分,而对也许可能出现过的失误不予提及,这可以被归类为简历撰写的一个技巧。而杜撰没有发生过的事,或者将发生在别人身上的事移植到自己身上,则是简历造假。雇主选择员工,是要用其优势,所以很正常最关注应聘者最耀眼的业绩、技能和特质,对于其他未提及的失误只要不涉及弄虚作假或者违法乱纪,通常不会过于关注。而简历杜撰的本质是诚信问题,这是职场生存的基础。因此,一方面没有对雇主的任何价值,另一方面带来了极大的雇佣风险,很自然会被一票否决。

2. 易读性

有的求职者在简历撰写过程中,对于版面和行文不太讲究,认为只要将自己的基本情况介绍清楚就可以了。殊不知这仍然是卖方市场的思维,而现在的人才市场是买方市场,求职者在简历撰写过程中就不得不易地而处,多照顾 HR 的习惯,因为通常 HR 看一份简历只有几秒钟时间,如果不能在有限的时间内提供给 HR 所需要的信息,则几乎肯定被淘汰掉。对于成熟的职场人,通常写一份比较精确的简历,从内容准备到提炼到成文,需要 20~30 个小时,所以简历的精炼并不是想象的那么轻松。

易读性的要求不仅是简历内容,如果发送电子邮件,对于简历文档的标题,如果雇主有指定的格式就按指定格式,如果没有也建议在标题中至少标示所应聘职位和应聘人姓名,以便分类。

对于文档的格式,有的应聘者担心自己的简历会遭到修改或者为了显示美观而倾向于使用 PDF 格式,但实际上 HR 更偏爱 Word 格式,不仅是使用习惯,也在于如果需要必要的编辑标识,Word 文档比 PDF 要方便得多。

提升易读性,可以考虑这样几个方面:其一是明确,求职者要清晰了解自己的优势,以及对于应聘岗位有针对性展示的优势。有的优势对应聘岗位作用不大,则可以略写或不写。其二要简洁,简洁一方面是内容,通常 HR 或者生涯规划师都建议简历最好不要超过一页纸,而且现在的简历通常不需要封面,尤其在封面印上心灵鸡汤或者励志文字通常也是 HR 所不偏爱的;另一方面是排版,清爽简约的排版有利于 HR 厘清思路抓住重点,也是基本职业素质的表现,一个简历排版乱糟糟的申请者很难让 HR 相信其简历自我描述里所写的精通 Word 软件。其三要精炼,虽然将篇幅控制在了一页纸,但如果言之无物或者不着重点,对于 HR 同样是一种负担。精炼要求在进行描述的时候要讲逻辑、抓重点,尽量用数字说话,可采用清单式予以列示,需要使用专业术语以体现专业性,但也要避免出现大段仅有专业术语而又无实际内容的描述。

3. 逻辑性

写简历的过程有点类似于写一篇小论文。简历这篇论文的总论点就是"我是这个岗位最合适的人选",简历的意义在于论证求职者与应聘岗位的匹配性。那么,简历中的自我评价,比如团队合作精神、诚信、创新能力等,就是论文的分论点。因此,自我评价的主要内容应该是与应聘岗位密切相关的职业特质。有的学生会写个人的兴趣和爱好,这可以作为适当补充,但不应该是重点。简历中的教育经历和工作经验就是各种论点的论据。论据应该能支撑到论点,所以简历中的各种证据也要能和自我评价中的内容进行呼应,体现前后一致的逻辑性。常见的错误,比如有学生在自我评价中描述个人具备团队合作精神,但在教育和工作经历中完全体现不出来,导致说服力大打折扣。

(二)简历撰写思路

通常的简历撰写有两种思路,一种是按时间顺序进行,一种是功能性。

按时间顺序的简历是最传统并最经常使用的简历样式。对于有稳定的雇佣记录而且每个新的职位都表明持续进步的人以及应届生,这种简历形式最为有用。

以时间倒序的方法列举个人职业经历,即最先列出最近的职位或工作。在这种简历中,由于要凸显日期,所以任何工作中断或跳过都会显现出来。如果目前的职位与申请的工作没有太大的关系,而雇主又认为现有经历是简历中最重要的考虑因素,这种简历的适合度就不太高;然而,如果能强调现有工作中的技能对新的职位至关重要,那就不会有什么问题。时间顺序简历的基础版式包括四个模块:个人基本信息、教育经历、工作经历、专业资质。

个人基本信息通常包括姓名、性别、年龄、联系方式等,因为有的岗位对于年龄、性别会有所倾向性,因此,不要在这方面给 HR 留下疑惑的空间。联系方式通常包括手机和电子邮箱,值得留意的是职场的电子邮箱最好能比较专业范,比如以中文名拼音或英文名、或毕业学校、或所学专业的组合都是可以的,而过于个性化、娱乐化、悲观化的如"littlebaby""xiaomihu"等既显得求职者不够专业,又不能彰显求职者气质或正能量的邮箱名则需要尽量避免。

教育经历通常只需要倒序列出毕业高校和所学专业即可,应届本科普研的同学有时会列出所学专业课程,对于 MBA 则意义不大。一方面,MBA 的基础课程大致类似;另一方面,所学课程并不是雇主最看重的部分,拿到 MBA 学位雇主已经默认求职者具备了基本的商业概念和技能,而是否是雇主所需要的人,更多的看相关工作经验和面试表现。

工作经验是 MBA 求职简历中最重要的部分,以倒序列出雇佣时间、雇主名称、职位名称、工作职责和业绩等。HR 的注意力大部分都在这里寻找求职者是否有雇主所需的足够的行业或者岗位经验。因此,该部分最重要的目的是将求职者的个人技能与雇主所需的直接技能之间架接桥梁,在撰写过程中最需要注意相关性和重要性。技能和经验是简历和面试所使用的语言,而经验的最终指向也通常是技能的层级和熟练度,通常,技能是简历和面试中劳资双方最关注的核心。因此,在简历上和面试中,都需要以技能为中心来展现自己。需要注意的是,这里所说的"技能",既是求职者所擅长的,又必须是所申请岗位要求的。在求职中不乏这样的现象:一些求职者认为简历和面试就是最大限度地展现自己的优势,因此无论自己有什么样的能力、取得过什么样的成绩,全部都列在简历上。但事实上,求职者是国家二级运动员,和应聘的市场职位可能毫无关系。这类缺乏重点和针对性的技能表达,只能给人以杂乱无章的感受,并且淹没了求职者真正重要的相关技能。恰当的做法是在盘点个人技能和充分了解所应聘岗位对技能要求的基础上进行有针对性的简历写作和面试,做到有的放矢、量体裁衣。若是应聘市场,就应当重点强调与市场工作相关的人际沟通、问题解决等技能。一个人的技能可能有很多,但在简历和面试中要表现哪些、详略如何,还必须根据具体的申请岗位要求来确定。在技能的展示过程中,需要注意的是,虽然应该对照所申请职位的需要展示自己的技能,但是不能将个人的技能和经验描述成招聘职位的岗位说明书,只用描述性的文字列举了自己具备哪些技能,而缺乏具体的数据支撑,导致个人简历和岗位说明书高度雷同。正确的做法是,为技能提供个人的实践做支撑,比如,岗位说明书要求有"团队管理能力",简历中就不宜以"具备团队管理能力"一笔带过,需要增加一些事实描述,如"有两年管理10个人团队的经验,期间团队的业绩在公司类似团队中排名前10%(共20个团队)",相对而言就显得更具体和有说服力。另一个小技巧是,对于一些重点数字可用"斜体"或"加粗"以抓住 HR 的注意力,比如"降低成本20%""实现销售收入1 000万元"等。总之,要让简历成为桥梁,让雇主感受到求职者的工作技能与招聘职位的技能要求之间紧密配合的相关性。

专业资质主要列出求职者在专业领域所获取的专业认证、参加过的培训或项目、取得的荣誉、发表过的论文或著作等。此处同样需要注意相关性和重要性。相关性,比如"心理咨询师"证书对于应聘教育培训的岗位可能很重要,但是对于应聘"财务"岗位就显得无足轻重。重要性,比如"曾获部门月度技能竞赛第三名"等奖项,雇主通常不是很看重,但如果是如500强公司集团层面技能比赛前三名可能就会得到认可。

也有求职者会增加一些个性化模块,比如自我评价、兴趣爱好、求职意向等。对于自我评价,通常 HR 不会给予太多的关注,如果要写也需要与应聘岗位有所相关,至少不能减分,不能应聘财务人员,自我评价激进爱冒险;不能应聘销售人员,自我评价喜欢独立思考不善与人沟通等。兴趣爱好同理,不要将可能给自己减分的兴趣爱好放到简历中,比如简历中写了自己团队合作能力强,兴趣爱好都是象棋、游泳、乒乓球等个人项目,而不是足球、篮球等团队项目。求职意向,在雇主同时招聘多个岗位的时候,可以标注,对于只招聘一个岗位,标注的意义不大。反而有些求职者采用通用简历,求职意向要么写了一大堆,要么就一成不变写一种,结果应聘财务的时候求职意向还是销售,这些都会给简历减分。其他个人添加的模块同理都需要依据这样的原则:如果能为简历加分则可保留,如果不增不减或者减分则应该删除。简历的目的是为了让 HR 满意,而不是让求职者自己满意。

功能性简历是根据求职者工作经历中实际参与的工作职责来展示求职者的经验和技能,而不简单以时间顺序罗列曾做的工作职位。功能性简历适合工作经历简单(如长年在一家公司工作)、职场经历中断或者转换行业。因为淡化了工作期间、全职还是兼职工作、甚至前任雇主等时间顺序简历中的重要因素,而将个人的技能放在最醒目的位置,向雇主重点展示个人技能与空缺岗位所需职业技能的高度一致性,所以一致性程度也直接决定了 HR 是否要给予面试机会。功能性简历的另一个功能是可以强调求职者的职业成长和个人发展。同样,功能性简历也需要关注相关性和重要性,甚至更重要。因此,需要求职者花更多精力挖掘自己的能力和成就。值得注意的是,相对于时间顺序简历,功能性简历并不是一种很通用的简历,只有当时间顺序简历对求职者是不利的时候才会考虑。简历的撰写过程中,始终要记住简历的目的是获取面试机会,如果能比较有把握地通过中规中矩的简历撰写获取面试机会,就没有必要在简历中采用剑走偏锋的做法。

四、求职信

求职信不同于简历,简历要写得具体丰富,全面展示求职者的经验和能力,而求职信则要强调最重要的信息。通常情况下,大规模的校园招聘,HR会收到成千上万份简历,虽然在线申请帮助很多HR做初步筛选,但是仍有不少HR采取的是收取电子邮件简历的方式,对于这种情况,求职信通常不会被关注。而对于内部推荐、熟人介绍等情况,因为候选人不是太多,每一份简历HR都会比较认真地阅读,相对上一种情况,一封得体的求职信往往会为候选人加分。

求职信的重要信息通常包括:
(1)你是谁?
(2)你是怎么知道目标雇主的?
(3)你正在申请什么职位?
(4)你对目标雇主的了解。
(5)你为什么适合这个职位?
(6)表明希望得到面试机会,注明你的联系方式。

求职信的核心内容是"你为什么适合这个职位"。需要解释你为什么对目标雇主和目标职位感兴趣,说明你可以如何为该雇主做出贡献。解释一下你的教育背景和相关经历如何使你有资格来申请这一个职位。突出强调你所取得的成就或比较特别的过人之处,但不要重复你简历中的内容,而是作为对简历的一个引介和提升(可挑选简历中的一两点突出之处,或是受简历格式所限而未能在简历中体现之处做更详细的说明)。强调你的技能与你所申请的职位之间的契合。如果内容较丰富,也可分为两段,要简洁而具体。

另外,在求职信中不要忘记附上简历,如果有其他能够证明资质的文件也可一并附上,但切忌文件不要太大,以免被公司邮箱的防火墙拦截或不便于HR的移动办公。

五、求职档案

求职档案应该包括两个部分:一是个人端,包括个人的技能和成就的证明,目的是向雇主展示自己的优势;二是雇主端,对于求职者已经参加应聘的雇主和岗位,应该做好记录,目的是管理自己的应聘项目。

对于个人端,整理求职档案可以帮助求职者总结思考自身的优势,对自己所具备的技能和取得的成就进行全面的盘点,帮助自己厘清思路,为简历和面试做准备,同时为简历和面试中所需要的展示提供支撑材料,在面试中掌握更多主动权。

对于雇主端,可以帮助求职者对于雇主的情况、招聘岗位和要求进行归类总结,以便于面试中有针对性地发挥,以及对于不同雇主的不同进度予以标识,避免出现混淆。曾出现有学生接到雇主面试电话,不知道自己什么时间投的简历,不记得应聘的是什么岗位。出现这种情况,对于雇主是非常不尊重的,也会给自己带来巨大的负面影响。

(一)求职档案对于个人端应该包括的内容
(1)简历、求职信;
(2)各类资质证书、荣誉证书等;

(3) 论文、著作、研究报告等；
(4) 实践报告、项目总结、短期培训等；
(5) 对于自己需要展示的技能的职称材料，比如需要展示沟通技能，需要按 STAR 原则准备一两个小案例，用以说服 HR。面试过程中，现场思考准备案例通常容易出现漏洞、缺乏逻辑性，使得效果大打折扣，如果能事先准备好，则讲述起来水到渠成、自然流畅。

(二) 求职档案对于雇主端应该包括的内容
(1) 应聘雇主的清单和简介；
(2) 对应的应聘的岗位；
(3) 雇主的联系方式；
(4) 应聘的进度；
(5) 其他需要注意的事项，比如雇主近期的重大新闻、行业动态、雇主对特定人才特质的偏爱等。

第三节 面 试

面试是挖掘应聘者和目标岗位有关的信息，并根据这些信息预测其在目标岗位上的未来表现的过程。

一、面试的目的

面试的目的是筛选出符合雇主需要的人，所以应聘者需要对雇主以及所应聘的岗位的需要有尽可能准确的了解，最终在面试过程中使得自己的表现符合雇主的要求，从而说服面试官自己能够胜任这份工作。虽然面试是一个双向选择的过程，但现实中对于优秀的雇主通过校园招聘和社会招聘的岗位通常是雇主中基层的岗位，因此在面试过程中，雇主会占更多一点的优势，应聘者相对弱势。这种关系只有在雇主招聘关键核心岗位的时候，才会逆转过来，通常这种岗位通过猎头的渠道会更多些。

二、面试的形式

既然是面试，只要条件允许，雇主都会采用面对面沟通的方式，有时候出于成本或其他因素会采用电话面试、视频面试等方式。

近年来随着人力资源技术的不断进步，面试也出现了多重形式，招聘流程正逐渐趋向于复杂化和系统化。下面是最常见的一些面试形式。

(一) N 对 1 面试

它是一种最常见的面试形式，是由一个或多个面试官面试一个申请者。通常这种形式的面试会有 3~4 轮，第一轮通常是 HR 与候选人的一对一的面试，中间轮主要是直线经理或者更高一级的经理或总监的面试，最终轮是公司高管的面试。这几轮参与面试的面试官不同，面试的目的和内容也会有所侧重。相较于早年由人力资源部门全流程包办招聘事宜不同，现在的招聘最终的决策权直线经理会占更大的话语权。直线经理通常提供工作分析、岗位说明书等，对申请人进行业务能力的面试，综合人力资源部提供的资料决定是否胜任。人力资源部门提供岗位分析、招聘流程和渠道、面试安排等，对候选人进行初步筛选、背景调查、体检安排等，通常具有否决权而不具有决定权。

第一轮人力资源部门的面试主要是审查申请者的资质是否符合招聘需求，主要是针对一些硬性条件（比如学历、工作年限、专业资质等）以及通用能力（比如沟通能力、表达能力、职业操守等）。有时也问到一些业务细节，主要也是出于对简历真实性的考量。求职者在这一环节最需要关注的就是个人的职业素养，如表现出不守时间、简历造假、职场礼仪过于散漫、缺乏责任心和不自信等情况通常会给 HR 留下不好的印象。

中间一轮或多轮的直线部门面试，主要目的是考察候选人的工作能力，是否与岗位需求所匹配。本轮候选人应该在面试准备的过程中对岗位的要求有详尽的了解，以便能更准确地抓住面试官提问背后希望你能提供的信息，做到回答问题时有的放矢，避免扯东扯西不着边际。

最后一轮雇主高管的面试，通常是处于风险控制的需要，高管人生和社会阅历更加丰富，对人的综合判断更为准确，虽然本环节的沟通氛围通常比较温和融洽，但其实非常理性。一旦面试官发现候选人在符合公司价值观、团队合作、从业道德等方面有瑕疵，就会被直接否决掉。故而，常常有学生反馈，最后和高管聊得很愉快，但是最终没有被录取，却总是想不通原因。实际上，HR 的确鲜有向候选人反馈未能雇佣的原因，即使有也多是不伤害候选人的柔和辞令。

（二）团体面试

团体面试最常见的形式就是无领导小组讨论。

无领导小组讨论是评价中心技术中经常使用的一种测评技术，是指由一组应试者组成一个临时工作小组，采用情景模拟的方式，对考生进行集体面试讨论给定的问题，并做出决策。雇主希望通过模拟一定的情境，观察候选人在无领导小组讨论中的表现预测其在工作中的表现。无领导小组讨论最早在外企的招聘中比较常用，近年来在国企和民企中也颇多涉及，被大中型雇主的 HR 们所青睐。通常作为介于 HR 初面和直线部门面试之间的安排。

无领导小组讨论每个小组规模通常在 6~8 人，每个候选人的地位平等，不指定特定的角色，一切由候选人自行协商敲定。通常有 2~3 位面试官，面试官除了开场说明规则以及时间控制外，不参与讨论，只对每个候选人的表现进行观察和根据事前准备的考察维度进行评分。

相对于笔试和 N 对 1 的面试，无领导小组讨论的题目通常没有标准答案，在此过程中考察的主要是候选人的可迁移技能和自我管理技能，包括表达能力、沟通能力、组织能力、协调能力、概括能力、情绪稳定性、团队合作、领导力、自信、耐心、倾听等，因此，在非技术类岗位招聘中运用更多。

无领导小组讨论的题目分类的标准较多，比较常见的是分为五类：

1. 开放式

其答案的范围可以很广、很宽，主要考察候选人思考问题时是否全面，是否有针对性，思路是否清晰，是否有新的观点和见解。例如，怎样才能提高下属的工作积极性？这类题目信息量较小，大部分参与者都有体会、有共鸣、有话说，但正因为仁者见仁、智者见智，容易出现引用过多，不容易挖掘候选人自己的思考和观点，就不容易在候选者中间形成区分度，考察的深度有限。

2. 两难式

让候选人在两种互有利弊的答案中选择其中的一种。主要考察候选人分析能力、语言表达能力以及说服力等。例如,您认为学历和能力哪个更重要？这类问题无论选择哪个答案都不会错,关键是看候选人思考分析问题的角度和逻辑是否有特色,以及表达说服他人的能力。

3. 排序选择

让候选人在多种备选答案中选择其中有效的几种或对备选答案的重要性进行排序。这类题目有两种,一种是选项之间有逻辑关系的,主要考察候选人分析问题实质,抓住问题本质方面的能力。比如,为一家银行选拔五人市场项目团队,可选人员包括岳飞、西施、韦小宝、李白、曹操、猪八戒、武则天、唐僧、孙悟空、华佗等,本题因为可选人员是不同能力和资源的符号,所以对于特定的项目团队,是有一定的倾向性,但同时也考察了候选人思考问题的逻辑性。另一种选项之间没有逻辑性,主要考察候选人分析问题的角度和完整性。比如,对以下选项按重要程度排序,相关选项包括:财富、价值观、父母、朋友、能力、学历、健康、兴趣等。这种题目每个人的经验和角度不同,答案千差万别,也没对错之分,主要考察分析的角度、深度,与其他团队成员的互动,以及最终的陈述表达能力等。

4. 资源争夺

让处于同等地位的候选人就有限的资源进行分配,考察候选人的语言表达能力、分析问题能力、概括或总结能力、主动性和快速反应能力等。比如,部门有 100 万元预算,可用于改善员工福利、支持员工培训、办公硬件改善,请问怎么分配？此类问题的讨论过程中,候选人必须有理有据,才能说服他人达成一致目标。

5. 操作方案

给候选者一些材料和资源,让他们针对存在的问题设计一个实际操作方案。比如,荒岛求生,提供几个工具,让团队设计出到安全地带的方案。

关于角色分工,通常的无领导小组指导中会将小组角色分为领导者(Leader)、计时者(Time-keeper)、记录者(Recorder)、演示报告者(Presentation Speaker)、成员(Member)几类,并认为计时者是最具价值的角色,领导者、演示报告者高风险高收益等。实际面试中,虽然 HR 和候选人都会有意无意地将参与者对号入座,但对于每个角色的执行情况,现场表现比承担的角色要重要得多。甚至出现有的学生只准备了某一两种角色,当现场出现变化时反而乱了阵脚。这种分类对于本科生、普通研究生等初入职场的新人,具有较强的新鲜感和区分度。MBA 等有多年工作经验的候选人,对于无领导小组中的各种角色在以往的工作中有更鲜活的认识,对其再现的场景更加熟悉,所以在理解问题、分析问题的思路和深度上会更有优势,但有时会显得兴奋度不够。就面试官的角度,角色分工的作用没有那么明显,面试官最后的打分表也不会记录承担的是什么角色。

从本质上看,面试官最关注的是候选人在面试中表现出来的综合素质是否是招聘岗位所需要的,而不管是题目本身还是所承担的角色,都只是展示的渠道,所有的行为都应该以有效推进任务为导向,并恰当突出展现自己,对团队的贡献和角色没有必然的联系,认识到这一点,就可以根据岗位要求和自身优势,有重点地展示。通常以下一些素质是比较受关注的。

1. 团队协作能力

如果候选人表现欲强,一个人就占据了讨论的大部分时间,且性格强势,固执己见,容不得不同意见,缺乏团队协作精神,通常容易被淘汰。相对而言,销售市场类岗位希望候选人有较强的表达能力和主动性,但如果影响到团队协作,是任何岗位所不欢迎的。团队协作能力还表现在，应该让每个候选人都有机会参与讨论，尽管其他候选人也许是竞争对手，但如果有候选人被孤立，面试官对整组尤其是领导者的印象通常都不会太好。

2. 沟通能力

如果候选人从头到尾都不参与讨论，或者讨论中缺乏倾听能力，自顾自说着自己的观点，无视他人或团队讨论的方向，则会被认为沟通能力不佳。沟通的本质是倾听，只有认真倾听别人的表达，才能提炼别人的观点，抓住对方话语背后的逻辑、观点或诉求，然后进行有针对性的交流才能推动问题解决。讨论中，集中注意力，展示恰当的肢体语言，并适当做记录，都是不错的选项。

3. 逻辑能力

如果候选人发言逻辑混乱，表达不流畅，前后矛盾，不知所言，即使说得口若悬河，在有经验的面试官看来仍是言之无物。注重发挥自身的逻辑能力对于内向型候选人显得特别重要，如果他们面临一个强势的讨论氛围或者面临质疑的时候，通常很少发出自己的声音。因此，为了确保自己的意见得到关注和认可，需要发表的内容应更独特和难忘。

4. 表达能力

候选人在阐释自己观点时，虽然观点鲜明、逻辑正确、论据充分，但表达能力欠佳，让人无法顺畅领会其含义，也会被面试官减分。

5. 协调和说服能力

有的候选人，虽然自身没有非常有深度的观点，但是能够很好地整合其他人的观点，并且能够通过恰当的方式，求同存异，让其他候选人都能顺利地接受。这种协调和说服能力，也是面试官所关注的。

6. 仪态修养

讨论过程中的姿态、用词、表情等，都会给面试官留下印象。有时候，在综合业务素质相近的情况下，面试官往往会选择眼缘好的候选人。

7. 主动性

对于第一个提出思路或者打破冷场的候选人，面试官通常会多加留意。他们往往能推进交流、更加自信和善于沟通。

(三) 公文筐测试

公文筐测试又叫文件处理测试。是情景模拟测试的一种，它是对实际工作中管理人员掌握和分析资料、处理各种信息，以及做出决策的工作活动的一种抽象和集中。该情景模拟一种假设环境，如单位、机关所发生的实际业务、管理环境。提供给受测者的信息如函电、报告、声明、请示及有关材料等文件，内容涉及人事、资金、财务、市场信息、政府的法令、工作程序等多种材料，这些材料放在公文筐里，测试要求受测者以管理者的身份，模拟真实生活中的情景和想法，在规定的条件下，在限定时间（通常为 1～3 小时）内对各类公文进行现场处理，评委通过对受测者处理文件过程中的行为表现和书面答案，评价其计划、授权、组织、预测、决策和沟通的能力。该测验通常用于管理人员的选拔，是评价中心中最常用和最核心的技术之一。

(四) 行为面试

行为面试关注被面试者过去实际发生过的行为，即在过去的个人经历中，有没有遇到过所要应聘的工作中可能会遇到的一些类似情景，以及当时是如何处理的。相对于情景模拟，行为面试聚焦的是真实发生的案例。

三、面试的准备

从维度上,面试的准备包括:

1. 信息的准备

包括通过雇主主页、人物访谈、互联网等各个渠道搜集的雇主信息、招聘岗位信息和面试能力提升信息。

2. 个人展示的准备

面试的目的是为了向雇主展示自身的优点,说服雇主自己就是最适合招聘岗位的人。因此,面试前需要对自己的优势进行系统总结,包括告知雇主自己将会通过什么方式帮助雇主克服困难、做出贡献、达成使命。

3. 对于自己尚需了解,准备在面试中提问的问题。

尽管现在的面试形式很多,但仍然难免结构化的成分,以下讨论的几个问题是结构化面试中常见的类型,为了能在被问到的时候自如地发挥,请提前准备好这些问题的答案。另外,面试中回答问题要记住:雇主不在乎你的过去。尽管每个雇主都会了解候选人的过去,但是这并不是说他们多么关注候选人的过去,他们了解过去,只是为了预测候选人将来的行为,以及候选人是否能持续给组织做贡献。

(1)介绍一下你自己。很多候选人通常很好奇,为什么我的简历上都写了,但每次面试时面试官还是要问同样的问题。事实上,雇主通过这个问题,一方面,考察候选人的表达能力;另一方面,是对简历真实性的复核,雇主担心招聘过程不完善,录取了不合适的人,所以希望候选人如果有什么瑕疵,在自我介绍时会不留心地自己讲出来。通常留给候选人的时间是1~3分钟,如果候选人曾经准备过60秒的"电梯演讲",可以用来回答这个问题,答案可以参考简历作答,包括教育背景、与工作相关的特殊技能、工作经验等,以及你的教育、培训、技能和经验以怎样的方式匹配公司的需求,总体上要表现出过往的工作和学习已经证明了你是一名优秀的员工。面试官通常会在面试前读候选人的简历,但经常由于参加面试的人较多,面试官未必能记住每个人简历中的内容。最好在此之前通过镜子、视频或者朋友之间练习过多次,练到自己感到舒服和自信才行。切记不要快速地背诵演讲稿,而是应该表现出轻松自如。

(2)你为什么应聘这份工作?雇主担心候选人找的工作和雇主提供的岗位存在较大差异,希望候选人的决定是经过深思熟虑的,是建立在对雇主职位和对自身兴趣及能力充分了解的基础上的,并非一时冲动或盲目做出的。比如,候选人认为行业分析师只要会做图做表写报告就行,但事实上和客户的交流沟通也非常重要;抑或雇主准备招聘的是主管,候选人其实想的是总监等。因此,雇主通过这个问题再次确认候选人理解所应聘岗位的职责和要求。回答这个问题,首先明确告知雇主这就是你要找的工作,提及这份工作、这家公司或机构特别吸引你的地方,可以参考雇主的历史、产品、服务、企业文化和使命来作答,让面试官知道你已经研究了组织并且想在这里工作,以及你有能力胜任这份工作。不要给对方的印象是,你来这里只是因为公司有一个职位空缺。

(3)我为什么应该聘用你?雇主担心候选人不具备这份工作所必需的技能和经验,因此,回答的要点要从过去的工作和学习经历中提炼应聘岗位所需要的技能。准备好使用自己的语言和例子来表达,可以参考的词句包括:凭借我的才能、经验、积极的态度和热情,我将是这个职位最好的人选。我认同贵公司的理念和使命,我相信我能在贵公司发挥作用,并且能成为有价值的一员。重申自己的优点,并强调你如何可以为公司做出贡献。如果是跨行业求职,可以强调自己的可迁移技能和快速学习的能力,并且准备相应的职称材料。

(4)你的职业规划是什么?即使现在频繁跳槽很普遍,雇主一般还是希望候选人能为他们工作较长一段时间。同时雇主也担心招聘的人和组织的发展不协调或者候选人只是拿组织当跳板,面试官希望借此了解你对自己的职业生涯是否有切实的规划,以及这一规划与现在你应聘的职位是否相关,并由此看出你申请这一职位的动机。例如,候选人希望三年内从主管升到总监,但按组织内的正常流程,三年内最有可能给到的岗位是经理;又例如,候选人三年内对于规划都没什么想法,会被认为缺乏职业目标和进取心。雇主招聘的目的通常不是筛选最优秀的人才,而是最合适的人,将合适的人放在合适的岗位上才是招聘部门需要做的事。因此,在回答这类问题的时候,最多需要强调的是合适而非优秀,包括现状能力、经验和价值使命的合适,也包括了职业规划的合适。如果实在不知道该如何应答,可以表示喜欢在一个鼓励成长、奖励业绩、赋予责任并且具有挑战的公司工作。

(5)你期望的薪酬是多少?如果面试前的功课比较到位(如果是应届生,可去各大应届生论坛,如应届生求职网;如果是社会招聘,如有猎头推荐可咨询猎头,如自己了解可参考猎头发布的薪酬调研报告或者去看准网等薪酬点评类网站),应该对所应聘的职位有个大致的薪酬范围。这个话题通常会在直线部门或者公司高管面试完之后的薪酬谈判过程中开始涉及,在详细了解所应聘的职位职责和要求之前尽量不要展开这个话题,特别是在第一次面试中,如果面试官不主动提,就不要主动问这个话题。

(6)你的优点和缺点分别是什么?并举例。问优点,雇主是希望观察候选人所阐释的内容和过程是否与简历以及面试观察的结果一致,以便对之前面试中获取的信息加以验证,同时也检验候选人的自信程度。如果候选人说自己表达能力强,但实际面试中却词不达意,表述混乱,面试官有理由怀疑简历的水分。不要只是谈论自己的优点,还要把优点与应聘的职位和雇主的需要联系起来。问缺点,雇主担心候选人有组织无法包容的缺点,但是简历中一般不会涉及,面试官希望个人在描述的时候不经意地流露出来或主动承认。针对这个问题,不建议提"过于注重完美""对下属要求严格""经常加班"等名贬似褒的说法,可以提一些无伤大雅,不涉及价值观道德判断,不与组织的价值观企业文化相冲突的缺点,但也要注意与应聘工作的相关程度,比如应聘财务岗位"不够细心"则不是一个能够被理解包容的缺点,如果说"不够主动"相对会好些,但如果销售岗位就相反了。另外,通常面试官会要求候选人举例,这里不建议候选人为了需要而杜撰故事,而是应该挖掘自己真实的经历进行提炼总结。杜撰的故事,有经验的面试官通过几个问题便能很容易找到破绽。

(7)你有什么问题吗?雇主问这个问题有的是例行习惯,有的是最后再确认一下双方的沟通是否达成了一致。为了补充面试之前收集到的信息,候选人需要在面试期间问一些其他问题。提前准备好想了解的问题,并事先写好带在身上是明智的。显示候选人对这次面试的重视并做了很多准备工作。问题应当与职位有关,并能表现出候选人的视野和学识。如果在面试时提前准备的问题得到了回答,就不要再重复问这个问题,否则会给别人留下没有在听的印象。可以参考的问题包括,公司对员工有什么样的期望?这个岗位典型的职业发展路径是什么？这份工作最大的挑战是什么？如果有幸被录用,会得到什么样的相关培训？

对于有工作经验的候选人,以下几个问题也经常被问及:

(1)你为什么离开上一个工作？这是一个典型的期望通过了解过去预测未来行为的提问。雇主担心候选人不能和同事尤其是上级们友好相处,或者有其他不良原因。如果被问到离开上一份工作的原因,候选者需要以积极的姿态响应,而不是发泄和抱怨。可以说"我觉得我已经在那家公司做到了所有我能做到的,并且有了更多的成长,现在准备好了要承担更多的责任",而不是说"和原来公司上司处不好关系"或者"原公司管理混乱看不到未来"等。如果候选人的简历显示跳槽频繁,需要解释如何通过每一次工作的转换,实现了自己技能的提高,并且解释提高后为新的雇主创造了更多的价值。

(2)能不能描述一个你碰到的工作中的难题,以及你是怎么克服的？类似的包括有没有与特别难沟通的人一起完成某项任务,你是怎么处理的？这个问题一方面考察候选人的表达能力,另一方面题目本身就蕴含了考察某一种或几种能力的含义,而这些能力又是雇主所看重的。常见的包括,领导力、沟通能力、团队合作能力、创新能力、主动性、协调能力、组织能力等。通常我们的面试档案里应该要准备一两个这样的例子备用。描述的时候按 STAR 原则,重点讲述行动和结果的部分。另外,这里需要注意的是,挑选的例子,应该是自己的经历,并且承担重要角色的案例。有候选人会准备别人的例子,或自己只承担了无足轻重的角色,更多是旁观者和非核心参与者角度的例子,这种案例几乎没有任何说服力。

(3)为什么到现在还没找到工作？这是一个压力式的问题,尤其对于的确花费了很多的精力还没有找到工作的候选人来说,很容易一下子就打击到自信,勾起负面情绪,因此的确非常有挑战性。如果真是自信不足,容易产生自我怀疑,不管是对于本次还是今后的面试都非常不利。不妨换个角度,我只是暂时没有找到合适的工作,而且我已经付出了很多的努力,虽然经历了这么多的挫折和失败,但是并没有放弃,而且我不需要每个面试的雇主都录用我,我需要的只是一个适合自己的岗位而已,即便是拿到 10 个 offer,最终需要的也只是一个,相对于其他学生,我只是运气来的更晚而已。总之,需要从积极的角度予以思考和应答。雇主也是希望候选人能够承担一定的压力,并且勇于面对和克服。

(4)还有没有其他 offer？有的面试官会藉此考察候选人的市场竞争力和最终签约的可能性。针对这个问题,实话实说就好,无须为了拔高或者隐藏自己而编造答案。

其他面试需要注意的包括消除过度紧张;衣着得体,手机静音;注意交通,尽量提前 15 分钟到场,可以熟悉环境,整理思路,可以和其他候选人甚至 HR 有个简单的接触热身。

四、面试后

(一)从面试中学习

在每次面试之后可以问问自己:

(1)我强调的重点中哪些可能会使雇主感兴趣？

(2)我是否以最好的方式呈现了自己的资格并且举出适当的例子作为证据？

(3)我是否清楚地解释了自己的个人目标、兴趣和期望？

(4)我有没有错过展示自己的机会,以表明自己可以为组织做很多贡献？

(5)我说话是否太多或太少,是否太紧张、过分被动或主动？

(6)我有没有通过面试获得足够的信息来帮助自己做出决策？
(7)我可以为自己的下一次面试做什么改变？

(二)感谢信

面试结束后的 24 小时内发一封感谢信给面试官，包括 HR 和直线部门，表示感谢并再次强调自己对工作的热情和优势。

写信给提供工作消息的直接或间接关系联络人，对他们的推荐和支持表示感谢，并且告知已经参加了面试，尽量具体到日期和场次。如果已经得知应聘被拒或者自己觉得不合适准备退出，也需要告知，说明原因并表示感谢，以维持和联络人的关系，让他们了解你的状态和需求，保持对你的支持。

五、影响面试结果的因素

影响聘用决定涉及很多因素，有主观因素也有客观因素，有自己可以控制的因素，也有不能控制的因素。候选人需要分辨这些因素，对于自己可以控制的因素需要通过准备和联系加以改进，对于自己不能控制的因素，应加以知晓，但无须焦虑。

(一)候选人可以控制的因素

(1)个人形象、态度和修养；
(2)欠缺的表达能力，不能清楚地作自我介绍；
(3)缺乏职业规划和目标；
(4)缺乏兴趣和激情，心态消极，情绪低落；
(5)缺乏自信；
(6)过于关注薪酬；
(7)期望值太高，好高骛远；
(8)逃避问题，不愿意正面解决；
(9)负面地评价之前的雇主和同事；
(10)简历等申请资料草率应付；
(11)缺乏对公司的了解和研究；
(12)对于事先可以准备的问题缺乏准备。

(二)候选人控制不了的因素

(1)应聘者太多，竞争太激烈；
(2)雇主支付的薪酬不符合自己的要求，不能支付给你想要的报酬；
(3)雇主特殊的选拔标准，例如雇主需要有某个特定公司从业经历的人，或者需要特定年限的工作经验等；
(4)面试官缺乏经验，专业度不够；
(5)雇主缺乏真实的招聘需求，招聘的目的只是为了市场品牌宣传，或者锻炼年轻的面试官；
(6)公司业务或人事调整，招聘岗位冻结。

六、面对面试失败

有时候,即便付出了极大的努力,却并没有得到你想要的工作。这个阶段最重要的就是调整自己的心态,一方面要相信所有的辛勤付出在适当的时候都会得到回报,也许自己只是暂时没有获得这个职位,也许是有其他更合适的候选人。可以通过电话或邮件联系 HR 得到反馈,以便下一次面试提高能力。

可是,一而再、再而三的失利还是会让一个人的自信心备受打击。如果你记得不只是你一个人遭遇这样的情况,你就有了对付暂时的挫折和被拒的心理准备,拥有工作的人都曾是一名求职者。当你坚持走在求职的道路上时,时刻提醒自己,你一定能找到一份工作并且铺就你的职业生涯道路。

能否处理好压力和失利取决于你的态度和行动。不要把时间浪费在生气或沮丧上,而是要专注于自己的特长,并努力发挥。

尽量每天都去完成一点事情,完成事情就意味着获得成就,成就感能让自己感觉良好。即使是简单的任务,比如打扫房间或精炼简历也能够鼓舞自己并给予新的方向。

在留意自己并且努力保持一个积极的心态时,个人的自我形象就得到了加强,而且提高了成功的可能性。

七、常见问题

1. 不喜欢原来的行业,想转换行业,并且找一份不错的工作,但之前教育背景和工作经验一般,特长也不明显,缺乏足够的能力,对拿到满意的薪酬岗位信心不足,回原来行业又不甘心。

答:(1)满意的薪酬意味着什么?如果没有满意的薪酬,是否不能实现?如果要拿到满意的薪酬概率是多少?如果概率低,差距是什么?打算怎么弥补?是否有足够的动力?如果沿着既定的方向,过两年达到自己的目标能不能接受?

(2)是否跨行业就业就一定缺乏相应的能力。知识技能是主要障碍,人际性技能和概念性技能是可迁移的。跨行业求职,虽然相对于初入职场的本科生,人际性技能和概念性技能更为熟练,并且是可迁移,但知识性技能对于中基层主管,仍然重要,因此,人际性技能和概念性技能对于雇主的效用就打了折扣。因此,MBA 的大部分转行不得不面临从新行业的基础性岗位入手,从基层熟悉了解新行业,而一旦熟悉了以后,人际性技能和概念性技能的储备的作用就会发挥出来,在管理职能上获得更大的发展推力。因此,在自我盘点的时候,要分析自己独特的优势,不好高骛远,也不妄自菲薄,发挥优势,形成自己的特色和职场品牌,更容易获得可持续的发展。

(3)跨行业就业,展现自己的快速学习能力非常重要。生活中跨界的人才并不鲜见,除了部分人的确有常人无法企及的天赋,大部分人的秘诀在于快速学习的能力和持续不断地付出。展示快速学习的能力,有助于说服雇主,虽然我目前缺乏相关的经验,但是可以很快地上手并胜任且能做得更好。

2. 我参加了几次面试,效果都不理想,感觉自己很难给面试官留下深刻的印象,我应当做些什么才能改变这种情况？

答：这里有一个误区，即给面试官留下深刻的印象是最重要的。事实是当你越想这么做的时候，可能会越紧张，最后的表现可能会越是一般般。其实，面试官并不是在找一个完美的人，他会对具有某些能力、素质和品质的人感兴趣，你要做的只是尽量地展现自己的优势。你可以根据面试官的语言和非语言信息，了解他看重申请人什么，以及是否对你此刻的表达方式感兴趣，从而对自己的现场表现加以调整。所以，对你而言，更重要的是了解自己的优势，然后放松心情，去看看怎样能够根据面试官的特点，准确、生动地将自己的特点表达出来。只有放下对表象的要求去关注实质的问题，才会更好地发挥自己。

第四节　薪酬谈判

薪酬谈判作为求职就业的重要一环，是一个敏感的话题，其中有技巧也有地雷，因此，通常放在面试的最后一步。一般来说，校园招聘薪酬谈判的空间不大，大中型组织都有比较成熟的薪酬框架。对于有过多年工作经验的求职者，在非转行的情况下，会有谈判的空间；转行的情况，一般如果工作年限较短，通常也是从基层岗位做起，缺乏谈判空间，如果工作经验丰富，则另当别论。

关于薪酬谈判的策略，HR们也提供了一些求职者应该避免的错误和可以改善的建议：

一、不谈判

简单地接受雇主提供的报价，研究表明年轻的求职者和女性求职者容易犯这样的错误，通常的原因在于不了解谈判的过程和主观上有不愿意谈判的想法。然而起薪过低带来的负面效果，无论是对于雇主还是求职者，都可能产生更大的影响。对于求职者，起薪低意味着后续如果不跳槽，在组织内部薪酬的涨幅都要偏低，同时受到影响的还有社保等相关福利。另一个与组织相关的影响在于，求职者对于雇主和岗位的满意度、忠诚度、归属感较低，工作热情不高，难以创造超额的价值。

二、聚焦于需求而不是价值

一个经常容易犯的错误，是求职者没有做到易地而处地考虑问题，对薪酬采取成本定价的策略，而不是基于为雇主创造的价值。虽然相对后者，求职者可能对于成本了解得更准确，但是雇主并不关心求职者是国内升学和海外求学的花费差异，或者衣食住行相关成本，雇主聚焦的是求职者对于组织的价值和组织的预算。

三、缺乏对于相关行业和岗位的薪酬水平的了解

随着近年互联网的高速发展，以往通常在HR和猎头小圈子流动的薪酬信息已经不再是秘密，求职者不能再以不了解自己的市场价值找借口。了解薪酬的相关渠道包括：职场分享点评为特色的网站，国内如看准网；猎头等人力资源咨询机构的行业薪酬报告；搜索引擎等。有些分享面试经验的网站，如应届生求职网等，会有面试的历史参与者分享薪酬水平、协商策略，考核方式等。对于人力资源咨询机构的薪酬报告，通常列示的是薪酬范围供求职者参考。对

于一个具体职位，大型雇主的薪酬相对会更接近薪酬范围的上限，中小型雇主的薪酬则低于平均水平，但这不表明求职者个人的价值，因为同样的求职者，在中小型雇主通常能拿到更高的职位，往往薪酬上就会更高。另外，对于不同年限的求职者，通常对于申请的岗位，2年以下的经验者可参考25分位的薪酬值，2~5年的可参考50分位，5~8年的可参考75分位，8年以上的可参考90分位。面试前，应该对雇主的行业地位、历史薪酬和个人的要求定价有个比较准确的了解。

四、过早进入薪酬谈判

面试的流程越往后，求职者薪酬谈判的主动权越大。有求职者过于关心薪酬，甚至在第一轮面试就主动提出这个话题，通常这种情况的结果并不太理想。HR会建议求职者尽量避免在面试第一轮就提出薪酬问题，除非是HR主动提出。一般是在面试的最后一轮谈这个话题，过早提出通常会被认为过于注重金钱，另一方面也容易透露求职者可以接受的薪酬范围。

五、过快地做决定

有的求职者在薪酬谈判的过程中，发现雇主提供的薪酬远低于预期，便很快拒绝，大部分情况下，这种拒绝是正确的，但仍然应该留出一些考虑空间。比如，也许近期经济或行业不景气，不仅是面试的雇主，其他雇主也都在降薪，换一个雇主也不能带来更高的薪酬；或者雇主提供了其他的福利，包括培训、津贴、职业发展空间、医疗保险等；或者雇主的薪酬结构特殊，提供了高比例的奖金、股票期权等补充条款，求职者一方面需要对薪酬结构有全面了解，另一方面在某些情况下，除了基本工资，其他模块的薪酬是可以协商的。

六、要求的太多

有时候薪酬不是唯一的考虑因素，如果对于岗位有浓厚的兴趣、对于雇主的组织文化有高度的认同和归属感、抑或有非常好的职业发展空间，仅仅是薪酬没有达到个人的要求，并不一定要完全拒绝对方。求职者可以在工作时间、考核方式等某一两个个人觉得重要的维度上和雇主进行谈判，在可接受的范围内双方定制合适的工作。记住，雇主通常不能接受全部推倒重新制定的薪酬和考核架构，但是对于一两个要素，如果求职者正好是组织需要的人，会加以考虑。对于正常的跳槽，在经济、行业、组织、市场正常发展的周期内，薪酬涨幅达到30%视为可实现目标，在经济、行业、组织、市场波动的时候，需要做出调整。另外，这个幅度对于不同的行业也有所差异，比如互联网行业近年发展迅猛，跳槽的薪酬涨幅可能会高于这个幅度，而一些产能过剩的行业可能会远远低于这个幅度。

七、没有发挥猎头的作用

如果是通过猎头推荐的工作机会，薪酬谈判的过程中可以多发挥猎头的作用。一方面，猎头对双方的情况都比较了解，也具备一定的专业度，容易协助双方达成交易；另一方面，中国人性格内敛，文化上对于金钱也不够崇尚，对于薪酬谈判始终不够直接，通过猎头可以避免相应的尴尬。

八、没有形成文字

规范的做法应该是将谈判达成的共识在 offer 中体现,避免出现怕麻烦,以口头协议代替,为以后留下隐患。

第五节　招聘风险

面试过程中多轮的安排、丰富多彩的考察形式、面试后的背景调查等一系列漫长的面试流程,一部分原因是雇主需要发现优秀的人才,另外一部分重要的原因是雇主关心招聘风险。不管是 HR、直线部门还是公司高管,都不喜欢招聘风险。对公司来说,招聘不当,带来招聘成本的巨大损失,人才流动过快,知识无法积累,团队很难磨合形成战斗力。通常找错一个人的成本是这个岗位年薪的 3～5 倍,如果是高级管理人员可能更多。对于招聘人员来说,除了财务的损失,也是对招聘人员专业能力的冲击,受到上级或同事的质疑。因此,面试的过程中,如果遇到相关的问题,一定要易地而处,打消面试官相关方面的顾虑。

因此,面试的过程是双方沟通澄清,以确定对方是否符合自己需要的过程。雇主通常的担心包括:

(1) 员工缺乏必要的技能或经验,但面试时没发现,入职后发现不能胜任;
(2) 入职后发现员工不能全天工作,相关原因可能包括身心健康、子女生育等;
(3) 工作了几个月,拿公司当跳板,找到了更好的工作后离职;
(4) 学习能力太差,很久都不能进入角色;
(5) 无法和上级、同事友好相处,不能融入组织文化;
(6) 工作态度消极,没有进取心;
(7) 性格或简历缺陷,面试的时候没发现,入职后暴露出来,比如不诚信、缺乏责任心、懒惰等。

第六节　跳　槽

进入新世纪以来,职场的组织形式产生了重大的变化,原来科层式的组织的影响力逐步淡化,无边界组织、扁平化组织变得越来越普遍,员工也不像前辈们在一个组织中从基层一步步升迁到高层。新的组织架构,产生了更多的职业上升方式。员工可以通过项目累计经验,成为某个职能的专家,而不需要依靠职位上的提升来实现职业发展的提升。员工的组织依赖度也随之降低,跳槽对于千禧一代的员工来说,并不是什么了不起的大事。

攻读 MBA 的学生,有相当比例有转换工作的想法,有的考虑在原行业和职位继续发展,有的考虑跨行业跨职位发展。相对来说,沿着原来的行业或职位的跳槽相对更顺畅些。不管哪种类型的跳槽,有些事项是需要加以留意的。跳槽应注意以下问题:

(1) 虽然跳槽变得司空见惯,但对于个人的职业发展仍具有较大影响,需要职场人慎重对待。对于新的职位或者行业,在跳槽之前应该做尽可能详细的了解,包括和业内人士的沟通,了解岗位的优势和不足,以及这些优势和不足对自己的重要性和匹配度。比如,有的人可以接受正常的加班,有的人则完全不能接受。需要对了解的情况,根据自己的需要加以评估。

(2)跳槽带来的改变不能是颠覆性的,比如工作城市、价值观、行业、家庭的全面改变,这会对个人的工作生活学习带来巨大的风险。因此,跳槽时需要有一个比较系统的考量,确定新工作与自己想要的工作和生活在大方向上是一致的,不需要舍弃自己价值观中核心的内容,否则对于工作的激情容易带来巨大的负面效果。

(3)适合的工作能够发挥自己的特长,避免为了短期的诱惑而放弃已经积累的职业优势。比如,2015年股市火爆,很多行业外的人都跳槽到券商机构,以图获取薪酬的大幅上升,但行情剧烈震荡后,券商面临人员冗余待遇下降的困境。之前有人放弃了更平顺的发展路径来新行业博取短期暴利,一旦失利,想回归原来行业,也未必有很好的切入机会。对于个人来说,职业经历出现了断层,可能需要花费更多的时间和努力才能弥合,再次进入上升的通道。因此,对于这种跨行业的、博取短期超额收益的职业机会,一定要慎之又慎。

(4)尽可能从事自己喜欢的工作,价值观、性格、技能和兴趣,至少要沾一部分。相对于薪酬待遇,这些是个人自身的东西,一旦岗位出现波动,即使薪酬、职业发展空间有所下滑,至少内心仍然可以从工作中获取成就感、幸福感,避免失去依托而空虚焦虑。

(5)不要过分将希望寄托于学历、证书等外部资源上。诚然学历、证书等条件是可以为职业发展加分的,但对于求职和跳槽,如果一味夸大其作用,认为"拿到更高的学历,或者更高层次的证书就能找到理想的工作"的信念,反而会对求职和跳槽产生误导。雇主更看重能够为组织带来价值的能力、经验,学历和证书作为锦上添花的项目会得到雇主的加分,但不是最核心的要素。而通过全职或实习积累的经验和能力,才是雇主最看重的。因此,职场人在规划自己职业路径的时候要统筹考虑个人资源的分配和努力的方向。

(6)对于转行,因为行业意味着不同的领域,即使是相同的职位,比如财务、人力资源等,在不同的行业可能也意味着不同的工作侧重点。要同时改变职位和行业,通常很难一步到位,比较可行的办法是分两步达成。第一步,在行业和职位中选其一变动,另一者不变;第二步,在已经变动的一项基础上,改变另一者。比如,原来在制造业做财务的求职者,准备转换到金融行业,可以优先考虑金融行业的财务岗位,再通过金融行业财务岗位转换到业内的其他自己更感兴趣的目标岗位。

练习 8-1

1. 根据自身的经历,撰写一份简历,并且与从事就业工作或者人力资源的朋友讨论简历是否达标。至少每年回顾一次简历,并进行增补,以保证自己的简历处于最新状态。

2. 针对面试中经常被问到的问题,尤其是自我介绍,做好准备,并且和同学结对练习,避免面试中临场发挥失常。在回答经历性问题中,注意STAR原则的运用。

扩展阅读

1. [美]理查德·迪克·鲍利斯. 你的降落伞是什么颜色?[M]. 李春雨译. 北京:中国华侨出版社,2014.

2. 田效勋,柯学民,张登印. 过去预测未来——行为面试法(第二版)[M]. 北京:北京轻工业出版社,2014.

附　录

一、简历举例

(一)时间顺序简历

猪八戒

性别:男　　　　　　　　　出生年月:555年8月

手机:13912345678　　　　电子邮箱:zhubajie@gaolaozhuang.com

婚育状况:未婚未育（雇主通常对女性求职者婚育状况比较关注）

教育背景:

585年9月～589年7月　　乌斯藏国福陵山大学钉耙工程　本科

工作经历:

645年6月～　　　西天诸佛集团　净坛使者

负责集团贡品管理

629年3月～645年5月西天取经有限责任公司总裁助理

负责公司的安保和行政工作,随同CEO出访西域各国,经历九九八十一难,期间降服妖怪123名,化缘987次,顺利完成了取经项目;并在项目实践过程中积累了丰富的经验,熟练掌握行政管理、探路化缘能力。

602年1月～629年2月　　高老庄合作社　生产大队长

负责合作社的农业生产工作,期间培育"高老庄一号",使得全村平均亩产提高50%。

577年5月～601年10月　　天庭集团　天蓬元帅

全面负责天庭集团的安保工作,负责十万天河水军的日常管理和培训工作。

参与围剿"花果山孙悟空反天庭集团"项目,活捉猴兵猴将1 000余人,为最终擒拿孙悟空创造了有利的条件。

所获荣誉

钉耙搏击术八级

一级战斗英雄勋章

御赐金牌（可自由出入天庭各宫殿）

(二)功能性简历

孙悟空

性别:男　　　　　　　　　出生年月:117年1月

手机:13801234567　　　　电子邮箱:sunwukong@huaguoshan.com

职业目标:取经首席助理

技能总结：
法术格斗：金箍棒搏击术，曾击败十万天兵；
七十二变：相识度100%；
筋斗云：日行八万里；
火眼金睛：找茬成功率100%；
沟通：天庭、西天、方寸山，人脉广泛；
领导力：担任齐天大圣五年，管理十万猴兵，战斗力不逊天兵天将。

教育经历：方寸山斜月三星洞大学 修仙悟道
工作经历：花果山集团　　齐天大圣
　　　　　天庭集团　　弼马温

二、公文筐测试例题

假定你是某空调生产企业的总经理金刚，下面的任务都要求你一个人单独完成。今天是6月18日，你到总部开了一天的会议刚回来，已经是下午4:40。你的办公桌上有一堆文件，你最好在5:00前处理完毕，因为你将去北京参加一个重要会议，机票已经订好，司机小王5:00来接你去机场，你要6月24日才能回到你的办公室办公。好，你现在可以开始工作了。

公文1

金总：

财务部赵杰在划拨款项时出现失误，造成较大损失，按规定应解除合同。现赵杰愿意由个人弥补损失，且赵杰的父亲是我们的重要客户，目前正面临签署明年的购货协议，销售部认为按规定处理赵杰会对协议的签署产生很大影响。此事如何处理？

人力资源部、财务部、销售部
2015.6.18

公文2

金总：

工商银行的赵行长来电话约你商量5 000万元贷款到期后再展期3个月的有关问题。他约你于明天下午3:00在阳光酒店与你会谈，能否赴约，请你通知赵行长。

财务部
2015.6.18

公文3：

金总：

从本月财务报表来看，这个月底应收款为500万元，应付款为250万元，应归还银行贷款200万元，现银行账面余额为250万元，从报表情况来看，本季度销售情况虽然比较好，但销货款回收不理想，上海和广州的销货款至今还未汇来。应收款项只能收回10%，因此本月的工资和奖金没有办法支付。而6月25日是工资和奖金发放的日期，如果到时职工领不到工资和奖金，将会产生不良的后果。如何解决这一问题，请你尽快做出决定。

财务部
2015.6.18

公文 4：

金总：

　　暑期高温就要到了，一车间提出要解决他们车间里的降温设备问题。二车间和三车间都装有空调，由于一车间的空间太大，少量空调不起什么作用，而多装的话需要的资金太多，这个问题一直没有解决。为此，一车间的职工意见很大，他们认为很不合理，对他们很不公平，他们提出今年如果不解决降温设备问题，他们将集体提出抗议，如果再不解决，他们将集体怠工，你看怎样解决这一问题？

生产部：陆唯文

公文 5：

金总：

　　今天下午，公司外方经理比尔在车间检查工作时发现操作工小王在打瞌睡，他极为恼火，操着生硬的中国话用粗鲁的语言训斥、谩骂小王，语言极为难听，并决定扣发小王的当月工资并罚款100元。这件事引起全车间工人的强烈反响。他们议论说："小王有错该批评，但不该训斥谩骂，经济惩罚也太重了。新中国建立前，我们工人受尽洋人的欺凌，现在再也不能受洋人的气。"有的工人说："再发生这类事，我们要罢工。"请问该如何处理这件事？

人力资源部
2015.6.18

公文 6：

金总：

　　职工教育是开发、培养人才的重要途径，是企业持续发展的可靠保证。我公司百分之五十的职工没有达到大专程度，基础知识缺乏，业务上实际操作水平低，多数管理人员业务水平低，且缺乏现代企业经营管理的知识。如果不改变这种状况就很难掌握先进的技术和设备，就不能管好现代化的企业，就不能消除人力、物力、财力的巨大浪费，也就难以大幅度提高劳动生产率。我公司虽然生产任务很重，但提高职工的素质也是势在必行。所以有必要把干部、职工最大限度地组织起来，有计划地进行态度观念、文化、技术业务的培训，我们计划在6月20日下午3：00～5：00举行培训协调大会，到时将请你出席并为大会讲话，完成我们的培训计划，从而为企业发展做出贡献。

培训部
2015.6.17

公文 7：

金总：

　　前两个月我们刚刚从其他公司调入了具有丰富管理经验和特长的刘茂林任财务部经理，目的是为了进一步开展财务部的工作。但近来我们发现，因为多种原因使得原来的财务部副经理在与刘茂林的工作配合上不尽如人意，并产生了一些矛盾。虽然二人之间的冲突尚未公开化，但已在财务部内部引起一些反映，并对工作人员的情绪产生了不利的影响。这件事如何处理，想听听您的意见。

人力资源部
2015.6.18

第八章 求职技能

公文 8：

金总：

　　近几周来，有第三分公司员工反映他们的工资分配不合理，他们指责分公司经理王卫在进行绩效考核时不能客观、有效地对员工进行评定。此外，第三分公司还有克扣临时工工资的现象，他们有可能会集体罢工或辞职。此事如何处理，请您批示。

人力资源部
2015.6.18

公文 9：

金总：

　　由于今年气候反常，已经是 6 月下旬，天气仍很凉爽，影响了空调的销售业绩，公司近来效益有所下降，目前公司承受较高的工资成本，总裁提出适当降低公司的工资水平，但这又有可能造成企业核心员工流失。另外，如果真的降低工资水平，是降低固定工资水平还是降低奖金水平？请批示。

人力资源部
2015.6.18

公文 10：

金总：

　　由于今年气候反常，空调滞销，一些空调厂家已经开始降价，我公司由于生产成本较高，如果降价，将无利可图，但不降价，可能会失去市场，我们是否应降价？请指示。

销售部
2015.6.18

公文 11：

金总：

　　上月销售部经理陈华离职之后，又陆续流失 6 名业务主管，销售人员数量严重不足，人力资源部至今没有补充到位，部门内士气低落、人心思动。部门内 8 名骨干业务主管今天联名要求 3 日内与您就销售提成额度问题进行沟通，此事如何处置，请指示。

销售部
2015.6.18

公文 12：

金总：

　　接到湖南联营厂刘厂长的长途电话：原定于本月 20 日举行的开工典礼，因遇到一些棘手问题尚未解决，决定延期举行。

助理：王平
2015.6.18

第九章

创　业

创业作为一种生涯发展的方式，近年来得到了巨大的发展。根据粗略统计，MBA 群体中有超过一半的学生正在从事创业或有创业的想法，约有 20%～30% 的学生正在从事全职或兼职的创业。

第一节　创业基本概念

关于创业是什么、创业意味着什么、创业的动机等问题，学术界有各种解释。狭义的创业指创办企业或实现产品价值的过程。而广义的创业是指具有开创意义的社会活动，它包含的内容更加广泛，除了指创办企业外，还包括能够抓住机会，开创新的职业、创新工作业绩等各种社会活动。国内学者从各自的角度对创业的含义进行了研究，提出了多种观点。比较有代表性的有机会价值观点，主要关注捕捉机会、实现潜在价值、识别商业机会、创造价值等；财富目的观点，主要关注有偿经营、商业活动、以盈利为目的、以创造价值为目的的经济活动等；组织创新观点，主要关注创建新企业、团队、组织能力、组织创新、开创新业务、创建新组织等；核心要素观点，主要关注人力、资本、机会、资源、创业者、能力、技术、市场等；风险管理观点，主要关注高风险创新活动、风险防范、风险管理、认识创业风险、合理规避和化解风险等。目前得到广泛认可的是霍华德·H. 史蒂文森（Howard H. Stevenson）提出的观点，他认为，"创业是个人或者组织不拘泥于当前资源条件的限制对机会的追寻，将不同的资源组合，以利用和开发机会并创造价值的过程"。这个定义包含几个要点：首先，创业的本意在于不受当前资源条件的限制对于机会的捕捉和利用，代表一种以创新为基础的做事与思考方式；其次，创业是一种发掘机会，并组织资源建立新公司或开展新事业，进而提供市场新的价值；再次，创业活动突出表现在机会导向、创新的强度、创造价值的程度以及对社会的贡献等方面。识别机会并将有用的创意付诸实践，才能创造新事业。

根据创业的定义，创业的本质主要在于创新和创造价值。作为发现机会和创造财富的社会行为，创业活动有些明显的特征，比如创造性、风险性、功利性、自主性、市场化等。

一、创业模型

创业作为一门学科自诞生以来，学者们依据自己的研究和观察提出过众多的模型，其中，蒂蒙斯(Timmons)模型是最基础和被广泛应用的模型之一。蒂蒙斯模型主要包括三个要素：团队(Team)、机会(Opportunity)和资源(Resources)。在创业过程中，TOR 三要素相互联系、相互作用(参见图 9—11)。蒂蒙斯创业模型主要包含 3 层含义。

1. 创业过程包含机会驱动、团队领导、资源保证

在蒂蒙斯创业模型三要素中，创业过程始于机会，团队的作用是利用自己的创造力，在模糊、不确定的市场环境中发现机会，并发挥领导作用，利用资本市场等组织适宜的资源，引导创业走向成功，最终实现机会的价值。在创业过程中，资源与机会的关系是适应、差距、再适应的动态过程，资源要与机会相匹配，满足机会对各种资源的需要。在这个过程中，还需要精心设计出创业计划，一份完整的创业计划书可以对 3 个要素的匹配和平衡做出必要的战略规划。

2. 创业过程依赖于机会、团队和资源的匹配和平衡

在蒂蒙斯创业模型三要素中，团队为了推动创业的进程，必须把握三者之间的匹配和平衡。例如，分析新创企业中三要素之间是否基本达到匹配和平衡；评价这个团队是否是个好的团队；创业的机会是否存在某些问题；外部环境存在什么样的机会和风险；怎样抓住机会、回避风险；实现创业目标需要什么样的资源、如何能吸引到必需的关键人才；如何能够减少或消除可能遇到的竞争、资金、管理等方面的风险；如何筹集到创业所必需的资金等。当众多的因素能够尽快缩小差距，达到相互匹配的状态，创业成功的可能性就会大大增加。

3. 创业过程是一个不断寻求平衡的动态过程

在创业之初，各要素之间很可能处于不相匹配的状态，通过商业计划和团队的工作，使三者之间的差距缩小，逐渐趋向或接近平衡。尽管三者很难达到完全匹配，也不存在绝对平衡，但是，必须持续不断地追求一种动态平衡，从出现差距、适应到再出现差距、再适应这样一个动态发展过程中，不断寻求和保持企业发展。如果资源不能和机会相匹配，将必然影响机会价值的实现。当创业发展到一定阶段，达到一定目标时必然会提出下一个目标或更大的目标，企业为了生存和发展，必须寻求新的机会。此时，团队必须重新考虑达到此目标是否具有足够的资源，怎样克服可能遇到的困难和风险。因此，三者之间的匹配和平衡是一个持续不断的动态发展过程。

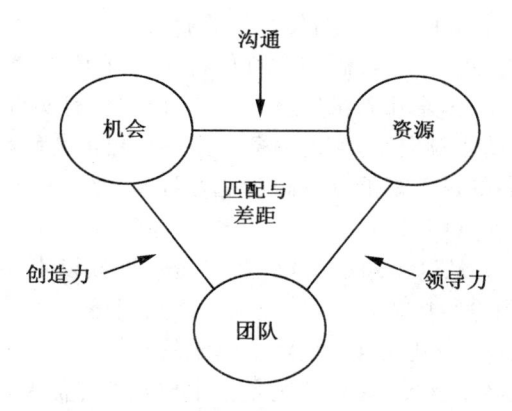

资料来源：Timmons J A. New Venture Creation. Irwin McGrawHill,1999：37—40.

图 9—1　蒂蒙斯创业模型

其他比较常用的模型包括 Gartner 模型、Sahlman 模型、Wickham 模型等。

二、创业的类型

正如就业有全职和兼职、正式和实习等类型之分，创业也通常根据一定的维度进行类型的划分，常见的划分包括：

(1) 生存型创业和机会型创业。生存型创业是指出于生存目的不得不选择创业的一种创业形态。基本特征是把创业作为个人获得生存的基本条件，如失业等。机会型创业是指在发现或创造新的市场机会进行的创业活动。基本特征是把创业作为个人更大发展的一种选择，如企业高管离职创业或政府官员下海经商。

(2) 个体创业和公司创业。个体创业主要是指个人创业或团队创业。公司创业指已有组织发起的组织创新、创业活动。

(3) 创新型创业和模仿型创业。

第二节 创业动机

创业者是创业的主体，在创业过程中是最活跃的因素，创业动机是个人价值观的一种体现，是驱动创业者以何种方式实现何种目标的重要驱动力。

为什么有人要创业？"赚钱"是无法回避的动机，如果所创办的企业不赚钱，便难以在市场上生存，自然不会被认为是成功的创业。但"赚钱"似乎又很难是创业的唯一动机，否则很多已经拥有巨额财富的企业家应该早就解甲归田了。所以，在"赚钱"之外，应该还有其他因素在驱动这些创业者去从事这份外人看起来辛苦异常的事业。

关于创业动机，主要有如下几类：

一、创造财富

职业生涯往往有创业和受雇佣两条轨迹，受雇佣对于 MBA 来说主要意味着职业经理人，从事职业经理人多数意味着每年几十万到几百万的收入和中产阶级的社会地位，意味着较体面的工作环境和生活品质。但另一方面，往往背负着较为沉重的房贷和生活支出，一旦离职便会立刻感受到财务中断的压力，意味着虽然收入不错，但并没有实现真正的财务自由。而创业对多数人来说则是实现创造巨额财富，实现财务自由的最可能的路径。如果创业公司能上市，除了创始人，甚至前几百名的员工都能立刻跻身亿万身家，比如阿里巴巴和腾讯。即使没有上市，通过被收购，同样可以实现财务自由，比如 WhatsApp 被 Facebook 以 190 亿美元收购，而 WhatsApp 的团队仅 32 人。从这个角度上，创业也是一种赖以生存的能力，有人通过不断地创业，不断地将创立的公司进行出售，从而迅速获得高额回报。

根据心理学家马斯洛的需要层次论，创业最基础的动机往往来自经济需要，尤其是在发展中国家更为明显。这里的经济需要，一种情况是指生理和安全需要，衣、食、住、行、健康等基本需要，如果不创业，可能基本的生存面临威胁；另一种情况是改善型经济需要，已经有了一定的经济基础，基础的生活需求已经得到满足，但由于所受教育、生活环境等因素的影响，期待更高品质的生活，而这种生活通过目前的职业发展路径又无法取得，便产生了创业的想法。MBA

中相当比例的创业便是这种改善型经济因素驱动。经济因素驱动之外，有的人会受社会因素驱动，比如尊重、独立、成就、自由等，这种多为经济因素得到满足后衍生出来的需要。

二、自我实现

现实中，创业者的创业动机是会发生变化的，自我实现在马斯洛需求层次中，是高层次的需要，往往也是创业达到一定阶段后，推动创业者不断前进的二级火箭。

熊彼特对于这种动机曾有过论述：如果企业家的动机只是赚钱尔后享乐，那么很多企业家的行为简直是非理性的，因为他们一辈子辛苦奔忙，很少有时间享受自己的财富。熊彼特对创业动机在精神层面上进行了剖析，归结为"建设私人王国、对胜利的热情、创造的喜悦"。除了赚钱之外，人们想做企业家是因为梦想建立一个私人王国。在现代社会，取得像中世纪时的爵位并在特定的范围内唯我独尊已经不可能了，取得商业上的成功是达到近似地位的最佳捷径。无法以其他方式获得优越社会地位的人们这种想法尤其强烈。其次，企业家动机还包括征服的愿望、战斗的冲动、证明自己比别人强的心理。因而有些企业家追求成功只是为了成功本身，而不是为了成功的果实。从这种角度来看，企业家之间的较量和拳击、赛跑等是一样的，就是想拿个冠军。冠军是最高的奖赏，而真正的奖品（财富）反倒成了次要的。最后，熊彼特说，企业家的动机还包括追求创造的喜悦，享受做事情所带来的愉快，寻求改变世界而带来的满足感，体验冒险的刺激。从这一角度来看，企业家又像是登山运动。

创业成功可以以很大的力度证明自身的价值。即使俞敏洪高考数学零分，但没有人以此质疑他的能力，因为他已经用事业的成功证明了个人的综合素质的优秀；同样，马云也不会像他若干年前的"黄页"同行们，避谈这一段挨家挨户"扫街"的故事，同样的一段经历，对于大部分同行只是一段平凡的经历，而对于马云则是通向事业巅峰的阶梯，之间的区别就在于马云用创业的成功证明了自己，同时也证明了自己早年所从事的工作的价值。

三、社会责任

创业者可能同时具备一种或几种创业动机，另一方面，在创业的不同阶段可能也具备不同的创业动机。有一部分创业者，在实现了经济需要财务自由后，追逐的是社会责任的体现。这种社会责任主要体现在：第一，为社会提供了大量的就业岗位。创业者在自我实现后，出于对企业和团队的情怀，会继续扮演"领头羊"的角色，通过自身才干的发挥，为企业员工创造改善生活提高自我的机会。第二，通过运作企业让世界更美好。不少创业者在创业初期的创业动机，就是捕捉到了现有的工作或生活中的痛点或机会，从而提出了自我的解决方案，推动社会的进步。比如，Windows 的出现是因为以往的电脑操作多以输入复杂的指令，而 Windows 率先提供了可视化的操作系统，大大简化了操作的难度，使得 PC 快速普及。第三，驱动所拥有的财富以慈善公益的形式改变世界。比如，比尔·盖茨和巴菲特的慈善晚会和基金，李嘉诚、邵逸夫等资助教育和医疗事业等。第四，分享创业经验，帮助更多的人成功。有的企业家成为创业导师或者天使投资人，依托自己在创业过程中积累的资源和经验帮助准备创业或正在创业的年轻人取得创业的成功。

四、机会拉动与生存推动

机会拉动型创业动机是指创业者具有抓住现有机会和实现创业理想的强烈愿望,在出现的商业机会可能带来的巨大利润与抓住机会的强烈愿望的共同作用下,创业者会承担一定的风险,并表现出超常的进取心和创业行动。在这种创业动机驱动下,创业活动成为个人偏好,并将其作为实现某种目标(如实现自我价值、追求理想等)的手段。

生存推动型创业动机是基于不得不从事创业活动来解决其所面临的生存困难。对于创业者来说,创业机会的存在与否不是其进行创业活动的关键因素,而是别无其他选择。这种生存推动型创业动机的核心在于创业活动是一种生存需求的被迫选择,而不是个人把握机会的主动自愿选择。

第三节 创业资源

创业所依赖的资源可概括为人的因素(包括创业者自身、创业团队其他合伙人乃至核心员工的素质)和非人的因素(包括技术、资金、渠道等)。

创业者的素质可详见第五节,本节主要讨论创业团队和非人的因素。

一、团队

创业过程中,企业的创始人合作的重要人事包括联合创始人、合伙人、核心员工等多种角色。

(一)联合创始人(Co-Founder)

创立并管理一个企业,需要运作战略、财务、营销、运营等众多职能,一个人由于其自身固有的性格、思维方式、知识结构、拥有的资源、时间和精力等方面的局限性,往往难以面面俱到做到最好;同时,创业是孤独和高压的过程,大起大落的不仅是企业,也包括了创始人的身心,需要有同伴相互激励。因此,寻找并引入联合创始人,成为当下大部分创业者的共同选择。研究表明,联合创始人的人数在2~3人的创业团队最容易取得成功,比如谷歌的谢尔盖·布林和拉里·佩奇。

1. 明确的定位

联合创始人是指创业初期的创业伙伴,并在企业建立过程中扮演核心角色和关键作用。并不是早期的所有重要员工都会成为联合创始人,比如阿里巴巴早期的十八罗汉,最后只有7位成为联合创始人。另一个重要角色合伙人(Partner),有可能是财务投资人或其他股东,可能参与也可能不参与企业经营。因此,选择联合创始人首先要明确他的定位,建议不要将合伙人选为联合创始人,会导致创始人之间的定位不平等,带来合作压力。另外,对于联合创始人的职责定位,是财务还是销售,也要有明确的分工。

2. 深入的了解

首先,你们应该有共同的价值观,对创业项目有高度的认同和热爱,否则难以在创业的道路上走得更远。其次,你们应该有良好的沟通模式,不至于因为分歧而难以协调,影响工作的开展。因此,很多创业者倾向于在同学、朋友、同事圈中寻找联合创始人;如果在技术、人脉等方面有特别重要资源的人,也可以考虑,但更好地位置是合伙人;因为涉及的复杂要素较多,不推荐在亲戚中寻找。

3. 股权的分配

联合创始人之间的股权结构应该合理,倾向于股份在创始人之间平均分配,但不是绝对的平均,也不应该有太大的差距。从投资人的角度,这种股权结构有利于创始人在决策时的平等和制约,不至于拥有绝对优势的创始人无视其他联合创始人的意见,而占股份过少的联合创始人也不会轻易地放弃退出。

4. 联合创始人常见的问题

(1)能力不足。只是因为关系较近或者初期用人迫切才成为联合创始人。后期可作为核心员工或不参与经营的股东进行安排。

(2)价值观分歧。早期对于价值观的沟通不到位,后期暴露于重大的决策分歧中。

(3)权责分配不清。对于股权和管理权限的分工不满意,常存在于创始人的性格、能力和资源重合度过高的情况。

(4)股权兑现制度不完善。创始人一直不兑现股权,影响合伙人和员工士气;联合创始人急于兑现,影响公司发展等。

(二)员工

创业初期只招需要的人,让公司保持在一个较小的规模。人员过多对创业公司初期来讲并不是件好事。公司每月的支出会因此增加,员工之间的关系也会变得复杂,继而决策的执行效率都会降低。这种情况在大公司影响没有那么大,但对于创业公司,每个人的行为都可能影响到这个小团队里的其他人。如果因为草率行事而招到不合适的人员,也有招致毁灭性打击的可能。当然这只是初期,后期可视公司需要继续招聘。Airbnb花了5个月才招进第一个人,第一年只招了2人。早期员工对公司的信心也非常重要,应该有强烈的归属感,因此,在早期员工招聘中不应该为了招聘速度而放低要求。

在成熟公司中,招聘一名员工,往往有详尽的岗位说明书规定了这个岗位的职责和胜任要求。在创业公司中往往很难做到这一点,往往存在因人设岗的情况,或者只是看重一名员工的某方面能力而招聘进来,但在实际工作中,往往要承担更多的其他的职能,或者当初招聘进来的时候的岗位又产生了变动,或者有了更好的候选人等,总之情况复杂、变化大。

正是基于变化快、情况复杂的公司情况,创业公司的招聘往往有些自身的特点,往往对于员工的综合素质的要求更重于其专业素质,主要有以下考虑因素:

(1)适应力强、学习能力强。公司的情况和员工所负责的业务时刻在变,每一个人都要独当一面。

(2)热情,自我激励。公司的发展有极大的不确定性,需要员工对公司有高度的认同和自信,并在自己的工作中自我激励,不断保持高昂的斗志,并努力在自己负责的领域做到最好。在公司早期的招聘中,态度比经验更加重要。

(3)领导力。一旦到业务的爆发点,公司的发展日新月异,每一个员工都要迅速成长为独立领导某一产品业务的负责人。

(4)沟通能力。一方面能清楚表达自己的想法,另一方面能够倾听他人的意见,保证团队的高效运行。

(5)抗压能力。身体和心理上都能承受业务高速发展的压力。

(6)愿意承担风险。创业公司的发展充满了不确定性,无论是创始人还是员工,都需要做好承担风险的准备,并敏锐把握市场的变化,敢于承担行动带来的风险。

二、资金

创业是一件很耗费金钱的事,即使是精益创业,依然需要不小的投入。场地租金、员工工资、房租水电……以在北上广实施一个开发周期3个月的软件项目为例,所需要的资金投入至少需要六七十万元。因此,如果没有强大的资金实力,创业项目很难取得持续的成功。幸运的是,现代社会不需要创始人举家负债进行抵押融资,只要项目足够有吸引力,通过股权融资就可以获得发展所需要的资金。事实上,创始人的一项重要工作就是融资,在精益创业中,做出MVP(minimum viable product,最小可执行产品)后,创始人通常需要花费至少1/3的精力与各种投资人打交道以获得融资。

需要强调的是,融资的目的是为了发展而不是为了生存。因此,如果自有资源连MVP都无法实现,很难说动投资人将资金投入到初创公司的房租、水电、工资等事项上,投资者更希望将资金用于产品的研发和市场的引爆。相对于过早融资,另一个极端是融资过晚,有的投资者已经有了产品,出于各种原因等到资金都快用完了才决定融资,也会遭遇融资困难。一方面,融资需要时间;另一方面,资金的断裂也会影响甚至中断公司的正常发展,使得投资的不确定性增加,也会影响投资人的决策。因此,当最初的产品产生后,就需要制定配套的市场、人事、财务计划,这时候往往就需要启动融资工作。

融资除了获得资金的支持,使得企业获得超常规的发展速度外,对公司往往还可能带来其他一些助益。首先,获得投资人的指导,尤其天使投资人,往往是行业的资深人士,具备高超的眼光和丰富的经验,往往能以合伙人或者战略顾问的形式给予创始团队指导。其次,因为他们可能也掌握了诸如市场、政府、供应商等渠道,也往往愿意将自己的资源投入到对所投项目的扶持上。再次,知名的投资人的加入有助于企业在资本市场上树立品牌,提高公司的估值。

融资模式包括股权融资和债券融资,目前股权融资日益成为融资的主流。究其原因,一方面,初创企业没有太多的资产,实际上很多创业者也是出于改善现状才从事创业,可用于抵押的资产也很少,难以通过债务的方式进行融资;另一方面,通过股权融资,创始人和投资人更能够齐心协力将企业做大,即使最后创业失败,投资者家人也无须承担连带责任,限制了创业的风险,对创业者也是一种鼓励。常见的融资流程包括:

(1)撰写商业计划书。撰写商业计划书不仅是一个包装和表达的过程,也是一个理清产品思路的过程。一份技术上完美的商业计划书如果仍然逻辑怪诞、缺乏说服力,很有可能是产品本身就有问题。

(2)寻找投资人。通过股权众筹平台、创业大赛或者孵化园区的服务机构可以联系到投资人。

(3)路演。选择适合自己的路演参加,而不是所有的路演都参加。一方面,会分散自己的精力;另一方面,投资是件专业度很高的事,跨行业的投资往往能带给创始人钱以外的资源也比较少。参与路演是一个接触多个投资人的机会,同时也有机会结识其他的创业者,也是了解行业发展状况比较好的方式之一。

(4)与投资人单独约谈。更详细地介绍产品和团队,商业模式和发展战略,企业估值和股权出让的比例价格等。

(5)签订投资意向书和正式法律文件,办理股权变更。

(6)获得注资。

(7)定期向投资人汇报经营状况。

(8)准备下一轮融资。

第四节 创业过程

每个人的创业过程都不一样,创业的成功通常是难以复制的,但大致的流程却有很多值得借鉴之处,并且有一定的规律。虽然创业不是每个步骤都能做得很到位,有的创业之初就拥有强大资源获得超常规发展,但对于大部分创业者仍然有参考价值。

(1)了解用户需求。尽量在自己感兴趣的领域找到用户的痛点,自己感兴趣的领域也是自己能够持续投入的保证。之所以找痛点,因为雪中送炭好过锦上添花,同时痛点不能太小众,市场太小难以说服投资人。

(2)产生解决痛点的创意。

(3)寻找志同道合的合伙人。

(4)开发MVP。现在的投资人极少在缺乏MVP的情况下将钱投出去,但MVP无须完美,只是个产品原型,可以在拿到融资后再打磨出市场认可的产品。

(5)寻找初期用户。在周围的朋友、同学、家人中测试产品,并收集反馈。现在的产品注重体验,因此,不要用调查问卷来代替产品试用,只有体验后的反馈才是真实的。

(6)改进产品。对用户的反馈进行筛选和提炼,挑选出最有价值和能够在现阶段实现的意见,依据这些意见对产品进行完善。值得注意的是,并非所有的用户意见都需要考虑,有的创业者过于追求完美,期望满足所有的用户需求,往往导致产品的功能混乱、定位不清、成本高企,从而陷入困境。

(7)扩大用户数。通过社交网络、众筹平台等投放产品,迅速聚集大量用户。

(8)天使轮融资。

(9)构建公司基本构架。拥有了大量的用户,公司开始正式起航,正如飞机升空,起航阶段的风险也是最大的。这个阶段最大的风险来自创业团队,常见的挑战包括创始人角色的变化,融资后公司规模的扩大,创始人在专注产品和技术之外,还要快速成长为优秀的管理者和领导者,带来企业既能保持高速的发展又不至于缺乏凝聚力而分崩离析。同时随着资金的进入,创业团队能否保持不忘初心、团结奋进的战斗意志,对整个团队都是考验。

(10)A轮融资。相对于耐心的天使投资人,VC机构的进入意味着对公司的发展有了比较明确的时间表,并且产生较为清晰的商业模式,创业团队开始感受到资本的压力。可以引入职业经理人协助公司的管理。

(11)B轮融资。创始团队和高管团队已经比较成熟,公司也往往估值过亿,引入了多家机构投资者。经过A轮融资,大部分公司往往仍然难以实现盈利,公司的规模越来越大,创始人需要付出更多的精力与投资人打交道,争取更多的资源,帮助企业带来更多轮的融资,帮助企业走得更远。

经过多轮的融资,企业面临了多重走向:有的企业冲刺上市,有的企业找到了合适的商业模式继续经营,有的企业进行股权回购实现私有化,有的企业被收购创业团队再次创业或财务自由等,也有的企业未能找到合适的商业模式或者由于团队矛盾、资本撤资、政策技术环境变化等各种原因而经营失败等。

下面以精益创业来讨论创业问题。

精益创业是诞生于美国硅谷的一种适合互联网创业的创业方法论。这个方法论大大提高了互联网创业的成功率,并在项目无法成功的情况下,极大地降低了项目失败的成本。在实践中,利用精益创业,创业者可以更早、更容易地拿到投资。

(一)精益创业的核心方法

1. 最小可用品。这是指将创业者或者新产品的创意用最简洁的方式开发出来,可能是产品界面,也可以是能够交互操作的胚胎原型。它的好处是能够直观地被客户感知到,有助于激发客户的意见。通常,最小可用品有四个特点:体现了项目创意、能够测试和演示、功能极简、开发成本最低甚至是零成本。

2. 客户反馈。这是指通过直接或间接的方式,从最终用户那里获取针对该产品的意见。通过客户反馈渠道了解关键信息,包括:客户对产品的整体感觉、客户并不喜欢/并不需要的功能点、客户认为需要添加的新功能点、客户认为某些功能点应该改变的实现方式等;获得客户反馈的方式主要是现场使用、实地观察。对于精益创业者而言,一切活动都是围绕客户而进行,产品开发中的所有决策权都交给用户。因此,如果没有足够多的客户反馈,就不能称为精益创业。

3. 快速迭代。这是指针对客户反馈意见以最快的速度进行调整,融合到新的版本中。对于互联网时代而言,速度比质量更重要,客户需求快速变化,因此,不追求一次性满足客户的需求,而是通过一次又一次的迭代,不断让产品的功能丰满。所以,才会有微信在第一年发布了15个版本的故事。

(二)精益创业的优势

1. 快速

精益创业模式下,所有的创新行为和想法都必须在最短的时间呈现出来,抛弃一切暂不重要的其他功能,把极简的功能展现给客户,无论成功或失败,都能够以最快的速度知道结果。

2. 低成本

过往"十年磨一剑"式的长期研发,其最终成果推出后,有可能发现花费了大量人力、物力和时间所开发出的产品并不是客户所需要的。这种巨大的浪费除了会给创业者、企业带来绝大的经济损失之外,还对团队的士气形成巨大打击,不少团队成员会纷纷出走。而精益创业所采用的"频繁验证并修改"的策略,确保不会在客户认可之前投入过高的成本。

3. 高成功率

虽然创新充满风险,成功系数低,但也不是没有套路可遵循。按照精益创业的模式,从"最小可用品"出发,过程中每一次迭代都可以寻找客户进行试用,了解客户对产品的看法,寻找产品的不足和客户希望增加乃至修改的功能点。当一路上持续遵循客户的意见进行开发后,项目组的不断纠偏的成果就是产品越来越符合客户想要的效果,而不是开发团队闭门想象的样子。通过持续的"测试—调整"以及快速迭代，创新的成功率能够大大提升。

（三）适用范围

精益创业来源于互联网行业，是软件开发的一种新模式。但其背后的"客户验证"思想在大量非IT领域得到应用。例如美剧的拍摄，往往都会先拍摄一部几十分钟的先导片，交代主要的人物关系、矛盾冲突、故事背景，然后邀请几十位观众参加小规模试映会，再根据观众的反馈来决定剧情要做哪些修改，是否需要调整演员，以及决定是否投拍。在每一季结束时，制作方又会根据收视率和观众意见，决定是砍掉该剧还是订购新一季内容。这种周拍季播的模式，把所有的决策权交给观众，让制作方的投资以及失败成本降到了最低，是一种典型的精益创业方式。

整体而言，精益创业适合客户需求变化快、但开发难度不高的领域，比如软件、电影电视、金融服务等领域。在国内，除互联网企业外，酒店管理领域的"今夜酒店特价"就采用这种小步试错的方式进行开发，一些传统企业如中信银行信用卡中心利用精益创业进行信用卡产品及客户服务的创新，并把三大法宝固化到项目管理机制中。

由于精益创业需要经常进行客户验证，因此，对于一些客户验证成本较高或者技术实现难度较大的工作并不适合。比如大型赛事，服务客户是全体运动员，但想要获得他们的频繁反馈是比较困难的。又如航天工程，客户需求是比较明确、清晰的，主要难点在于飞行器的技术实现和对接控制。

第五节　创业者

关于什么是创业者，熊彼特认为："作为社会经济创新者的企业家不同于投机家和发明家。企业家所从事的，不是囤积任何种类的商品，不是创造前所未有的生产方法，而是以不同的方式运用现有的生产方法，以更恰当的方式，更有利的方式运用现有的方法。他们实现了新的生产要素结合方式。"德鲁克认为："并非每一个新创办的小型企业都属于企业家行为或者代表了创业精神。国内有多如繁星的火锅店，经常一对夫妇或者兄弟就合伙在路边开了一家，虽然他们也冒了风险也创办了企业，但是从熊彼特的角度看，却很难称之为企业家，他们没有实现新的生产要素的结合，他们没有创造新的需求或者用新的办法满足现有的需求。但是"海底捞"则是，他们通过运用管理观念和管理技术，创立了一个全新的市场氛围和新顾客群体。根据上述观点，创业者需要具备创业精神、实现新的生产要素结合、创造出新的消费需求等，完全重复别人的创业不是一个真正具备创业精神的创业者。

一、创业者的个性特征

研究显示，创业者有其独特的个性特征，同时也可以解释为什么有些人能够成为创业者，而另一些人为什么没有成为创业者的问题。相对于团队、能力、资金、机会等因素，动机和性格是创业者特征的根本，在其他方面均可以通过后天努力或者团队互补加以完善，有所缺失可能只是暂时不适合创业，一旦缺乏创业动机，不能自我驱动，创业只为解决一时之急或临时兴起，非常容易在遇到障碍时随时放弃。

创业者应该具备什么样的个性特征，或者具备什么样的个性特征才能成为一个成功的创业者,一直是各界关注和探讨的重要问题。学者和企业家对此持有多种观点。

美国斯皮尔斯商学院教授布鲁斯·R. 巴林格等人认为,成功的创业者应该具备4种特质:创业激情(Passion for Business)、聚集于产品/顾客(Product/Customer Focus)、百折不挠(Fortitudinous Character)、对创意的转化执行(Execution Intelligence)。

史蒂夫·乔布斯(Steven Jobs)曾经认为,创业者需要综合能力,包括:创新求异意识、市场嗅觉、组织策划能力、沟通协调能力、领导力、投资理财能力、专业知识。

拉里·佩奇:慧眼识人,精进、钻研、向专家迈进,设定"不可能"的目标,解决关键问题,在潮流面前保持冷静。

马云:勇气、乐观、坚持和分享。

俞敏洪:得到别人信任的能力、与人平等沟通的能力、学习的能力以及判断力。

二、创业者生涯管理

马云说,创业者的魅力来自平凡,创业者每天都在路上。在决定成为创业者之前,需要了解创业者面临的收益、风险和挑战等多种影响,先做好思想上的准备,才可能走得更远。

(一)创业对工作生活的影响

1. 创业对工作方式的影响

创业者可以自由支配时间,没有上级下指令,没有不断的考核和催促,所有工作进度都是由自己自由安排;但另一方面,合伙人、投资人、员工乃至家人的期望和信任鞭策创业者不断自我加压,创业者还要催促员工及时完成工作。创业者创业依据的是自己的优势,并且合伙人有不同方面的优势,在工作内容上,创业者可以花更多的精力在自己喜欢和擅长的事情上,而不一定是在上司认为重要的事情上,但为了公司的生存和发展,创业者自己就是公司的最后一道线,需要承担最大的压力,往往也难以拒绝职业经理人可以推掉的事,一人多角是创业公司的常态。创业者自己掌握公司的节奏,不再是8小时的工作制,取而代之的是24小时工作制;不用对上级负责,而是对自己负责;职业经理人谈业绩关系到年终奖,创业者谈业绩关系到公司存亡;职业经理人状态不好或者出错的时候可以埋怨老板埋怨团队,创业者只能自己消化甚至没有时间抱怨并且要马上想出路。故而创业是一种披着自由外衣的不自由,创业者需要高度的自律。

2. 创业对财务的影响

创业需要大量的资金,而对大部分早期的创业者,资金都是缺乏的,甚至不少创业者本身创业就是为了改善财务状况。因此,创业者往往通过债权或股权的出让来解决资金的缺乏。因为债权融资存在对创业者压力大于激励,对债权人无法分享创业成果等多种缺陷,现在逐步已被股权融资所取代。实际上,无论是自有资金还是融资,创业者在创业早期都很少从创业企业领取报酬,更多情况下只是象征性地领一部分,或者领取维持基本生活的报酬。因此,创业初期,大部分创业者的财务状况是恶劣的。

3. 创业对个人生活的影响

创业意味着将绝大部分时间、精力和金钱投入到创业项目中去,除非你足够幸运正好创业项目是和兴趣高度匹配的,又特别喜欢与人打交道,否则创业意味着以高度的自律摆脱以前工作之余的休闲活动,以高度的责任将精力投入到产品研发以及与投资人、顾客、供应商、团队的沟通中。如果你第一次创业,可能还要恶补很多创业、财务、人事、法律等各方面的相关知识。

实际上，一旦你创业成功，以上很多工作可能会变得更加复杂和频繁。另外，创业占据了你大量的精力，你没有精力维护之前的朋友圈，合伙人、投资人、供应商、团队、顾客将成为你朋友圈中最重要的一伙人，因此需要重新构建自己的人脉。好消息是创业成功，可以拥有更体面的生活方式，并且拥有更有质量的人脉网络。

4. 创业对家庭的影响

创业者往往将创业项目视为自身的至爱，相对于家人，创业者对创业项目往往有更高的激情、更疯狂的投入，或者说创业者对创业成功有最真实的梦想，而家人却未必能感同身受，因此，创业者往往容易忽略父母妻儿的感受。故而，除非有共同的理念和梦想，通常相对于激情四射的创业者，家人对创业行为的支持度都比较低。因此，在准备创业的时候，至少需要做到告知家人并细致沟通，必要的时候需要事先约定一些在财务、精力、结果方面的边界，尽量不要让家庭去承担超越他们承受能力的部分。对于家庭关系的忽视，最终给创业带来影响的案例也不鲜见，比如土豆网王微，因为离婚时的财产分割问题，与其妻发生股权纠纷，延误了公司上市，并且失去了投资人的信任，最终在与优酷的竞争中败北。

创业中，可以尝试通过一些策略来改善家庭关系。比如兼职创业，这样至少有一份较稳定的收入，也不至于毫无退路，可以减少家人的焦虑，等创业项目已经发展到一定阶段再全职投入。再比如，不断和家人交流创业的进展，让他们了解已经取得的成果和面临的挑战，知道即使失败需要承担的后果的边界，至少也有思想准备，同时创业者也能获得家人的支持或谅解。或者定期投其所好和家人做一些有意思的事，Facebook 的扎克伯格就通过学习中文来获得华裔妻子的好感。

案 例

1955 年，史蒂夫·乔布斯出生在美国旧金山，刚刚出世就被父母遗弃，后被乔布斯夫妇收养。

乔布斯生活在美国"硅谷"附近，从小迷恋电子学。

19 岁那年，乔布斯只念了一学期就因为经济因素而休学，成为游戏机公司的一名职员。

1976 年，21 岁的乔布斯在自家的车房里成立了苹果公司。1980 年，苹果公司 IPO，26 岁的乔布斯成为亿万富豪。

由于乔布斯经营理念与当时大多数管理人员不同，加上公司业绩不佳，1985 年，苹果公司董事会决议撤销了乔布斯的经营权，30 岁的乔布斯离开了自己一手创立的公司。

离开苹果期间，乔布斯二次创业，收购并成立了后来声名鹊起的皮克斯动画工作室，后被迪士尼收购，乔布斯因此成为迪士尼最大的个人股东。

1996 年苹果公司经营陷入困局，40 岁的乔布斯回归苹果，大幅改革，并在之后的十余年中陆续推出了 iMac、iPod、iPhone、iPad 等传奇产品，获得巨大成功。后因健康原因间断淡出苹果公司，并于 2011 年病逝，终年 56 岁。

乔布斯逝世后，苹果公司连续 5 年保持了全球科技企业市值第一名。

综观乔布斯的创业生涯，可谓大起大落，既有在业界地位和个人财务上一览众山小的登顶荣耀，也有在感情生活、个人健康上的缺失遗憾。乔布斯的生涯是有得有失的创业者生涯的一个典型案例，因为每个人的视角不同，我们无法从价值观上去批判对错。我们只能依据客观的事实加以判断，为全球科技带来巨大的推动、个人卓越的影响力、个人财务的自由……如果这些是你看重的，其价值高于生活中其他部分，那么，你很可能是一个适合创业的人，也比较容易获取持久的创业动力。如果个人对以上并无太大兴趣，而更多的追求生活的平衡、休闲的时光、融洽的人际环境，那么创业可能未必适合你。

三、如何兼职创业

兼职创业一直是创业界具有争议的话题。有人认为，创业是高风险高难度的事，就应该破釜沉舟不留退路，方能背水一战取得成功；也有人认为，正是由于创业的成功率很低，尚不足九死一生，即使成功的成果很诱人，但是仍然不应该让家人一起以身犯险或者创业者以命相搏。两种观点在创业者中均不乏众多的支持者，两种观念也难以用孰是孰非加以判断。现实中，通过对MBA群体多年的观察，兼职创业一直占据着创业者的半壁江山。其中，有的学生是本人作为创始人依托现有职业的资源创业；有的学生是作为合伙人，创始人是全职，而合伙人兼职；有的学生家庭的其他成员在全职创业，本人兼职配合；有的学生则游走于全职和兼职之间，创业失败了工作，工作有了一定积累后再次创业，拥有多次创业经历等。

兼职创业作为一种重要的创业形式，客观上的确具备一些优势，比如，拥有一份稳定的职业和收入；更容易获得家人的支持；更容易依托现有公司接触行业资源（当然，应该杜绝兼职创业行为与所在公司业务存在竞争关系）；留有后路，保留了自己其他选择的机会。

从另一个角度看，兼职创业的优点也可能成为缺点，有一份稳定的职业和收入意味着需要将相当部分的精力投入到工作中，只能依靠业余时间开展创业活动，导致进展缓慢；依托公司资源的边界不容易把握，一旦越界则可能失去现有工作，甚至可能带来法律纠纷；留有后路更难获得投资人的青睐等。

每个创业者的创业项目千差万别，从项目角度出发，的确存在着某些类型的项目相对适合兼职创业，某些类型的项目兼职创业的可能性则很小。比如技术类项目，因为只要创业者自身拥有相应的技术，创业初期完全可以以一己之力开发出MVP，自己掌握核心技术不容易为外界模仿，也不急于在初期抢占市场；相对而言，如果是线下项目，比如O2O，往往初期就需要人力、资金资源的大量投入，通过快速的抢占市场构建行业壁垒的，则不适合兼职创业。

兼职创业到一定规模，转为全职创业便不可避免。通常在时间、精力、人力等不足的情况下，会转为全职创业。比如，产品有了一定的成熟度，需要融资以抢占市场的阶段，与投资人打交道是非常耗费时间和精力的事，而且必须创始人亲力亲为；或者精力上无法胜任两线作战，又不愿意放弃创业项目的时候；抑或公司开始招聘员工，从单打独斗到团队作战的时候等。

四、创业者的知识升级

Stay hungry, Stay foolish。绝大部分创业者都不是创业学专业甚至不是商科科班出身，但创业作为一项商业活动，不可避免地要链接到相当多的商业知识，因此，创业者也需要不断升级自身的商业素养。

（一）对创意的理性认识

"太阳底下无新鲜事。"尤其国人人数众多又善于钻研，往往出现一个人的绝妙创意经过简单的调查就会发现早已有不少所见略同的前人提出甚至做过尝试。之所以市场还存在这样的空白，少部分原因可能是所有人都忽略了该市场机会，更多的原因是尚没有人能够将自己对这一空白的解决方案做到足以名扬天下。背后的可能是大公司看不上，小公司又没有能力，或者之前的创业者没有找到撬动市场正确的支点等。因此，创意和创业成功是一条道路上相距甚远的两站，创业者从创业之初对二者之间的距离应该有理性的认识，一方面保持积极乐观的坚持，另一方面也要认识到从创意到创业成功，中间要克服多重障碍，而且要适当分析创意的可行性，对于目前经济、技术、社会、团队等内外部环境难度都极大的创业项目，也要量力而行。

（二）领导力

相对于年长的创业者，年轻的创业者往往缺乏领导的经验和能力。有的创业者仅凭一腔热情就和三五好友大干快上了，缺乏早期详细的沟通规划，极易埋下各类隐患。单打独斗创业成功的时代渐行渐远，作为一个创业者，除了创意，早期最重要的资源就是团队。因此，识人、用人、留人可能是创业者最亟须升级的能力。如何识别可信赖的创业伙伴，并说服他们加入自己的创业团队，在经济匮乏的时候如何激励他们团结一致持续保持高昂的斗志等，都是创业者需要做的最重要的事。

（三）精益创业的理念和能力

依据精益创业，团队运作起来后，需要尽快做出MVP，找到初期用户，不断改进迭代，扩大用户数，进行融资。创业者需要不断提升自身的团队协作能力、市场营销能力、人际沟通能力、数据分析能力等。

（四）问题导向的思维模式

相对于受雇佣的工作方式，创业者是所有问题的最后防线，创业者需要认识到对于出现的问题，任何抱怨和指责都无助于问题的解决，尤其是合伙人之间的这种行为可能带来更大的危害，不仅是对团队士气，而且可能损害到合伙人之间的信任，动摇创业的基础。创业者需要在客观问题和主观情绪之间建立防火墙，以团队稳定和产品开发为前进方向，受常人不能承受的委屈。

（五）时间和精力管理

创业意味着时间和精力成为稀缺品，创业者需要更高效地加以运用。时间上，需要学习时间管理技巧和工具，以重要和紧急的程度将事务进行分类。另外，和普通人追求生活工作家庭平衡的时间管理目标不同，创业者该阶段的时间分配需要大幅度向创业项目倾斜，创业者不存在所谓的生活工作家庭的平衡，对于家人的付出只有用创业成功来补偿。精力上，每个人在一天中精力波动的曲线都不一样，要将精力最好的时段用于最有价值的事情上。

延伸阅读

如何正确阅读创业鸡汤？

一、为什么要阅读创业鸡汤

为了取得成功，你需要站在巨人的肩膀上；为了避免失败，你不必走别人走过的弯路。

很多既是梦想家又是实干家、既有灵感又有执行力的人可以埋头苦干地创业，但不是每个天才都能成功；同时，很多平凡的人不依靠天赋也能成功，他们依靠的是正确的做事方法。

很多人认为失败是成功之母，强调创业的弯路是必需的学费，他们选择这样说只是为了给自己的失败寻找意义——失败是没有意义的。经验的总结和基于此的进步才有意义。不是每次成功都需要学费，你完全可以一边成功一边学到有用的东西，也可以一边学习一边成功。

如果你不积累知识就开始创业，你有可能将时间浪费在别人走过的弯路上，这是很不值得的。

二、阅读什么样的创业鸡汤

目前创业鸡汤主要分为三种：

一是在行业、产品、技术上给你指导的实用书籍或博客，比如关于编程或设计的大部头；

二是业务相关并不具体到某一领域，而是涉及全领域的创业方法，如融资技巧、团队管理、股权分配、办公习惯等相关的知识及经验；

三是创业项目管理涉及具体的人及公司的创业故事，比如《史蒂夫·乔布斯传》(Steve Jobs)和《Hatching Twitter》。

前两种是非常值得阅读的（一些人开始创业时没读，但后来都补课了），第三种有某些特殊功效。

那么，分属这三类的文章，我们该怎样选择适合自己的呢？选择标准也是不一样的：

行业类的文章，无须赘言，读和自己确实从事的工作相关的。更细分的挑选可以交给权威或销量，大牛著作或最多人阅读的编程教材也许不是最适合你的，但也不会太差。另外，阅读要专精、深入，一个领域要多读几本好书。创业一旦走上正轨，你会很忙，不要什么杂书都看，营造自己很有知识的假象，那对于创业没有意义，木匠皇帝可不是好皇帝。

创业方法论一类，需要日积月累、扶正三观。你不必恶补，不必规定自己要用一个月读完多少本创业导师著作，但你应该每天都读上几篇创业方法论，这有助于培养你正确的创业观念。面对具体的问题，比如你马上就要融资了但之前并未学习过融资技巧，你可以定向搜索与融资相关的材料集中学习。总之，有问题的时候着眼于眼前，没问题的时候防患于未然。

而具体到人的创业故事则应该谨慎挑选，很多创业故事都是经过包装的（也许应该把"很多"换成"所有"），也许会带给你精神上的激励，但也可能使你丧失具体问题具体分析的能力，盲目套用创业导师们闪着金光的方法——那些方法被证明有效，但也只是"在某个时代某个环境由某些人执行"有效。更何况你学到方法的时候学不到细节，你不可能仅通过熟背菜谱就成为一代名厨。因此，看具体的故事时，不要从成功中学习，应从失败中学习。你不能通过阅读《乔布斯传》打造下一个苹果，但你可以避免采用1：1：1的股权分配防止自己像乔布斯那样被开除。

三、创业鸡汤可信吗

永远记住一句话：尽信书不如无书。这样能避免落后于时代。你从创业鸡汤中得到的永远是知识而不是判断，不要让书籍代替你思考。

创业鸡汤很容易带来观点，人们常说读一本好书就像与一个睿智的作者交谈，而创业书籍往往是一个比你成功的人在给你讲故事，容易令你失去判断力。因此你需要详细分辨哪些内容是鸡汤,哪些内容是毒药。

一些人会将创业导师(在国内多为知名投资人)和明星创业者的言论奉为圭臬,就此现象,王健飞提出过一个有趣的问题"明星创业者悖论"。他说,从没有哪个明星创业者是靠抄袭别人成功的。既然如此,创业者如果寄希望于跟随、模仿、复制明星创业模式,就无法像明星一样成功。

知名投资人和明星创业者的言论不会手把手带你走向成功的原因有二:

第一,任何成功都受到天时、地利、人和诸多因素甚至运气的影响,人们无法记录和传达这所有的一切,即便传达了也不能复制;

第二,基于常理,他们不会希望你比他们更成功,因此他们不会暴露自己最实用最具杀伤力的看家本领。

虽然不可盲从,但创业鸡汤仍有学习价值。再次重复:为了取得成功,你需要站在巨人的肩膀上;为了避免失败,你不必走别人走过的弯路。阅读是一种知识积累,是粮仓和堤坝,是防患于未然,而绝对不是能帮助你直接攻城略地的坦克与枪火。

当然,一个很实际的作用就是精神上的激励。看别人努力的故事,让自己更加努力;看别人受到的挫折,让自己正视困难。另外,出于对偶像或杰出人物的尊重,在商业道德上你应更加自律。

(可以读一些已经退休的创业者的文章,因为功成身退,反而希望给社会和后代留下些东西,又可立言。)另外需要分阶段阅读,不同的年龄段,不同的创业阶段。

四、阅读创业鸡汤的技巧?

适量阅读,不要用阅读取代工作;灵活阅读,不要让阅读代替思考。

阅读—笔记—思考—沉淀,不要学了就忘,让一长串书单只剩下炫耀的意义。

与人交流,通过学习产生观点,拿出观点让别人拍砖,而不是"我学故我对"的优越感,你能从同伴处受益良多。

不要刻意找文章印证自己的做法,用立场麻醉自己,要更加重视有差异甚至相悖的观点,时刻反思。

关注失败而不是成功,越过沟坎、少走弯路,而不是踩着别人的脚印通往已经被开采的荒地。

养成阅读习惯,定时定量阅读,不要一曝十寒。

观点要与事实结合,多看新闻,关注世界的变化。

资料来源:《创业百道》。

扩展阅读

1. [美]埃里克·莱斯. 精益创业[M]. 吴彤译. 北京:中信出版社,2012.
2. [美]彼得·蒂尔,布莱克·马斯特斯. 从0到1[M]. 高玉芳译. 北京:中信出版社,2015.
3. [美]本·霍洛维茨. 创业维艰[M]. 杨晓红,钟莉婷译. 北京:中信出版社,2015.

参考文献

[1][美]Diane Sukiennik,Lisa Raufman,William Bendat. 职业规划攻略(原著第十版)[M]. 边珩等译. 北京:化学工业出版社,2014.

[2][美]Norman C. Gysbers,Mary J. Heppner,Joseph Johnston. 职业生涯咨询——过程、技术及相关问题[M]. 侯志瑾译. 北京:高等教育出版社,2007.

[3][美]彼得·F. 德鲁克. 创新与创业精神[M]. 张炜译. 上海:上海人民出版社,上海社会科学院出版社,2002.

[4][美]布拉德·卡什,考特尼·滕普林. 从优秀员工到卓越管理者[M]. 赵桦译. 北京:电子工业出版社,2014.

[5][美]杰弗里·帝蒙斯. 创业者[M]. 周伟民译. 北京:华夏出版社,2002.

[6][美]理查德·迪克·鲍利斯著. 你的降落伞是什么颜色?[M]. 李春雨译. 北京:中国华侨出版社,2014.

[7][美]马可·L. 萨维科斯. 生涯咨询[M]. 郑世彦,马明伟,郭本禹译. 重庆:重庆大学出版社,2015.

[8][美]唐纳德·F. 库拉特科. 创业学[M]. 薛红志,李静译. 北京:中国人民大学出版社,2014.

[9][美]伊莎贝尔·布里格斯·迈尔斯,彼得·迈尔斯. 天资差异[M]. 张荣健译. 重庆:重庆出版社,2008.

[10]金树人. 生涯咨询与辅导[M]. 北京:高等教育出版社,2007.

[11]刘沁玲,陈文华. 创业学[M]. 北京:北京大学出版社,2012.

[12]田效勋,柯学民,张登印. 过去预测未来——行为面试法(第二版)[M]. 北京:中国轻工业出版社,2014.

[13]许维素. 焦点解决短期心理治疗的应用[M]. 北京:世界图书出版公司北京公司,2009.

[14]北森. 2016社招渠道效果分析报告[R]. 中国:北森公司,2016.

[15]德勤. 2015全球人力资本趋势——引领新时代工作风尚[R]. 美国:德勤大学出版社,2015.

[16]德勤. 重构蓝图——2013年人力资本趋势[R]. 美国:德勤管理咨询,2013.

[17]睿智咨询. 2014/2015全球领导力展望——中国报告[R]. 美国:睿智咨询,2014.

[18]睿智咨询. 如何激励与留任80后人才[R]. 中国:睿智咨询,2012.

[19]睿智咨询. 2016年企业领导力制胜全解析报告[R]. 中国:睿智咨询,2016.

[20]万宝盛华. HR的角色演变何以填补人才缺口[R]. 中国:万宝盛华集团,2014.

[21]万宝盛华. 严重人才短缺的觉醒[R]. 中国:万宝盛华集团,2013.

[22]魏杰."Y世代"的价值观[R]. 中国:互联网周刊,2006.

[23]常丽,乔晓熔. 后现代建构主义心理学取向[J]. 郑州航空工业管理学院学报(社会科学版),2005,01:118—120.

[24]陈品堂. 生涯理论述评:不断发展的视角[J]. 生涯发展教育研究,2014,01:1—7.

[25]陈品堂. 生涯指导和咨询的起源和发展[J]. 生涯发展教育研究,2014,02:1—5.

[26]程书强,韩芳. 美国商学院MBA教育职业生涯规划的特点[J]. 管理现代化,2013,01:120—122.

[27]韩芳. 哈佛商学院MBA项目的职业生涯规划教育及启示[J]. 继续教育研究,2014,07:134—135.

[28]黄静."职业锚"理论在大学生职业生涯规划中的运用——以上海对外贸易学院为例[J]. 生涯发展教育研究,2013,02:39—45.

[29]李永山. 美国高校辅导员职业发展阶段理论及其启示[J]. 学校党建与思想教育,2009,01:78—80.

[30]罗伯特·卡茨. 高效管理者的三大技能[J]. 哈佛经典,2005(7):118—130.

[31]吕媛. 美国高校学生职业发展教育的特点及启示——以斯坦福大学为例[J]. 中国大学生就业,2013,12:3—8.

[32]皮君,王艳明,熊敏. 浅谈商学院MBA学生职业生涯发展规划管理[J]. 读与写(教育教学刊),2012,05:72—74.

[33]邵军,史红光. 上海高校研究生职业生涯发展现状及对策研究[J]. 生涯发展教育研究,2013,04:28—35.

[34]王晨怡. 大学生生涯发展的认知信息加工理论与策略——《职业生涯发展与规划》述评[J]. 生涯发展教育研究,2015,01:68—73.

[35]王献玲,谢腾云. 美国芝加哥大学职业发展教育浅述[J]. 教育与职业,2015,05:125—126.

[36]谢腾云. 美国高校职业规划教育的经验与启示[J]. 科教文汇(上旬刊),2014,04:212—213.

[37]于海波,何雪梅. 大学生主动性人格与求职绩效——生涯建构理论的视角[J]. 中国人力资源开发,2014,05:48—53.

[38]于泳红,汪航. 当代国外职业决策理论模型解析[J]. 宁波大学学报(教育科学版),2008,06:91—95.

[39]袁月. 浅谈职业生涯发展规划对我国MBA项目的意义[J]. 中国科技投资,2013,Z4:180—181.

[40]张华峰. 生涯选择和发展(Career Choice and Development)述评[J]. 生涯发展教育研究,2014,02:66—74.

[41]朱红,闫广芬. 基于教练技术的大学生生涯辅导模式建构与应用[J]. 高校教育管理,2012,02:85—90.

[42]Brownt, D. Brooks, L. & Associates(1996). Career choice and development. (3rd

ed.)[M]. San Francisco:Jossey-Bass Publishers.

[43]Gati,I. (1994). Computer-assisted career counseling:Dilemmas problems and possible solutions. Journal of Counseling and Development,51—56.

[44]Gottfredson,G,D. ,& Holland,J. L—(1996). Dictionary of Holland Occupational Codes. Odessa,FL:Psychological Assessment Resources,Inc.

[45]Holland,J,L. (1994). The Occupations Finder. Odessa,FL:Psychological Assessment Resources,Inc.

[46]Holland,J,L. ,Diager,D,C. Power,P. G. (1980). My Vocational Situation. Palo Alto,CA:Consulting Psy-chologists Press.

[47]Holland,J. L.(1997). Making vocational choices:A theory of vocational personalities and work environments(3rd ed.). Odessa FL:Psychological Assessment Resources.

[48]Holland,J. L. (1985). Manual for the Vocational Preference Inventory. Odessa,FL:Psychological Assessment Resources,Inc.

[49]Maslow,A,H. (1968). Toward a psychology of being (2nd ed.). New York:Van Nostrand Reinhold.

[50]Nevill,D. & Super,D. (1996). Manual for the salience inventory. Palo A to CA:Consulting Psychologists Press.

[51]Osipow,S. H. (1968). Theories of career development. New York:Appleton-Century-Crofts.

[52]Super,D. E. (1957). The psychology of careers,New York:Harper & Row.

[53]Super,D. E. (1976). Career education and the meaning of work. Monographs on career education. Washington,DC: The Office of Career Education,U. S. Office of Education.

[54]Super,D. E. (1990). A life-span,life-space approach to career development. In D. Brown,L,Brooks f and Associ-ates(Eds.),Career choice and development:Applying contemporary theories to practice(2nd ed.),Jossey-Bass Publishers.

[55]Super,D. E. P. (1984). Career and life development. In D. Brown,L,Brooks V and Associates(Eds.),Career choice and development. San Francisco Calif:Jossey-Bass Publishers.

[56]Super,D. E Savickas,M. L.& Super,C.M. (1996). A life-span,life-space approach to career development. In D. Brown,L. Brooks,and Associates(Eds.)Career choice and development,Applying contemporary theories to practice(3rd ed.). San Francisco,Calif:Jossey-Bass Publishers.

[57]Super,D. E. (1980),A life-span,life-space approach to career development. Journal of Vocational Behavior,16,282—298.